AF369334

L'ATLANTIADE,

OU

LA THÉOGONIE NEWTONIENNE.

L'ATLANTIADE,

OU

LA THÉOGONIE NEWTONIENNE,

POËME EN SIX CHANTS;

PAR NÉPOMUCÈNE-LOUIS LEMERCIER,

MEMBRE DE L'INSTITUT DE FRANCE.

Hunc solem, et stellas, et decedentia certis
Tempora momentis, sunt qui formidine nullâ
Imbuti spectant!　　(HORACE, Epît. 4.ᵉ)

Ce soleil, et ces étoiles, et ces saisons déclinant
à des temps réglés, il est des hommes qui ne sont
nullement pénétrés d'un si formidable spectacle !

A PARIS,

PICHARD, LIBRAIRE, QUAI VOLTAIRE, N° 21.

DE L'IMPRIMERIE DE DIDOT JEUNE.
1812.

A NEWTON.

O LUMINEUX ESPRIT ! qui léguas à notre âge
De ton profond savoir le brillant héritage,
Toi, de qui l'œil sonda le sein de l'univers,
Grande ombre de Newton, je t'adresse mes vers !
Les tributs que des morts s'attire la mémoire,
Dégagés d'intérêt, ne s'offrent qu'à leur gloire :
Ma Muse aime à les rendre aux mânes triomphans,
Justement consacrés par le long cours des ans :
Sa louange en paraît plus sincère et plus pure.
Pardonne, grave époux de l'auguste Nature,
Si j'ose imaginer qu'un mortel avant toi
Put des moteurs du monde en apprendre la loi !
Fiction de mon art, cet emblème t'honore :
Ma fable à ton génie est un hommage encore :
Pour chanter les secrets dévoilés à tes yeux,
Il me fallut créer un confident des dieux.

VUES GÉNÉRALES

DU PLAN ET DES FICTIONS

DE L'ATLANTIADE.

PARMI les ouvrages que l'on compose, il en est qu'on veut faire, il en est qu'on fait malgré soi : les uns sont dictés à leur auteur par des circonstances passagères, ou par les suggestions d'autrui, ou par les caprices de son esprit ; les autres, par une idée principale et durable, qui germe intérieurement en son intelligence, et dont il ne peut arrêter en lui les développemens graduels et originaux. Une impulsion secrète, impérieuse, l'incline à s'en occuper sans cesse ; et si quelquefois il s'en détourne, elle le force bientôt à y revenir, à suivre sa pensée première en toutes ses ramifications, et à ne négliger aucun soin de la faire fructifier. C'est de cette heureuse semence que naissent les seuls ouvrages pour lesquels un auteur se passionne en effet, pour lesquels il soit vraiment inspiré, et qu'au bout d'un long temps il achève, comme Newton disait avoir accompli le sien *en y pensant toujours.* On remarquera que ces sortes de productions ont été les meilleures, ou les moins médiocres, de toutes celles qui échappèrent aux écrivains. Ces fruits de leur penchant naturel, de la préférence de leur goût, des réflexions habituelles de leur jugement, sortent sans effort de leur esprit, qui se complaît à les former, à les colorer et à les mûrir. Recherches, application, patience, rien n'est épargné pour le perfectionnement de ces objets de leur prédilection. Ils ne se hâtent pas de leur donner une publicité précoce, tant ils craignent même qu'elle ne soit encore prématurée, après avoir épuisé les forces dont ils sont capables à les terminer aussi bien qu'il leur fut possible. Incités par le desir d'étendre les vues qui les ont charmés, ils les ont laborieusement approfondies; séduits aux spéculations d'un sujet de leur choix, ils se sont attachés à l'animer, à l'embellir des

richesses de leur diction ; jaloux enfin du succès de leurs travaux, ils se sont prudemment
défiés de l'amour même qui les enflammait
pour leur entreprise; et, n'osant se livrer au
feu de leur inspiration soudaine sans interroger les expériences et la raison, ils ont mis
la bride et le frein à leur imagination emportée et trompeuse.

Qui douterait que cette première impression
d'une idée féconde, à laquelle j'attribue la
supériorité de quelques-uns des écrits d'un
même auteur sur les autres, n'en soit effecti-
vement la cause ? N'a-t-on pas observé que la
direction entière du talent, du génie ou du
caractère des hommes, est presque toujours
déterminée par elle; ainsi que le premier sens
donné au tronc d'un arbre naissant détermine
le plan droit ou incliné que suivra l'accroisse-
ment de sa tige ? Homère, frappé des cala-
mités qu'entraînent les querelles des rois et
des peuples, conçoit l'idée de les peindre pour
l'instruction du monde ; et cette seule pensée
enfante l'Iliade, qui représente les horreurs
meurtrières de la discorde, et l'Odyssée, les
désordres domestiques qui en sont les suites.
Platon juge que les lois humaines ne suffisent

pas à la perfection des mœurs; cette seule pensée, l'élevant à une morale transcendante, crée en lui une république imaginaire, qui devient l'exemplaire du complément des vertus, et le prototype du beau idéal. Démosthènes, né parmi les orages politiques d'un Etat libre, s'émeut une fois sur la perte de l'indépendance du pays; ce sentiment éclate dans ses éloquentes Philippiques, et alimente, d'une seule pensée le feu de tous ses tonnerres. Les revers des grandes familles, et les malheurs des passions offrent des exemples salutaires au pathétique génie des poëtes grecs; et la seule pensée de mettre en action la terreur et la pitié produit les chefs-d'œuvre d'Eschyle, de Sophocle et d'Euripide. Mais qu'un hasard eût fait dévier ces esprits de leur idée principale, ils n'auraient eu qu'une faible propension aux autres choses dont les qualités ne leur étaient point propres. Le satirique Aristophane, poussé par son inclination à châtier les vices par les traits de sa bouffonnerie amère et caustique, et par ses allégories mordantes, n'eût pas su donner à ses concitoyens des leçons platoniciennes, ni les attendrir noblement sur la scène dramatique. Ce n'est qu'en traitant les sujets vers

lesquels leur intelligence était portée d'elle-
même que nos maîtres s'illustrèrent : ce n'est
qu'en s'attachant à leur unique idée que
Buffon, considérant l'ensemble et les détails
de la nature, en exécuta le magnifique tableau,
qu'il releva des plus pures couleurs du style,
à la manière de Pline; que Corneille pro-
portionna les personnages du théâtre à la grandeur des héros de l'histoire ancienne; que
Racine habilla les siens des plus beaux vêtemens de la Melpomène antique; que Molière,
n'ayant en vue que de redresser le bon sens
des hommes, et de leur signaler surtout ce qui
lui paraissait faux, leur figura son éminent
Tartuffe; que Montesquieu exposa l'origine,
la succession, les avantages, les préjudices
des lois, et pénétra profondément les causes
de la corruption du plus vaste empire; que
J. J. Rousseau répandit avec tant d'éloquence
dans son Emile l'exquise sensibilité de son
ame, et cette tristesse dont l'avaient rempli les
déréglemens sociaux et les abus des institutions
subversives de l'équité fondamentale; que
Voltaire, excité dès sa jeunesse par un zèle
philosophique, en grava si fortement le caractère distinctif dans toutes ses œuvres, jusqu'au

terme d'un long âge ; enfin que, dans une autre carrière, un immortel géomètre, depuis qu'il eut vu tomber un corps, méditant sur sa chute, ne songea plus qu'au système de la gravitation.

S'il est vrai que souvent à une seule idée suivie se rattache l'enchaînement de toutes les productions de la vie d'un homme, et que de là résulte la tendance particulière de chaque esprit, et la diversité des talens ; on ne peut nier que les auteurs ne se surpassent eux-mêmes dans tout ce qui se rapporte à celle qu'ils affectionnent le plus : on le sent jusque dans les passages de leurs écrits où le fonds de leur propre passion transpire. Là, ils prennent une allure plus aisée, plus libre, plus souple et plus ferme, parce que, disons-le familièrement, ils marchent sur leur terrain ; tandis que, dans les œuvres d'imitation ou de commande, leur verve est stérile, gênée, incapable de s'élancer bien haut, et d'atteindre au juste point du bon ; et cela, parce que l'idée qui leur est fournie leur est étrangère, qu'ils n'en sont que les traducteurs, et que, mêlant peu du leur aux matières d'emprunt, ils ne prêtent à la pensée d'autrui que les tours de leur élocution, et

qu'un arrangement de mots bien ou mal as-
sortis.

Convaincu de ces propositions, je vais tâcher
d'en manifester l'évidence, en rendant un
compte succinct de la marche que m'a fait
prendre la continuité de la pensée unique à
laquelle je dois le poëme de l'*Atlantiade*.

Ce dernier de mes travaux littéraires est le
premier que j'aie conçu; exceptant néanmoins
les essais que j'ai livrés au théâtre, avant même
d'avoir le droit d'écrire, puisque j'avais encore
peu lu, et peu vu, quand mon penchant
m'entraîna dans ma carrière. J'étais en cet âge
d'ignorance où l'on prend la vivacité de son
goût pour des dispositions poétiques, les élans
pour un essor soutenu, et les encouragemens
favorables de l'indulgence pour des suffrages
conquis par le mérite. Si quelque chose ex-
cusait mon imberbe confiance, c'est que de
plusieurs pièces dramatiques, qu'à cette date
je risquai sur la scène française, je n'en osai
faire imprimer aucune, et les condamnai moi-
même au feu après leur réussite éphémère.
Les critiques que je savais déjà me faire par la
comparaison des grands modèles étaient plus
rigoureuses que celles qu'on m'eût faites; et

mon mécontentement de moi dans l'épreuve m'empêchait de me flatter de l'espoir qu'un lecteur judicieux m'applaudit. Ce fut ce respect sincère des arrêts du public qui, en me ramenant sans cesse à l'étude des élémens de mon art, contribua peut-être à me l'apprendre.

Qu'on me permette de détailler les opérations successives de mon esprit, et d'entrer pas à pas dans un examen qui sera le plus clair préambule de mon ouvrage. Cette explication préliminaire mettra, pour ainsi dire, à la main de mes lecteurs le fil qui les conduira jusqu'au but que je me propose.

Epris de tous les genres de littérature qui ont illustré les anciens et les modernes, j'en adoptai préférablement deux, sitôt que je sus choisir entre ce qui m'agréait le plus. La poésie narrative, et la dramatique, me fixèrent l'une et l'autre, et se partagèrent mon temps. Je m'efforçai donc à pénétrer l'objet de chacune, et à en peser les avantages. Je cherchai surtout à quoi tenait leur consistance réelle, et leur durée dans le souvenir. La première me parut, en sa beauté originelle, consacrée à enseigner aux hommes les principes de leur

législation, de leurs sciences et de leurs arts,
et les systemes de la nature, décrits sous les
traits des fictions amusantes : la seconde me
sembla faite pour éclairer les peuples sur la
honte des frénésies et des crimes, et sur la
gloire des vertus, représentées en des actions
feintes. La première, étant d'une instruction
plus générale, nécessitait la connaissance des
mystères physiques et religieux du monde, et
des secrets de l'industrie humaine : la seconde,
se limitant à ce qui concerne les moralités de
la vie, ne demandait que la connaissance parfaite du cœur de nos semblables. Or celle-ci
s'apprenait simplement dans l'histoire et dans
les considérations de la société civile; celle-là
dans les livres dogmatiques, et dans les lois de
tout l'univers. Je les cultivai l'une et l'autre alter-
nativement avec le dessein, non de rien innover
en elles, mais de rétablir leur originalité primitive. Les chefs-d'œuvre de nos maîtres ne
me laissaient autre chose à tenter dans la
poésie dramatique que de l'appliquer aux faits
et aux mœurs de notre pays, comme les Grecs
l'avaient appliquée aux traditions de leur
patrie. L'exacte observance de leurs règles
d'unité et de leurs divisions scéniques, l'imi-

tation des grâces de leur langage, suffisaient à
son exécution parfaite : il ne restait plus (ainsi
que je le déclarai dans une *ode* A LA MEL-
POMÈNE FRANÇAISE, *publiée dans le Moniteur
il y a douze ans*) que de la rendre natio-
nale par la composition de ses sujets, et que de
peindre, non les héros de l'histoire ancienne
ou étrangère, mais ceux de la nôtre. C'est ce
nouveau pas que je tendais à faire ; lors même
que je ramenai la *famille des Atrides* sur la
scène (1), afin qu'on ne me m'accusât pas
d'ignorer l'usage des fables grecques, et qu'on
me vit ensuite avec plaisir soumettre à leurs
formes régulières les actions de nos propres
annales.

Cependant la fin du dernier siècle, au milieu des diverses révolutions auxquelles il imprima les grands mouvemens dont je fus témoin dès mon entrée dans la société me fit
apercevoir dans la carrière théâtrale d'autres
difficultés que celles de l'art en lui - même :
mille souvenirs des choses ou des noms qu'on
ne peut rappeler sans mouvoir des ressenti-
mens, mille cruelles allusions que les partis

______

(1) **Agamemnon.**

s'adressent, le froissement ressenti des institutions détruites, l'établissement de celles qui leur
succèdent, interdisent à la muse dramatique
une liberté nécessaire à ses progrès futurs,
mais souvent présumée nuisible à la paix du
présent. Ces obstacles, renouvelés depuis vingt
ans passés par le cours des événemens consé-
cutifs, m'ont réduit à croire qu'un genre de
poésie auquel il faut des théâtres est insta-
ble, précaire, et dépendant de trop de sujé-
tions et d'influences singulières. Plus heureux
aux époques antérieures, où les belles-lettres
furent la seule occupation et l'amour de la
France polie, Voltaire et Crébillon purent
fournir tout un riche répertoire, et rivaliser
avec les féconds disciples de Melpomène ! Détaché plusieurs fois de mes espérances de ce
côté, je me tournai fréquemment vers mon
autre genre favori, vers la poésie narrative
qui, dégagée de tant d'entraves, promet des
jouissances plus calmes, ne triomphe pas parmi
les luttes convulsives de la scène, et ne livre
point de combats aux opinions d'un parterre.
Je me retranchai donc en ce premier genre,
auquel l'autre m'avait toujours paru secon-
daire, étant soumis aux caprices du jour et au

goût de la multitude variable; et celui-ci, dont j'avais examiné les fondemens solides, étant au contraire fixe sur ses véritables bases, et éternellement exempt des reproches et des censures de la surveillance, par l'idéal qui règne en ses sujets indifférens aux intérêts des gouvernemens, et élevés avec innocence au-dessus des agitations révolutionnaires.

Le désavantage que j'avais redouté pour moi dans la lice dramatique, si bien parcourue de nos habiles prédécesseurs, n'était pas à craindre à l'égard de la poésie narrative. Si peu avancés que nous le sommes dans cette carrière, les plus grands pas y sont encore attendus. Le genre didactique, ou de pur enseignement, à qui l'on doit les poëmes *des Jours, de la Nature des choses, et des Géorgiques,* compte au rang des modernes quelques dignes émules d'Hésiode, de Lucrèce et de Virgile; mais nous ne citerions point des narrations allégoriques de la même espèce que les récits animés de la Théogonie des Grecs, et que ceux dont les chants d'Homère sont pleins. Ce vide absolu m'étonna d'abord, et mes recherches dans les monumens de notre langue ne me firent pas trouver ce qui pouvait le combler.

Ce serait vainement qu'on assimilerait aux fictions grecques les allégories qu'on en tira pour couvrir quelques récits historiques : leurs formes déplacées ne s'ajustent point à nos idées, à nos faits, à nos mœurs, et les revêtent incomplètement. Les choses autrefois ne contrastaient pas avec les fables qui les représentaient : les unes et les autres se fondaient ensemble, montraient presque le même visage. L'emblème avait la même apparence que la réalité : mais quand nous traduisons celui-ci, et que nous en ornons les sujets de nos poëmes, il ne nous retrace plus rien que nous puissions croire raisonnable, et cet emblème n'est plus qu'un hors-d'œuvre qui trahit la faiblesse de l'imitation.

Que me suis-je dit, en remarquant ces différences de l'effet des fictions anciennes, et de leur effet dans les ouvrages modernes ? Remontons à l'origine des fables ; nous reconnaîtrons la cause de leur altération dans nos vers. A quel dessein furent-elles créées par l'imagination ? Une analyse attentive m'a répondu qu'elles servaient à rendre sensibles les dogmes abstraits des sciences, et l'explication des lois universelles, selon qu'on s'en figurait la théorie lorsque la mythologie fut inventée. Or l'étude de la nature a précédé la création des fables, puisqu'elles n'en étaient que les attributs supposés, et qu'elles se rattachaient aux vérités qu'on avait cru découvrir. Mais, me dis-je encore, aujourd'hui que les axiomes des sciences se fondent sur des certitudes expérimentales, les fables anciennes, loin de s'accorder à leurs formules, les contrarient, les démentent : conséquemment, leur emploi changé détruit leur puissance sur nos esprits; et si l'on est jaloux du plaisir et de l'instruction que la poésie procurait à son origine, il faut, à l'exemple des premiers poëtes, contempler long-temps la nature entière, et rebâtir sur elle un édifice emblématique en tout conforme à ses vrais phénomènes. Les ignorans, dès-lors, recommenceront à être enseignés par la poésie; et les savans, ne la dédaignant plus, perdront le droit de lui reprocher justement d'être en guerre avec le sens commun et la vérité.

Ainsi naquit en moi cette première pensée principale qui fut la directrice de mon plus constant travail. On va voir jusqu'où m'a mené le desir de poursuivre les corollaires de ce principe dans le poëme qu'elle seule m'inspira.

La conception d'un ouvrage divisé en quatre parties comprenant les hautes généralités des sciences, de la législation, de la poésie, et de la guerre, et que je projetai de réunir sous quatre titres en un même corps, exigeait que j'inventasse, ou que j'appliquasse aux divers sujets traités le merveilleux propre à chacun d'eux. La 1re partie doit porter le nom d'*Atlantiade*, c'est celle de la physique universelle; la 2e, celui de Moïse, c'est celle de la législation; la 3e, celui d'Homère, c'est celle de la poésie; la 4e, celui d'Alexandre, c'est celle de la guerre. Ces deux dernières parties ont été complètement imprimées, sauf corrections, en l'an 1800 (1), ainsi qu'un épisode de la seconde sur le prophète hébreu; et en 1808, des fragmens de la première, intitulés, *Essais poétiques sur la philosophie newtonienne*. Les suffrages que ces morceaux ont obtenus de quelques hommes, dont le savoir n'est pas contesté, soutinrent ma persévé-

---

(1) Ces deux poëmes se trouvent chez M. Renouard, libraire, rue St.-André-des-Arc n° 55.

rance à finir la première partie que je n'ai pu achever qu'après les trois suivantes : on n'en sera pas surpris en m'entendant avouer que j'avais besoin d'étudier les matières qu'elle contient, et que je ne connaissais que trop superficiellement pour les manier avec assurance.

Je menai de front mes laborieuses recherches et l'exécution des choses déjà disposées : cette double occupation me possédait ; j'étudiais le jour, et je composais la nuit. Les matériaux ne manquaient pas au plan des trois poëmes que devait précéder celui de l'*Atlantiade* : car les sources du merveilleux qui leur était convenable s'y écoulaient abondamment de la Bible, de la Fable, et de l'Histoire, qui m'étaient toutes trois familières. Les époques et les mœurs diverses que j'avais choisies pour objets de mes divisions me servirent à varier le genre de style propre à chacune des sections qui composent cet ensemble, et en forment un abrégé poétique des connaissances humaines. Le feu des cantiques sacrés, l'esprit saint de Jéhovah, les luttes des anges célestes contre Satan et les autres démons des ténèbres, concouraient à diviniser les querelles du prophète avec Dathan, Abiron et Coré, de qui le châtiment est le fonds de l'un des sujets. Ailleurs les prestiges de la mythologie environnaient l'illustre mendicité d'Homère, qui fut le père des fictions, dont je consacrais l'usage à honorer leur inventeur. En dernier lieu encore, les divinités du paganisme se groupaient d'elles-mêmes autour d'Alexandre qui se voulut ériger en fils de Jupiter-Ammon, et j'en restreignis les mouvemens pour les conformer à la gravité de l'histoire, qui ne se fait admirer que par la raison , et qui commandait à mon art de circonscrire à un seul fait de la vie prodigieuse d'un tel héros l'action entière de mes chants. De quelles autres déités aurais-je pu entourer ces grands hommes que de celles de leur temps et de leur religion ? Un merveilleux, contraire aux idées reçues en leur pays et en leur siècle, n'eût - il pas été bizarre et déplacé? L'emploi du chimérique eût blessé le goût, eût faussé la loi de l'observation des mœurs, condition importante à la bonté des poétiques peintures. Il n'en était pas de même au sujet de l'*Atlantiade* : j'avais à tracer le système général de nos sciences, enfin des choses récemment

connues, qui n'ont pas encore d'existence et
de noms en poésie, et dont les dénominations
abstraites, changeant à mesure que les découvertes exigent des mots nouveaux, ne pouvaient être exprimées par nul équivalent dans
les vers. Il fallut figurer ces choses, et appeler
à mon secours des êtres allégoriques qui les
personnifiassent aux yeux : il fallut que le vrai
se revêtit de l'idéal, l'abstrait de rapports sensibles, et le simple de l'extraordinaire ; il
fallut que tout prît des contours après avoir
reçu des noms ; il fallut, marquant des objets
originaux du sceau de l'originalité, que
tout fût neuf comme le sujet même : c'est
là qu'en un mot il me fallut tout créer. Mais
une grande difficulté s'opposait aux efforts de
l'invention : le vraisemblable seul intéresse
et plaît ; quelle vraisemblance donner parmi
nous aux tableaux où j'eusse dessiné des déités
fictives qui ne sont celles d'aucun peuple contemporain, ni d'aucune nation de l'antiquité ?
J'eus donc besoin de reculer l'époque de ma
narration imaginaire à un temps qui le fut
comme elle, et dans une contrée inconnue des
hommes. L'île Atlantide, dont les historiens
ne nous ont rien appris que la submersion,

devint le lieu le plus convenable à mon projet·
là, mon imagination supposa librement un
pays situé sous le tropique, et s'étendant jusques sous l'équateur, des habitans, des dieux,
un culte, enfin tous les élémens de ma nouvelle *Théogonie*.

Cependant, pour arranger tant de ressorts
et assortir les mobiles de cette machine compliquée qui représenterait le jeu de la nature
entière, à quels moyens subsidiaires n'étais-je
pas contraint d'avoir recours! l'astronomie,
la physique, la chimie, l'anatomie, la physio-
logie, furent mises à contribution, selon mes
besoins, dans les livres, dans les écoles, et dans
les cours d'expériences. Néanmoins je n'en
retirais que des préceptes, aussi arides en leur
exposition que féconds pour l'analyse.

L'exposition dogmatique et sèche des axiomes ne fournissait de ressources qu'au genre
descriptif et didactique, c'est-à-dire, à celui
que j'évitais le plus ; parce qu'il ne convient
qu'aux sujets susceptibles d'être animés par le
sentiment, comme les leçons d'agriculture et
celles des arts agréables, et parce qu'il est
froid et austère lorsqu'il traite des sciences
graves. A peine si l'enlacement des épisodes

qui s'y joignent en interrompt la monotonie au gré des poetes qui les y mêlent le plus artistement. Ajoutez que la fatigue des spéculations exactes accablait souvent ma pensée, épuisait en mon esprit l'ardeur qui exalte la verve, me rendait momentanément incapable de concevoir des images. Souvent l'ensemble des causes physiques m'échappait sous la confusion du détail de leurs effets : souvent la grandeur des principes se rapetissait à mes yeux par leur application étroite à de minutieuses expériences : souvent le spectacle répugnant des débris putrides étalés dans les amphithéâtres d'anatomie ne me laissait que le faculté de réfléchir l'horrible, et non le pathétique et le beau. Souvent l'attrait des révélations savantes m'entraînait trop loin dans les subtilités métaphysiques, me poussait à de vagues recherches qui me détournaient des faciles généralités suffisantes à saisir en poésie, et me cachait la face de mon plan.

L'analyse, d'autre part, si utile aux découvertes de l'essence des choses, qu'on ne distingue bien qu'en en séparant les élémens et qu'en les classifiant pour les mieux discerner et les mieux comparer ; l'analyse, cette clef de

tous les mystères naturels, ne tendait qu'à
dépouiller mes illusions de leur prestige, en
décomposant pièce à pièce les dehors qui
avaient charmé mes yeux fascinés. Je n'ignorais pas pourtant que cette conductrice fidèle,
que cette conseillère intime des grands poëtes
et des grands artistes ne peut que préparer
leurs travaux, en leur définissant les caractères
précis des êtres et des sentimens, mais qu'elle
ne produit pas leurs ouvrages, qu'elle n'y doit
pas apparaître, puisque ceux-ci ne séduisent
que lorsqu'ils sont les fruits accomplis de la
synthèse. Je n'ignorais pas que la raison de la
décadence des lettres et du talent oratoire en
nos jours tient à une erreur du goût qui
remplace cette seconde opération de l'esprit
par la première : on sait analyser tout, et l'on
ne sait plus rien composer ; tandis que le
public ne goûte et n'admire éternellement que
de parfaites compositions, c'est-à-dire, que de
belles synthèses. Cette vérité surtout est le
fondement de la poésie et de l'éloquence : elles
procèdent l'une et l'autre à l'imitation de
la nature, qui rassemble dans la formation
d'un corps qu'elle organise un assortiment de
muscles, de nerfs, de vaisseaux, de fibres, de

glandes et de viscères, mais qui le recouvre tout entier de chairs colorées, et ne montre sur leurs contours fermes et gracieux que le mouvement et la vie de l'homme.

A mesure que j'amassais le matériel de mon sujet, je m'efforçais à le spiritualiser en élémens poétiques, et je le transformais autant que s'y prêtaient les qualités que j'y rencontrais, afin de le faire passer de l'état d'inertie aux mouvemens que lui devait imprimer mon art. Les réalités que je possédais n'avaient encore rien de relatif à lui, tant qu'elles ne se convertissaient pas en fictions. Je n'essaierai point de définir cette mystérieuse et pénible élaboration des préceptes, à qui l'esprit et le temps donnent un dehors sensible et une figure emblématique. Les hommes féconds en conceptions originales sont les seuls appréciateurs des longs travaux que coûtent les inventions qui paraissent les plus faciles, et dont toutefois les envieux ne paient la naissance rare que par des outrages. Mais quoi! les succès et les revers présens du savoir, du génie même, ne dépendent-ils pas du hasard? Est-il raisonnable de s'en affecter? Homère ne fut-il pas chassé avec opprobre d'une ville où l'on

ne se douta pas qu'il dût charmer tout l'a-
venir? Archimède ne fut-il pas tué pas un
soldat qui ne soupçonnait pas que sa méditation, interrompue par la mort, eût pu éclairer à jamais le monde savant? Lavoisier en
nos jours ne périt-il pas frapp épar des bourreaux qui prouvèrent que les sciences, non
plus que les lettres, n'ont à se prévaloir
d'aucun droit à la commisération devant la
barbarie? Qu'importe la durée des labeurs
littéraires? Qu'importent les injustes satires
qui en sont les récompenses? Ne jouit-on pas
d'avance de son propre travail, et de l'espoir
des suffrages impartiaux, alors qu'on se sent
appuyé par l'importance d'un beau sujet, par
l'utilité qui en proviendra, par la certitude de
coopérer à l'enseignement, au moyen d'un art
qui pourrait se borner à plaire? Qu'importe
enfin d'être blâmé d'un essai qui tend à obliger
les littérateurs à s'instruire de ce qui n'entra
pas dans leur éducation de réthorique, ne fût-
ce que pour critiquer mes efforts ou les sur-
passer? Est-il d'un pernicieux exemple de
rappeler aux poëtes qu'*Hésiode, Homère,
Lucrèce, Virgile, Manilius, savaient tout
ce qu'on sut de leur temps, et qu'il nous*

serait bon de connaître un peu de ce que l'on sait du nôtre ? Ces chantres s'immortalisèrent-ils en invoquant vaguement la mémoire dans leurs vers, ou plutôt en méritant, par les méditations assidues, et par des veilles fructueuses, les hommages de la postérité ? Avant que de prodiguer les fruits de leur veine, ne commencèrent-ils pas par acquérir le fonds qu'ils ont dépensé si libéralement ? D'un autre côté, est-il à présumer que ce soient les savans qui s'élèveront contre une tentative dont l'effort aboutit à la louange de leurs découvertes ? Une roide pédanterie leur dira-t-elle que c'est mêler le faux au vrai, et corrompre ce dernier, que de l'embellir par des allégories ? Leur subtile analyse, accoutumée à dégager le réel de dessous l'apparence, n'écartera-t-elle pas aisément le léger voile des fables pour examiner les phénomènes qu'elles n'habilleront que d'un tissu transparent ? Ne se rappelleront-ils pas cette vérité qu'exprime si bien un vers de Lemierre ?

> L'allégorie habite un temple diaphane.

Ont-ils fait un reproche à Fontenelle de son petit livre de la Pluralité des Mondes, où il appliqua le bel esprit à l'astronomie pour la rendre accessible à l'intelligence de la société? En ont-ils fait un à Euler de ses lettres à une princesse allemande sur la théorie de l'optique? à Voltaire, d'avoir profané leurs documens par la poésie, en exprimant des lois d'attraction dans quelques beaux vers didactiques? Je n'hésite pas à croire que ce même Voltaire, que cet infatigable écrivain, qui fut toujours au courant des travaux de son siècle, lorsqu'il ne les devança pas, s'il n'eût été trop enclin à la philosophie morale, et s'il eût possédé le génie particulier des fictions, qui sembla lui être étranger dans la Henriade (moins épique que le simple *Lutrin* de Boileau), je ne doute pas, dis-je, qu'il n'eût, sinon personnifié à la façon des Grecs, du moins constaté à la sienne les puissances de la nature révélée par les savans de notre âge. Il eût compté, dans son enthousiasme, sur la reconnaissance due à ce service de sa muse; et s'il eût rencontré des détracteurs de son entreprise, sa haute ironie s'en fût joué sans alarme.

Où trouver, en effet, un plus grand sujet à de beaux vers? Est-il rien au monde de plus à l'abri des vicissitudes du temps et des inconstances du goût que les causes originelles, que les propriétés des principes éternels par eux-mêmes, qui, pareilles aujourd'hui à ce qu'elles ont été dès les premières annales de l'univers, resteront semblables à ce qu'elles sont durant la succession indéfinie des siècles ? La politique, les coutumes, les sentimens, les mœurs, les nations, tout s'altère, tout passe, et les lois physiques de l'équilibre, de l'attraction et de l'affinité demeurent invariables. Il ne faut que les tracer à nos contemporains pour que tous les peuples en reconnaissent à jamais la fidèle image. Voilà les considérations qui ont captivé ma constance pendant une suite d'années pour le perfectionnement de la Théogonie que j'ai construite.

Combien de fois en ai-je corrigé l'ordonnance et diversifié les combinaisons ! combien de fois l'ai-je faite, défaite, et refaite ! Tantôt je craignais de me hâter par un empressement involontaire : tantôt, redoutant de m'en distraire, je ne me permettais plus aucun loisir ; je m'attachais à l'œuvre avec tant de précipitation, qu'on eût cru qu'un prochain péril qui me poursuivait m'allait empêcher d'y mettre la dernière main. Il est vrai que rien ne m'eût enlevé à cette préoccupation excessive, en quelque dure situation que j'eusse été. Ce naïf témoignage de la passion que m'inspirait l'objet de tant de persévérance atteste quel prix je mettais à toucher mon but.

On a lieu de voir si les sciences, par leur exactitude, éteignent l'ardeur et abattent l'exaltation que demande l'art des vers. La technicité des doctrines, l'attention scrupuleuse qu'exigent leurs leçons, ralentissent au premier abord la fougue de la verve ; mais bientôt les semences élémentaires, qui ne tardent pas à germer dans la mémoire, développent l'entendement, et font lever en foule des vérités qui transportent et ravissent d'admiration. Le poëte voit se vivifier le grand système des choses, et mille resplendissantes images accourent le frapper de leur éclat. Tel est l'effet des contemplations dirigées vers la nature ; effet dont je démontrai, du mieux que je le pus, l'incontestable efficacité sur les progrès de la poétique, quand je publiai *mes Réflexions générales sur l'invention*, préliminairement à mes *Essais de philosophie newtonienne*. Je les avais extraits des matériaux de l'*Atlantiade*, et ne donnai ces fragmens que pour en tenter l'épreuve sur le goût des juges éclairés.

Descartes, ai-je écrit, osa tout mettre en doute, afin de tout examiner; et quoique abusé par de nombreuses illusions, il porta la lumière sur une grande quantité d'objets. Si l'on ne croyait pas sur parole les opinions reçues, et si l'on soumettait même les plus accréditées à un jugement rigoureux, plutôt que de les conserver aveuglément par une sorte de respect de tradition, on éviterait plus souvent les erreurs. La plus vulgairement répandue, c'est que l'étude des sciences dessèche l'imagination; ce qui les fait juger incompatibles avec la poésie. On aurait lieu de se convaincre, au contraire, que l'observation des phénomènes naturels est la source intarissable où l'esprit doit puiser, qu'une raison élevée est la base du merveilleux réel, et que les visions que se figure un cerveau vide sont moins frappantes que les vérités éternelles que se peint une tête bien remplie.

Si l'on compare les diverses inventions des poëtes de l'antiquité, on reconnaîtra que les fables qui plaisent par-dessus toutes les autres sont celles qui ont pour fondement l'instruction présentée par l'allégorie. Ni les magiciens, ni les fées, ni les sylphes, ni les monstres, ne nous intéressent autant que les divinités, les demi-dieux, les nymphes et les géans: pourquoi? c'est que ceux-ci nous offrent l'image des puissances physiques et des grandeurs morales.

Si l'on se demande ensuite ce qui nous rend de jour en jour moins admirables les beautés de l'ancien Parnasse, dont nous commençons à nous lasser, on se dira bientôt que Jupiter, Junon, Phébus, Vulcain, Mars et leurs enfans, ayant perdu chez nous les attributs que la doctrine des Grecs leur prêtait, nous les rangeons parmi les êtres chimériques, et que, n'étant plus pour nous les emblèmes des mystères de la nature, leur histoire nous attache moins, et se borne à nous amuser vaguement. Les peuples, ayant acquis par leur civilisation un discernement plus éclairé, ont détrôné dès cette époque les descendans des Osiris et des Saturne.

Frappé de ces réflexions, et méditant quelquefois sur le spectacle des cieux qu'ont franchis les Copernic et les Newton, où Lagrange atteint le calcul de la double libration de la lune, et dont M. Laplace décrit la mécanique immense, j'ai cru que la poésie pouvait s'y frayer des routes, y rencontrer des créations inconnues, et animer par des fictions neuves les forces naturelles que les savans ont mesurées. Ces cieux-là nous ouvriraient une carrière plus vaste que le vieil Olympe, et je ne doute pas que nos abstractions génératrices ne se transformassent aussi heureusement que celles à qui les Égyptiens et les Romains donnaient un corps et un langage dans leur mythologie.

Qu'on ne me soupçonne pas ici de méconnaître ou de déprécier les charmes de cette mythologie : nos maîtres lui doivent les grâces et le lustre de leurs plus beaux écrits : le témoignage des siècles atteste le prestige des fables riantes ou majestueuses qu'ils en ont empruntées : toute l'antiquité brille de ses allégories ; leur éclat seul repousserait toutes les attaques ; il nous éblouit encore dans les peintures modernes qui le réfléchissent, et m'a servi quelquefois à colorer mes esquisses premières. Loin de prétendre donc à combattre les fictions antiques, je veux signaler que je les admire en les imitant : on n'a jusqu'ici traduit que le style de leurs auteurs ; j'essaie de traduire leur génie d'invention. Ce n'est point un sentier nouveau que j'ai l'orgueil de me frayer ; c'est le chemin battu par Hésiode que je cherche à suivre.

Les premiers poëtes ont conçu les lois primitives du monde, et leur art s'en est fait des déités : je tâche à rassembler les grands principes de nos connaissances, et à les personnifier poétiquement. Assez long-temps les muses françaises ont décoré leur pinde de richesses d'emprunt. Il ne suffit pas, à mon avis, que vous ravissiez aux anciens le secret de leur langage et de leurs sentimens pour leur ressembler : poussez plus à fond ; dérobez leur celui de leur création même. Notre poésie a cette innocente révolution à faire : plus on étudiera leurs ouvrages, mieux on saisira cette idée ; ils ne dissertaient pas en vers sur les choses, mais ils les vivifiaient pour les faire parler elles-mêmes. Ainsi tout s'y expliquait par l'intervention des acteurs épiques, et rarement par l'écrivain qui semblait y cacher son esprit.

Pour peu qu'on soit attentif à mon dessein, on s'apercevra que ce n'est point le desir puéril de singulariser mes conceptions qui m'engage à revêtir nos découvertes physiques de noms inusités : mais cet artifice me fournit le

 DISCOURS

moyen de communiquer la chaleur et la passion au sujet de mes vers, et d'éviter l'embarras
des mots têchniques. Par-là je mets en fiction,
et j'ennoblis tout. Ce ne sont plus des axiomes
que j'avance, ce sont des êtres qui entrent en
scène, et dont les entretiens, les débats ou les
accords expliquent les phénomènes de l'univers. Le ciel, le monde deviennent le théâtre
de l'épopée, et les principes moteurs en sont
les dieux. Si je n'eusse pris ce parti, qu'aurait
produit le choix des objets que je m'efforce à
transformer? ou des déclamations didactiques
en un poëme sans divinités qui l'animent, ou
le faux emploi de divinités vieillies dont les
attributs auraient trop contrasté avec mes allégories nouvelles.

Me répliquera-t-on que la seule énonciation
des choses fondamentales eût pu soutenir et
orner mes chants? Non, la dignité même de
l'histoire, toute remplie des faits et des passions de l'homme, ne suffit pas encore à la
poésie. Ne sait-on pas que le petit siége de
Troye est plus fécond pour les muses que les
grands destins de Pharsale? Les fastes les plus
illustres sont stériles dans un poëme, si le divin
ne s'y mêle et n'engendre le sublime. C'est un

faible appui pour l'imagination que ces génies, moitié célestes, moitié terrestres, qu'on appelle *Fanatisme, Discorde, Foi, Vert..s, Volupté, Graces,* et qu'on immortalise sous tous les titres des affections humaines. Le merveilleux qu'ils introduisent n'étonne jamais, et se traîne avec langueur. Je pense que cela seul a refroidi un grand nombre d'ouvrages modernes, estimables d'ailleurs par les qualités du goût et du talent, mais où manquait l'extraordinaire, qu'il ne faut pas confondre avec le bizarre. Ceux à qui les préceptes de Longin sont présens m'entendent bien.

On va m'objecter peut-être que des sujets simples et plus aisés à traiter s'offrent à la plume ; sans qu'il faille, pour les développer, lutter contre la difficulté de traduire en poésie l'idiome des sciences graves, que souvent la prose même éclaircit avec peine. Je répéterai que je ne le tente aujourd'hui qu'à l'exemple de ce qu'ont osé jadis les chantres grecs, nos modèles. Je ne m'y hasarde qu'entraîné par les leçons d'Hésiode et d'Homère. Quels poëtes ont propagé plus qu'eux les sciences de leur temps ? Leurs poëmes ne sont que des tissus d'actions allégoriques, et le sens profond de

la plupart nous est même voilé par les âges :
elles ont épuisé la patience de mille et mille
érudits commentateurs. Si leurs belles fictions
n'avaient renfermé des inteprétations que nous
n'y trouvons plus, on eût moins admiré leurs
dieux que leurs héros : plusieurs des nobles
fables de leur Olympe n'eussent été que de
vains contes ou des rêves gigantesques. Peut-
être la seule ignorance de leurs mystères jette-
t-elle en notre intelligence les obscurités que
nous rencontrons au milieu de toute leur splendeur ; car, si les mariages, les amours, les
querelles, les combats, les blessures des immortels nous paraissent étranges ou inexpli-
cables, c'est que nous ne savons à quelles
idées l'ordre de ces tableaux s'attachait : ce
qui parut juste et vrai aux yeux de Memphis
et d'Athènes, devient surnaturel à nos yeux ;
mais nous recevons l'histoire de leurs dieux
toute nue, et ce récit nous divertit sans fatigue.
Cette lecture devait être pour les anciens un
exercice laborieux autant qu'un plaisir, alors
qu'ils y cherchaient la révélation de tous les
secrets de leur doctrine physique et religieuse.
Nous n'en comprenons maintenant que ce
qui se lie à la connaissance des mœurs : nous

sommes enchantés surtout de leurs comparaisons si ingénieuses prises dans les objets qui
touchent les sens. Cette partie séduisante n'est
pourtant qu'accessoire : ne nous trompons
point sur le fonds.

.Après ces développemens, je dois préparer
mon lecteur à l'intelligence entière des choses
que je vais lui soumettre. Il importe qu'il fasse
d'abord connaissance avec les personnages introduits dans ma poétique. Il m'accordera de
l'indulgence, puisque mon effort ne tend qu'à
imprimer des vérités générales dans la mémoire, effet assuré des vers et des fictions qui
les gravent en les ornant. Si je ne réussis pas,
peut-être sera-ce par les fautes de mon exécution, et non par l'erreur de mon système : de
plus habiles seront plus heureux que moi dans
la carrière qu'il ouvre. Il n'est pas nécessaire,
pour en convaincre le public, que mon poëme
soit entièrement bon, et qu'il retrace partout
avec succès les phénomènes sur lesquels mon
plan de fable est disposé : il suffit d'un seul
chant ; que dis-je ? d'un seul épisode bien fait,
qui représente exactement les choses sous leurs
emblèmes nouveaux, et qui plaise en remplissant son objet, pour que l'expérience soit

complète, et donne la certitude qu'un autre poëte mieux inspiré, plus inventif, dans un ouvrage moins défectueux, pourra réussir à faire en toutes ses parties, ce que j'ai su faire en quelques-unes du mien. J'ose augurer que cette preuve est déjà donnée par le succès qu'ont eu dans l'estime des connaisseurs, à la lecture de mes fragmens publiés, les allégories sur les pôles, envisagés comme des dieux jumeaux, que j'appelle *Axigères*, pour exprimer qu'ils portent les axes du monde; et sur les flux des marées, fictivement considérés comme les passions amoureuses et rivales de l'Océan, de la Lune et du Soleil, tous trois divinisés. Le reste de mon poëme fût-il inférieur à ces deux morceaux, l'objet de mes vers ne serait pas moins atteint. Des talens plus sûrs expérimenteront ce que je propose, accompliront ce que je n'ai su que promettre, et entreprendront de finir ce que je n'aurai qu'ébauché. Cette déclaration confirmera sans doute à mes lecteurs, devant qui je n'affecte point un langage modeste, que j'ai moins de confiance en mon peu d'habileté et dans la perfection douteuse de mes vers que je n'ai d'envie d'établir un élément indispensable aux progrès de l'art, et de jeter les racines d'un genre inaperçu, que le temps peut accroître et faire fleurir.

Débrouillons donc les matières : qu'il n'y ait ni chaos, ni vapeurs, afin que tout soit net, ordonné, et que chaque point arrive clairement à la vue.

L'Olympe de l'Asie et de la Grèce n'est plus le nôtre ; il fut exploré par les nombreux imitateurs d'Homère et de Virgile. Je ne parcours ni le ciel, ni l'enfer des Hébreux et des Chrétiens : ils furent assez ouverts au Dante, au Tasse et à Milton. Où seront donc mes cieux, mes profondeurs ? dans le système de Newton, et les forces virtuelles du monde en seront les divinités.

Maintenant les nommerai - je gravitation, répulsion, force centrale, force tangentielle ou de projectile ? Les uns ne m'entendraient pas ; les autres critiqueraient mon défaut de goût, et me taxeraient de pédanterie. Il en serait de même pour les dénominations d'affinités chimiques.

Faisons donc en notre art, pour rajeunir les choses, ce que les sciences ont fait dans leurs nouvelles nomenclatures pour les ranger avec ordre. Usons ici des secours que me prête l'harmonieuse langue attique, source de nos étymologies. Docile aux leçons d'Horace, notre législateur, qui conseille aux auteurs d'en extraire les expressions qu'ils ont besoin de créer, je vais composer les miennes, comme le veut ce philosophe, titre formé lui-même de deux mots grecs.

La submersion de l'île Atlantide, dont a parlé Platon, est le sujet de mon poëme, qui en tire le nom d'*Atlantiade*. J'ai expliqué ci-dessus pourquoi j'avais choisi ce lieu, plus propre qu'un autre à y bâtir mon édifice idéal.

L'ordre des probabilités, qui se fonde sur les nombreux échelons d'intelligence inférieure que nous entrevoyons depuis l'homme jusqu'à l'insecte, nous induit à supposer des degrés d'intelligence supérieure à la nôtre jusqu'à l'infini ; cet ordre, dis-je, base inébranlable de la piété qu'inspire la raison, me commandait premièrement de placer à la tête de ma Théogonie le suprême auteur et moteur des choses. Nommer Dieu, ou cause inconnue et primitive, la puissance ordonnatrice du monde, peu importe ; mais ce n'est pas raisonner que d'attribuer vaguement au hasard des résultats toujours réglés, et conduits le plus exactement à leur fin. On tombe dans l'absurde en se niant un être, par cela seul qu'on ne le comprend point. Nous ne concevons ni l'immensité, ni le temps éternel et absolu dans lequel nous mesurons notre temps et nos espaces. En déduirons-nous que ni l'un ni l'autre ne sont ? L'homme ne connaît aucun principe, mais seulement des effets ; les principes n'en sont pas moins nécessaires et réels, quoique inaperçus ; et s'il est besoin d'hypothèses pour fondement de notre raison, choisirons-nous celles qui n'expliquent rien, et qui ne s'expliquent pas elles-mêmes ? Penser que tout fut ce qu'il est de toute éternité n'est pas plus accessible à la compréhension que de penser que tout fut créé. Ces idées ne mènent point à admettre tel ou tel dogme théologique, telle ou telle révélation ; mais elles font céder l'athéisme au doute d'une saine philosophie. Les matérialistes, trop affirmatifs, me semblent ne considérer qu'une part des choses ; et les religionnaires faire abus des spéculations de l'esprit pour supposer entre l'homme et un Dieu des rapports, des relations qu'ils imaginent.

Les sages ont senti partout dans l'ordre universel l'effet d'une volonté presciente, qui est une cause première impénétrable. Or c'eût été de l'aveuglement que de l'omettre dans un ouvrage sur la nature qui paraît sortir tout entière de lui. Ce suprême auteur du monde est donc ici *Théose*, nom tiré du mot grec qui signifie Dieu.

L'intelligence universelle qui vivifie les créatures, et dont le profond Pythagore admettait la transmission successive des unes dans les autres, comme une conséquence de la dissolution et de la reproduction des corps ; cette intelligence qui reçut le nom d'ame en nous, et d'instinct dans les animaux, est *Psycholie* (1), de ψυχη, et de ολη, ame entière.

Le système de l'attraction comprend deux puissances ; une de gravitation, une d'impulsion : le centre vers lequel aboutit la tendance de la première est le foyer commun de toutes les circulations des masses attirées vers lui en chacune de leurs molécules. On peut se représenter le centre de gravité universel en un lieu où ne soit pas même de corps pe-

---

(1) *Psycholie* se prononce *Psycolie*.

sant; et autour duquel toutes les masses se contre-balancent dans l'étendue circonférente. Tel est, par exemple, le milieu d'une roue, d'un cerceau roulant ; ce centre reste immobile, relativement à son cercle et à ses rayons environnans ; néanmoins il se meut par translation d'un lieu à un autre sous l'impulsion qu'il reçoit, comme peut le faire le soleil, centre de notre système céleste, à l'égard d'un autre centre inconnu

Les deux forces des mouvemens contraires, centripète et centrifuge, sont appelées, l'une, *Barythée*, de βαρυς, pesanteur, et θεος, dieu ; l'autre, *Proballène*, de *pro*, en avant et βαλλειν, lancer.

La puissance impulsive de ces deux forces, étant la cause des effets qu'elle assujettit à des principes réglés, et étant liée à la pesanteur, se personnifie en une déesse, mère de ces demidieux, et épouse de *Barythée* ; elle balance l'équilibre entre eux, et le fit naître : c'est *Nomogène*, de νομος, loi, et de γενομαι, j'engendre.

Le penchant curviligne de tous les corps mus à la fois dans l'espace par la gravitation et la projection est le fils de *Nomogène*, le demi - dieu *Curgire* , nom qui exprime sa course circulaire ou elliptique. Voici donc tous les principes des grands mouvemens déjà personnifiés.

Il reste à représenter les affinités électives des molécules ou atomes, les adhérences au point de contact, et la cohésion, la vertu chimique : elle qui, par ses combinaisons, sous des quantités sans cesse variables, compose avec un petit nombre de substances tous les solides , les liquides, les gaz, les existences végétales et animales, et cause la naissance, la mort, et la reproduction. Je l'ai nommée, *Syngénie*, de συν, ensemble , et de γενια **(1)** naissance, en un mot, omogénéité.

Enfin le fluide lumineux, qui , accompagné du feu (si toutefois l'un et l'autre ne sont identiques et une seule substance); ce fluide versant les couleurs dans l'univers qu'il remplit de sa splendeur rayonnante, c'est *Lampélie*, de λαμπας, lumière, ηλιος, du soleil. La chaleur, admise comme un fluide concommitant de la lumière, d'après l'hypothèse reçue, mais encore très-douteuse pour tous les physiciens, la chaleur elle-même, par qui tout existe et meurt, et dont varient les degrés de

----

(1) Γένια n'a jamais été un mot grec. Voyez n'importe quel dictionnaire. *Naissance* se traduit par le mot Γένεσις.

température, termes d'où dépendent notre vie et notre dissolution, l'aurais-je offerte sous ce nom de chaleur qui ne signifie pour les chimistes que l'effet du calorique? c'eût été, si je puis le dire, effaroucher les Muses. Elle est donc la sœur de *Lampélie ;* la déesse *Pyrophyse*, de πυρος, feu, et de φυσις, de la nature. Tels sont les agens dont la nature m'environne. Par eux j'expliquerai ses secrets; avec eux, j'animerai des intérêts fabuleux qui exposeront mieux les vérités que les fictions du paganisme. Les anciens s'imaginaient que l'astre du jour se levait sur l'horizon de la terre plane, tournait sur elle d'orient en occident, et se couchait dans la mer. Je n'ai garde de faire mentir ma muse en répétant ce que lui dicte leur ignorance. Le soleil, immobile dans le monde, au sein d'un palais enflammé, ordonnant à la lumière et à la chaleur, ses deux filles et ses courrières, de partir à l'aube du jour, et de verser son influence colorante et fécondante sur l'univers, ne me semble pas moins majestueux qu'Apollon sur son char traîné par quatre coursiers.

A la faculté de voir se joint en nos organes la faculté d'entendre : la théorie de l'acoustique, en quelques points analogue à celle des rayons du fluide lumineux, tellement qu'autrefois d'habiles physiciens les ont assimilées; les lois des vibrations du son dans l'air, qui le propage sur une suite de petits cones rayonnans, prennent en mes vers le nom de *Phoné*, du mot φωνη, voix, son, en langue grecque. L'écho, il est vrai, n'est plus ici l'amante plaintive de Narcisse; mais les échos sont les fils ailés de ce dieu *Phoné* qui répand les bruits et les paroles.

On s'aperçoit enfin que partout mon univers poétique est peuplé : mais on n'y peut discerner encore que les principes moteurs de la matière inanimée : ajoutons-y la force résultante de son organisation, et tout va sentir et respirer sous l'influence de la nymphe *Bione*, de βιος, la vie. L'attachement des humains à l'existence, l'art qu'ils ont eu de la prolonger par la médecine, s'exprimeront figurément dans l'amour d'un homme poursuivant cette nymphe, et voulant pénétrer ses mystères : celle-ci se dérobe à ses empressemens sur la terre, dans l'air et dans les eaux, par toutes les métamorphoses de la vie animale; et quand il désespère de l'atteindre, il la retrouve dans les arbres, et dans les plantes terrestres et aquatiques, d'où elle lui échappe encore par toutes les transformations de la vie végétale. Cette alternative perpétuelle des naissances et des destructions reproductrices lui persuade le système de la métempsycose, idée que les faux interprètes de Pythagore et les erreurs des âges ont obscurcie et ridiculisée ; idée ingénieuse, sublime, et d'autant plus consolante, qu'elle seule, admettant un cours éternel de changemens entre les êtres, chasse le néant de la nature, et en fait disparaître l'horreur de la mort : car il n'y a plus de mort où réside la perpétuité des existences. La théogonie relative à tel système est dispensée de supposer des Parques, un Achéron, des Furies, et des tortures infernales, ou de vagues promenades élyséennes : elle rejette le fantastique, et n'adopte que les évidences rassurantes et sensibles. Les vivans n'ont plus la superstition des spectres, ni le besoin d'apaiser les mânes par des sacrifices : ils ne renferment plus la froide cendre des morts dans de sombres monumens, dans des urnes arrosées de leurs pleurs ; mais l'imagination humaine se repose doucement sur cette transfusion des

ames et des corps dans le réservoir universel;
et nous songeons avec un soulagement à nos
regrets, que des débris d'un être disparu,
inhumés sur la terre où nous sommes, renais-
sent des plantes, des fleurs, et des êtres volti-
geans et animés de ses élémens qui nous environnent, qui, s'ils ne sont lui, du moins sont
encore autour de nous les émanations vivantes
de la personne dont nous chérissons la mémoire. C'est ainsi que la doctrine brillante des
phénomènes de la vie ouvre le rideau tendu
devant les regards attristés des hommes, efface
les cadavres qui les effrayaient, et les éblouit
au spectacle de ses reproductions éternelles.

Je n'ai point encore parlé des puissances
secondaires, telles que la nymphe *Électrone*,
à qui je conserve presque le nom de l'électricité, *Pyrotonne*, ou le feu du tonnerre,
époux de cette déesse; et *Magnégyne*, épouse
de *Sider*, mots dérivés de μαγνης, aimant,
εγειν, conduire, et de σιδερ, exprimant le fer.
Le penchant de l'aiguille aimantée vers le nord,
et son attraction pour le plus commun des
métaux, se transforment en une passion adultère de *Magnégyne*, qui, l'inclinant en faveur
de l'*Axigère* boréal, et combattant le pouvoir

de *Sider*, mari de cette nymphe, offrira l'image allégorique de la double tendance magnétique. On reconnaîtra que leurs hymens et leurs mouvemens jaloux ne seraient pas moins fertiles en épisodes terribles ou gracieux que les intrigues fabuleuses des dieux et des déesses de l'Olympe, si je possédais l'art des anciens pour les raconter agréablement. Les amours de l'Océan et de la Lune, déifiée sous le nom de *Ménie*, et les rivalités d'*Hélion*, dieu du soleil, seront les emblèmes du mouvement des marées. Les ardeurs de la nymphe *Sulphydre*, étendue sur une couche de fer avec *Pyrotonne*, infidèle à son épouse *Électrone*, deviendront l'image du feu fulminant, du soufre, de l'eau et des pyrites, dont les chocs volcaniques renverseront l'île Atlantide, où se passe une grande action de mon poëme. Ici l'on retrouve encore l'imitation de ces désordres domestiques (dont la raison se scandalise) entre les familles de l'Olympe égyptien et grec. L'immoralité, l'indécence apparente de ces tableaux s'effacent au jugement de qui s'explique bien le sens réel des fables, et sait ne voir dans les caprices licencieux et dans les séductions galantes de Jupiter, de Bacchus,

d

d'Hercule ou de Vénus, que des emblèmes qui n'avaient rien d'obscène et de criminel : les temps et les fausses traditions en ont corrompu les mystérieux caractères.

Les demeures souterraines de la nymphe *Sulphydre* s'ouvriront au poëte comme autant de palais magiques où il peindra les riches dépôts des cristallisations et leur exacte symétrie, en jetant un coup-d'œil sur les gemmes, sur les pierres précieuses dont se composent les trésors du règne minéral. Désormais, que toutes ces divinités marchent. Un vieux génie encore mesurera leurs pas dans le monde, régularisera les observations géométriques des hommes, leur prêtera l'astrolabe, les verres de l'optique, le quart de cercle, et les nombres : ce génie est l'analyse, figurée par le demi-dieu *Métrogée.*

Tout cet appareil du merveilleux, une fois inventé, n'était que la moitié des préparations nécessaires : il convenait qu'il s'enlaçât à une action simple qui en réglât l'emploi. Je ne voulais pas, en empruntant les pinceaux d'Hésiode, ne tracer comme lui qu'une généalogie et que les portraits de mes dieux ; je desirais, d'après les leçons d'Homère, que mes

divinités semblassent agir, parler et s'entre-
mêler aux intérêts des héros. J'étais heureusement parvenu, à l'aide de leurs dénominations,
à expulser les mots techniques, dont l'impro-
priété en poésie gâte les meilleurs vers des
auteurs qui les y ont le mieux déguisés. C'était
peu, selon moi, si je ne réussissais à exclure
toute espèce de formes didactiques, et à mettre
chaque phénomène en action d'épopée.

Déterminé par ces motifs, voici donc ce
qu'ils m'ont suggéré.

J'admets pour ma fiction, et j'emprunte
du vieux système sur *la grande période*,
l'opinion non prouvée que l'écliptique était,
il y a des siècles, perpendiculaire à l'équateur.
Je suppose ensuite qu'une révolution céleste
a pu la rapprocher de celui-ci, et la placer
dans l'obliquité sous laquelle elle nous apparaît, et qui produit l'ordre de nos jours et de
nos saisons. On explique aujourd'hui les variations de l'inclinaison de l'écliptique par un
mouvement oscillatoire qui revient sur soi-
même à des époques soumises au calcul. La
précession des équinoxes et la nutation de la
terre dépendent de sa non-sphéricité. L'hypothèse d'une perturbation qui eût dérangé l'axe

du globe terrestre me procure un moyen facile d'en montrer la vraie position. Je feins
ensuite que les peuples, habitant le pôle jadis
éclairé, descendirent vers les zônes échauffées
par le soleil, dont ils furent privés par ce
trouble céleste qui inclina l'écliptique; que ces
nations du nord remplirent les contrées mé-
ridionales de leur religion mythologique, et
que leurs incursions parvinrent, sous des
chefs nommés Atlas, jusque dans l'île qu'ils
appelèrent l'*Atlantide*, où je place un peuple
innocent, vertueux, et n'ayant d'autre culte
que celui des divinités représentatives des propriétés de la nature. La guerre de ces insu-
laires, appelés les *Symphytes*, avec les Atlantes,
n'est que l'allégorie du combat des sciences et
des erreurs fabuleuses. Elle me fournit une
opposition entre les dogmes imaginaires et les
dogmes exacts, qui établit à la fois, en parallèle et en contraste, la théogonie antique et
la nouvelle attribuée à ces hommes d'une
origine inconnue. On voit périr le chef des
Symphytes qui s'immole aux vérités qu'il croit,
et enfin s'engloutir son île : de là j'infère la
conséquence que sa doctrine s'est perdue jusqu'à nos jours, et que la fable a régné dans les

autres continens de la terre. De plus, je conforme ce qui tient aux mœurs et aux lois des
Symphytes à l'idéal de l'époque, et à des rêves
de vertus patriarcales qui ne sont plus que
des visions poétiques depuis l'âge d'Astrée.
Cette simplicité écarte du sujet, dont l'essence
est étrangère à la politique, tous ces débats de
monarchie et de démocratie qui appartiennent
à l'histoire et à la muse théâtrale. J'ai pensé
qu'un poëme fondé sur des objets éternels,
inspiré par les sciences dont l'étude est paisible,
ne devait pas mentionner les intérêts changeans
et journaliers de nos passions, et qu'en l'élevant aux grands principes de la vérité et du
beau physique et moral, je le placerais hors
des atteintes du caprice et des partialités. Quand
les choses vastes, majestueuses par elles-mêmes,
nous prennent, nous saisissent tout entiers,
elles transportent notre essor au-dessus des
aspects étroits et communs : les hauteurs où
planent les Hésiode et les Lucrèce sont comparables à ces sommités d'où la vue s'étend,
s'agrandit avec l'horizon, d'où la face des nations se rapetisse et s'anéantit sous les regards :
là, touchés seulement de l'harmonie universelle et de l'éminente vertu, ils nous apprennent

à fuir la terre. On dirait que, certains de n'y point trouver le calme et la stabilité qu'ils cherchèrent, ces génies se sont réfugiés dans le ciel pour jouir du repos et s'absorber avec sécurité dans leurs sublimes songes. N'est-ce donc pas encore se montrer leur disciple, que de se renfermer au sanctuaire de leurs contemplations, et que d'y asseoir sa sagesse ?

La mythologie, qui consacre Atlas, en regard de celle que je lui oppose, varie encore les ressources de mon sujet, en multiplie les incidens, et y verse passagèrement les couleurs des fictions habituelles. Son intervention ajoute un relief à la nouveauté de mes fables en s'y mêlant, si bien que d'un coup-d'œil le lecteur pourra juger que l'usage de nos connaissances traduites allégoriquement supplée, autant qu'il le faut en ceci, à l'ancienne magie des mythologues, et avec l'avantage de ne point tromper comme elle.

Je prends donc, pour renouveler la poésie, la méthode qu'on a prise dans les sciences pour les rectifier. Bientôt les avantages que j'en attends ne seront plus un problème. En effet, comment bien personnifier et dramatiser des idées sous des noms vulgaires ? Je suppose que

les phénomènes révélés sous l'emblème des
tourmens de Prométhée fussent écrits didacti-
quement à la manière de Lucrèce, en serait-
on touché, surpris, comme par l'aspect de ses
chaînes, de son foie rongé d'un vautour, et
de sa délivrance par Hercule ? qu'on décrivît la
brutalité de l'ignorance qui ne voit rien que de
l'œil du corps, épouvanterait-elle comme sous
les traits hideux de Polyphème aveuglé par
un homme patient et sage ? que la prudence
cessât d'être Minerve, écouterait-on avec tant
d'intérêt les conseils qui dirigent Ulysse ? que
les dangers de la volupté fussent tracés en sen-
tences, étonneraient-ils autant que la vue des
compagnons de ce héros métamorphosés en
pourceaux par Circé ? qu'on représentât l'espace que des vaincus, après une sanglante
défaite, ont laissé couvert de leurs morts et
de leurs blessés, en saisirait-on aussi rapidement l'image que dans ces vers de l'Iliade
qui peignent la chute de Mars couvrant sept
arpens de son corps renversé ? qu'on rappelât
en des maximes que les Graces efféminées ne
sont pas faites pour la guerre, et que la beauté
doit fuir les combats, frapperait-on l'esprit
aussi vivement que par les plaintes douloureuses

de Vénus blessée en secourant Paris, et que
par la vue du beau sang de cette déesse teignant la lance de Diomède furieux? qu'au
contraire, dans l'Enéide, la vengeance en courroux soit tout à coup désarmée par les charmes
de la beauté craintive et noyée dans les pleurs,
les vers les plus expressifs sur ce sentiment
nous émeuveraient-ils autant que l'apparition
soudaine de Vénus se montrant à son fils pour
défendre Hélène tremblante à la lueur de l'incendie de Troie qu'elle alluma, et surpren-
draient-ils l'admiration comme l'aspect de cette
divinité faisant tomber le fer vengeur d'Enée.
Ravissante allégorie du pouvoir que les larmes
d'une belle femme ont sur les cœurs les plus irrités! Combien d'autres exemples à l'appui de
ce que je projette! Ceux que je cite témoignent
de plus avec quelle hardiesse et quel feu les
anciens composaient leurs tableaux. Nous ex-
pliquons tout dans les nôtres; eux laissaient
tout deviner. De là leur grandeur et la simplicité de leur dessin.

Ce qui surtout importe, est la clarté : sur
ce point, j'entrerai dans quelques considérations.

Quand les pensées d'un auteur se commu-

niquent par des tours forcés et des expressions équivoques, c'est lui qui se rend inintel-
ligible : quand il dit en termes propres, ou
justement figurés, ce qu'il conçoit bien, et
qu'on y soupçonne quelque chose d'obscur,
c'est le lecteur qui n'entend point ; soit faute
d'être assez familiarisé avec les objets traités,
soit que, manquant de connaissances prélimi-
naires pour les atteindre, il ne les puisse pénétrer. Ajoutons qu'une fable allégorique a
toujours deux faces, dont l'une est mystérieuse. Les aventures de Pluton et de Proser-
pine ne sont pas claires pour tous les esprits.
Il faut, pour en bien goûter la grace, savoir
que l'inquiétude de Cérès cherchant sa fille,
et ne l'arrachant au dieu des enfers qu'au bout
de six mois, est un emblème de la germination
des semences cachées sous la terre qui les renferme, et dont les produits ne sortent de son
sein que dans la saison favorable aux moissons. La mort d'Adonis, et sa résurrection au
troisième jour après son trépas, ne seront
qu'une agréable chimère pour ceux qui ne
sauront pas quelle interprétation les peuples
de la Grèce et des côtes occidentales de l'Asie
donnaient à de tels mystères, et qui ne rap-

porteront pas aux constellations le sanglier qui
blesse l'amant de Vénus, parce qu'ils ignore-
ront que ce chasseur était l'emblème du soleil,
mort au dernier jour de sa course annuelle,
et ressuscité aux jour qu'il revient du tropique du Capricorne vers notre hémisphère. L'é-
cartement de deux monts séparés par la force
des bras d'Alcide ne paraîtra qu'un récit ex-
travagant, si ce fils de Jupiter ne rappelle encore à l'esprit, en ceci comme en ses douze
travaux, symboles des douze mois de l'année, les effets de la présence de l'astre du
jour, dont les rayons desséchans avaient fendu,
selon les anciens, le détroit où la fable supposa *les colonnes d'Hercule*. En sera-t-il autrement d'Atlas portant le monde sur ses
épaules, si l'on oublie que les anciens dé-
crivaient le ciel en forme de voûte dont la
courbure appuyait sa base à l'occident sur ce
mont d'Afrique, et si l'on ne fait concerter les
signes célestes de l'hiver avec la figure de ce
géant pétrifié par la tête de la Gorgone que
lui présente Persée? La diversité même des
interprétations à l'égard d'Atlas éclaircit le
sens raisonnable de son histoire, puisqu'on
lit dans les commentateurs qu'un grand astro-

nome de ce nom fut déifié sous les attributs de neveu d'Uranus, en récompense d'avoir inventé le zodiaque et la sphère. Un pareil hommage explique l'amour de Diane pour le berger Endymion, jeune savant qui, dit-on, étudia le cours des astres, et démontra particulièrement l'ordre des phases de la lune. Que dirons-nous des victoires d'Osiris déchiré par le jaloux Typhon qui l'attire enfin dans un sombre piége, et renaissant de ses lambeaux ramassés par Isis, pour triompher encore de son ennemi? Tout cela paraît un conte ridicule et gigantesque, si l'on ne démèle en ces récits l'opposition de la lumière et des ténèbres qui se combattent, et la marche du soleil, que l'hiver paraît ensevelir à son point austral le plus éloigné de l'équateur, et que les mois lunaires ramènent, par quartiers, en brillant vainqueur des longues nuits. C'est en rectifiant ainsi par de justes remarques les traces de la haute antiquité qu'on cesserait d'accuser les cultes indiens et égyptiens de leur absurdité choquante. L'absurde n'est que dans les jugemens erronés que nous prononçons en nous estimant les seuls peuples sages. Croirai-je en effet que les docteurs

de Memphis et de Thèbes adoraient maté-
riellement le bœuf, le crocodile, l'ibis, le
chien et l'ognon, qui leur caractérisaient en
image abréviative les attributions du Nil et de
la fécondité? Etablissons un instant le parallèle de nos signes et des leurs. Supposons
qu'après mille et mille ans, un peuple, étranger aux dogmes de notre foi, trouva dans nos
chapelles de village, un enfant endormi dans
les bras de sa mère, ainsi qu'Horus sur les
genoux d'Isis, un pigeon couronné de lumière, et un agneau couché sur une croix :
Aurait-il raison de nous soupçonner d'avoir
érigé en objets d'un culte matériel, ce nouveau-
né, ce pigeon, ou cet agneau, et de nous juger idolâtre, parce qu'il se méprendrait aux
abrégés significatifs de nos mysticités saintes
qu'il n'aurait pas pénétrées ?

Un poëte n'est donc obligé de satisfaire toujours ceux qui ne sont pas initiés, que s'il se
condamne à n'être jamais que supperficiel.
Ce qui est profond, écrivait le général Mon-
técuculli, *est caché.* D'ailleurs, il n'en est pas
des chants d'un poëme comme des vers dramatiques : sur la scène, on ne choisit qu'un
langage et des passions simples, dont le secret

est connu de tous les cœurs : mais encore la
haute politique en ses complications n'y est
pas accessible au commun des spectateurs. Si
nous examinons les aptitudes de l'esprit, nous
apercevons qu'il ne saisit pas vite ce qui lui
est neuf : la moindre démonstration sur une
chose qui lui est étrangère l'arrête, le trouble,
fatigue et détend son application. La phrase
la plus droite lui paraît, en ce cas, affectée
d'un sens douteux ; un petit jeu de mots l'é-
tourdit, s'il n'en a pas l'habitude. L'homme
sérieux est presque sourd à l'ironie pointil-
leuse, et le plaisant se déconcerte à une défi-
nition grave. Ce que je dis là est compris facilement, parce que chacun sait cela, et le dirait
à sa façon : mais si, composant un livre sur
la jurisprudence, j'usais des termes du barreau,
je serais moins jugé par tous les lecteurs que
par les seuls magistrats. La haute poésie a ses
modes, ses tours, et ses créations spéciales ; et
le genre pindarique, par exemple, n'est point
goûté de toutes les oreilles. Est-il beaucoup de
lecteurs, de versificateurs même qui sachent
pourquoi les meilleurs élémens du style convenable à la tragédie sont rejetés de l'épopée ?
Pourquoi elle en choisit que n'accueille pas

celle - là ? Et pourquoi les leurs sont dédaignés du chantre lyrique ? Se rendent - ils
compte des qualités qui distinguent, sur un
même sujet, une noble stance d'une strophe ?
que remarquent-ils ? la mesure et le rhythme
des vers ; et ils s'en fient à la dénomination de
l'ouvrage pour juger bon ou mauvais, à titre
d'ode, ce qui souvent n'en est pas une. Ils
ne songent pas que depuis des siècles tous les
écrivains ont eu l'ambition d'en faire, et que
quatre ou cinq seulement y ont réussi. Ils
ignorent que les chœurs mêmes d'Athalie et
d'Esther auraient des grâces trop relâchées
dans les odes d'un Alcée, ou d'un Horace.
L'essor, les bonds, l'emportement réglé que
ce genre commande, leur semblent des écarts
du délire, et son éclat éblouissant les offusque.
Sur la foi de cette impression, ils méconnaî-
traient la poésie la plus élevée, la plus brillante, comme ceux qui nieraient que les étin-
celles colorées du diamant et des cristaux fussent des jets de lumière, parce qu'ils sont plus
vifs et plus pressés que les doux rayons du
jour. Chantez une romance, tous les audi-
teurs sont séduits ; peignez la vivacité attirante des yeux d'une jeune et belle courti-

sane, et le plaisir en ses bras ; peignez cette sorte de majesté douce qui règne au maintien de la pudeur, et qui la protége ; peignez ce que l'innocence prête de pureté à l'amour ; peignez la mélancolie comparant le bruit des cascades au tumulte des cours, et une fleur qui se fanc à la beauté, à la vie passagère ; vos vers sont interprétés d'avance par la multitude. Mais tracez sévèrement comme Hésiode, Homère et Virgile en son sixième livre de l'Enéide et dans ses Géorgiques, des lois physiques éternelles, vous aurez besoin de scoliastes après vous, et n'aurez ému d'abord que les grands hommes, les doctes, et les sages.

En rappelant les poëtes fâmeux, j'accumule les preuves contre l'opinion qui accuse les sciences de glacer le génie. Qu'est-ce que l'imagination, sinon la faculté d'enfanter des images, ainsi que son nom l'exprime ? Et comment ses productions seraient-elles sublimes, si elles ne recevaient du jugement leur régularité, et du savoir leur abondance ? Que nous peindra de vrai l'esprit qui ne réfléchira que l'erreur, et de simple et de noble celui qui ne scintillera que des fausses bluettes de la mode et de la galanterie ? Sans une raison éclairée, l'imagination, pleine de rêves, n'est que le transport d'un cerveau malade.

Je me flatte d'avoir prévenu le reproche de voiler par mes fictions les lumières newtoniennes que je veux célébrer. Essayons aussi de justifier par avance l'exécution de l'*Atlantiade* en ce qui est relatif au style.

Les raisons de convenance qui avaient dirigé ma plume dans le choix des figures hardies, des promptes ellipses du langage propre au sujet de *Moïse*, inspiré par les livres saints, qu'enflamme tout le feu des images orientales; ces mêmes raisons qui m'avaient fait rechercher les tropes élégans, les tours nobles de l'hellénisme dans le sujet d'*Homère*, où je m'efforçais d'imprégner mes vers des nuances pures et variées de mon modèle; ces raisons, dis-je, qui m'avaient restreint à une prudente réserve dans l'élocution convenable au sujet d'*Alexandre*, pour le conformer à la majesté historique qui commande un ton plus sévère, exigeaient que ma diction s'appropriât encore au sujet original de ma *Théogonie newtonienne*. Mon style n'a donc prétendu, dans ce poëme, qu'à la simplicité, qu'à la gravité, qu'à la correction, sans autre

ornement que les attributs des choses bien
énoncées, pour qu'elles fussent bien distinctes.
Économe d'images et de comparaisons, je ne
m'en suis permis l'usage qu'autant qu'elles se
rapportaient aux phénomènes décrits avec rec-
titude, ayant soin de rejeter celles dont la
poésie admet ailleurs les parures communé-
ment reçues : de sorte qu'il ne sera pas plus
malaisé d'entendre un langage sans énigme
et sans constructions indirectes que de comprendre le plan linéaire des emblèmes dont
se compose mon sujet. J'acheverai pourtant de
prouver que les vues reculées de l'esprit néces-
sitent toute son attention pour être atteintes
nettement. Les idées abstraites sont moins vivement saisies que celles qui nous sont immé-
diatement imprimées par les sensations. C'est
pour cela qu'on est obligé d'user de figures
qui les éclaircissent dans les sciences comme
dans la poésie. Je me sers de formes allégoriques
pour décrire les principes des choses, ainsi
que l'astronomie emploie les axes, les zônes,
les méridiens, les colures, et tous les cercles
enlacés de la sphère artificielle pour tracer aux
yeux des disciples une image fixe des révolutions des cieux. Quelle que soit l'exactitude

des sciences, il faut toujours qu'elles substi-
tuent des signes aux choses ; ces signes-là sont
fictifs. Le trait qui marque une courbe sur un
plan ne représente le mouvement que parce
qu'on suppose une suite de pointsparoù passe
un corps, et qui s'effacent après son trajet ;
mais le trait qui reste fixé sur le plan trom-
perait, sans cet avis. Un point figurant sur le
papier une molécule intégrante et indivisible
ne serait pas aperçu de l'œil, s'il était aussi
petit que l'atome qu'il rappelle à l'esprit ; et
l'esprit lui-même ne peut comprendre que
cet atome si petit *ait une solidité et soit*,
comme le dit Newton en son optique, *le centre
de tout un chaos où réagissent des attractions ;* qu'enfin ce soit là un monde dans un
vide imperceptible. Le point évident pour l'œil
n'en est donc qu'une image. Eh ! pourquoi
s'interpréterait-on moins bien les illusions
allégoriques ? Eh ! pourquoi, si de tels sujets
développés en prose réclament toute la fermeté
de l'intelligence, voudrait-on les concevoir
en poésie comme une chanson légère et facile ?
J'insiste sur ces remarques, et j'y insiste en
prose, parce que le vulgaire ne croit à rien
de ce qu'on lui dit en vers.

Néanmoins, pour la clarté de *l'Atlantiade*, combien de précautions ai-je prises d'éviter la surcharge des détails fatigans, et de ne traiter que les généralités frappantes ! J'ai dû m'y borner, et, afin de prévenir la confusion des objets, les trier, les choisir et en circonscrire l'étendue. J'ai dû encore les classer dans un ordre adapté au sujet, qui, les unissant entre eux, dirigeât la vue de l'un à l'autre sur la masse de leur ensemble. Voici le court résumé de cet ouvrage.

Le Ier chant contient la théorie de la gravitation universelle et des effets de l'inclinaison des pôles.

Le IIe chant, la théorie des marées et du système planétaire, avec un rapide exposé des axes, des poids, des jours, des années et des températures des mondes.

Le IIIe chant, la théorie de la lumière et du calorique, celle des affinités chimiques, l'électricité et les détonnations artificielles.

Le IVe chant, l'acoustique ou lois du son, les révolutions du globe terrestre, la minéralogie et les phénomènes de la vie animale et végétale.

Le Ve chant, les affections morales et physiques de l'ame et du corps, les éclipses des astres traitées par incidence, et les dissolutions de la matière organisée.

Le VIe et dernier chant, la théorie des volcans, qui se lie à celle des combustions et des détonnations, le magnétisme, la boussole, et enfin le tableau de l'existence la plus naturelle de l'homme, né pour aimer et se reproduire avant la mort, ainsi que tous les autres êtres animés.

On sent que le sacrifice de mille aperçus curieux me devint indispensable : c'est méconnoître l'ordonnance des bonnes compositions que de multiplier les incidences, et de s'abandonner à l'abus des développemens. Il m'a fallu plus supprimer qu'ajouter, et beaucoup amasser de matériaux pour en employer peu. Tantôt ce document me semblait trop aride ; tantôt cette hypothèse trop problématique : j'effaçais des pages entières ; j'ôtais des épisodes déjà versifiés qui m'avaient séduit : quelquefois l'envie de constater les soins attentifs que Newton appliquait à ses subtiles recherches m'écartait de mon but, et je gagnais en omettant. Donnons-en un exemple, et citons un passage retranché de mes récits. L'un des personnages de l'île Atlantide étudiait sous un prisme les inflexions de la lumière au point de contact des atomes : le spectre solaire, interrogé par sa curiosité, lui répondait :

« Prends un des blonds cheveux dont ton front est orné ;
« Frappe-le d'un rayon : ne verras-tu pas l'ombre
« Derrière ce cheveu tracer un cône sombre ?
« Si tu la vois s'étendre et grossir pas à pas,
« La lumière, sur lui ne se pressant donc pas,
« S'écarte, à son approche, au gré d'une influence
« Que du point radieux augmente la distance.
« Ne dédaigne donc pas ce soin minutieux,
« Et poursuis des clartés le cours mystérieux ».

Il dit ; et le héros sous la lumière arrête
Un cheveu qu'il enlève à cette auguste tête,
Qui, des soucis humains rejetant tout le poids,
De la nature en paix examine les lois.
Tranquille, un seul cheveu dont l'ombre le captive,
Suspend de son esprit la pensée attentive,
Et l'oubli consolant dérobe à ses regards
Les débats de la terre et ses tristes hasards.
D'une ame studieuse, ô féconde ressource ! etc.

Toute remarquable que soit cette épreuve de la patience des observateurs de la nature, quelque merveilleuses que paraissent d'autres expériences du même genre, l'énumération en serait vétilleuse et indéfinie. Le bon goût la réprouve dans l'ordre des généralités auxquelles mon art doit s'astreindre. L'essor de la poésie ne peut s'arrêter que par hasard sur les pas délicats des Franklin, des Spallanzani et des Volta ; elle s'élance de sommets en sommets, et ne s'empare en son vol que des résultats majeurs, lorsqu'elle craint de perdre de vue ses antiques modèles. Voilà pourquoi l'art des vers, qui ne donne la jouissance que des révélations supérieures, n'instruit pas assez complètement pour qu'on se dispense de l'enseignement méthodique.

Loin de moi la présomption de croire que ma Théogonie, à peine naissante, ait droit de s'ériger en parallèle absolu avec la riche mythologie ancienne, et que les simples fondemens de mon système équivaudront à l'édifice entièrement construit et décoré par le polythéisme qui l'a peuplé d'une si grande multiplicité de fables ! Pourtant il est juste de faire observer que mon ouvrage n'est que l'effort d'un seul homme, les premiers fruits d'une seule imagination, un premier pas de son art ; tandis que la Mythologie tire sa source de plusieurs religions toutes consacrées, et s'est accrue d'âge en âge par les inventions progressives du génie de tous les poëtes anciens et modernes, depuis les temps héroïques où chantaient les Linus et les Orphée jusques à nous. Toutefois, si mes idées prospèrent, si de jeunes muses à l'avenir moins inhabiles que la mienne les fécondent et profitent de mes erremens, sans doute elles laisseront d'heureuses traces à leurs successeurs. Un monde poétique deviendra leur héritage. Chaque partie du système savant dont je vivifiai les formes principales étant séparément figurée en tous ses détails secondaires, produira une foule d'allégories assez nombreuses pour remplacer spécialement en tout et partout les dieux, les démons, les géans, les déesses, les nymphes, les faunes et les sylvains de l'antiquité. Moi, je n'ai pu qu'entr'ouvrir un nouvel Olympe : d'autres, de qui le savoir embrassera plus de choses et plus de lois dans la nature, y personnifieront plus de puissances. Ils pourront mieux imaginer, mieux peindre et mieux démontrer, en perfectionnant les ressorts de cette machine idéale. Au reste, je ne prétends point, je le répète, établir mes dogmes en novateur : le seul desir d'imiter les anciens jusque dans le mode de leurs créations me pousse à diviniser les principes fondamentaux que Newton a posés : mon respect pour les gens instruits et mon ignorance me défendent d'aspirer au titre de docte. J'épie les vérités, je les écoute, et n'ai pas le droit d'enseigner : mon unique souhait est de plaire au public, et d'occuper mon ame par des études qui se dirigent vers un but. Cet aveu ne m'est pas dicté par cette feinte modestie qui trop souvent n'est qu'un recours de l'amour-propre; hypocrisie que j'ai surprise chez la plupart des hommes, depuis ceux qui entravent en rampant les réputations naissantes et s'accolent à celles qui sont faites, jusqu'à ceux dont l'orgueil s'inquiète des efforts de l'envie trop irritée par leur présomption dans le succès.

Sans vouloir donc me vanter d'un mérite que je n'ai pas, ni me dire moindre que je ne suis, je déclare qu'en m'attachant aux expériences qui servaient à mon dessein, j'ai quelquefois souri en moi-même de mes erreurs ou de ma maladresse, et que, pour régler mon discernement, j'ai ressenti le besoin de consulter ceux qui joignent les pratiques aux théories. Je desire que l'indulgence qu'a témoignée le public pour mes premiers essais fasse, en accueillant celui-ci, durer l'hommage que mon amitié rend à un professeur de chimie dont la complaisance égale les lumières et l'amour infatigable du travail. Ces qualités, qui déjà distinguaient éminemment la jeunesse de M. Thénard lorsque je le remerciai publiquement des leçons que je lui devais, l'ont bientôt élevé, par l'unanimité des vœux de la première classe de l'Institut de France, aux honneurs d'une carrière qu'il a soudain franchie, et qu'étendront encore ses vues pénétrantes. Dirai-je que je ne suis pas moins redevable aux excellentes leçons d'anatomie qu'à bien voulu donner à mon amitié le savant M. Dupuytren, professeur en chirurgie à la Faculté de Médecine, et de qui pourtant les plus beaux titres sont les doubles succès de ses cours aussi éloquens que méthodiques, et de ses opérations aussi sûres que rapides. Je ne me dissimule point qu'il serait plus discret de ne pas céder à mes sentimens à l'égard de ces deux personnes : peut-être donné-je lieu de me soupçonner d'une adresse commune aux faiseurs de préfaces, en les citant toutes deux : car maintenant leur suffrage est devenu un appui, et leur amitié un honneur.

Mais mon cœur aime à payer ses dettes : sa

reconnaissance n'attend que les occasions de s'acquitter envers les hommes éclairés qui, m'adoptant pour leur disciple, me rendent plus apte au plaisir de les entendre ; tant j'estime que le savoir est précieux pour ceux qui s'adonnent aux muses, ou qui cherchent des forces contre les peines de la vie ! Quoi de plus puissant pour exercer son ame que l'étude de la nature ? Nous devenons les contemplateurs du plus grand spectacle en interrogeant les ressorts qui meuvent l'univers, et les animaux qui l'habitent, et l'homme, dont la raison n'est qu'un instinct plus complet que le leur. J'ai long-temps éprouvé que cette seule étude distrait les passions les plus dévorantes, et suspend la tristesse par un oubli qui charme le cœur.

La culture des sciences ne flétrit donc pas l'imagination : les amours romanesques et les malheurs politiques, sujets de nos tragédies et de nos histoires, ne sont que des épisodes dans l'ensemble des choses. La nature, soumise aux lois de la création, me semble l'objet le plus digne d'être consacré par la poésie, puisque les anciens l'appelaient *la langue des dieux*. Là, le vrai lui seul est le merveilleux ; il n'a

besoin que d'être vu sous le prisme de l'art.
Les vers ne doivent pas seulement constater et
démontrer, mais transformer et embellir : il ne
faut pas qu'ils donnent des relations, mais des
chants : ce n'est point assez qu'ils énoncent des
vérités, des pensées justes et raisonnables, s'ils
ne les expriment en images, et s'ils ne les dé-
corent avec élégance. Le fonds, quel qu'il soit,
n'est rien, si la grace, si la pureté des formes
n'en font valoir la consistance; et quant à ce
fonds que rehausse leur éclat, si le poëte l'emprunte de la nature, il faut surtout qu'il se pénètre bien de la simplicité des phénomènes;
qu'il considère que le jeu de quelques acides,
de quelques alkalis, de quelques métaux, est
le même qui se multiplie dans la masse de
tous les corps; qu'un grain de poussière, une
goutte d'eau obéit aux mêmes impulsions que
les mondes et leurs océans; qu'une famille
naît, existe, et meurt comme un royaume ;
que le cœur des derniers du peuple bat comme
le cœur des premiers des hommes : les petits
intérêts qui agitent chacun d'eux sont pareils
en tous, et les régissent tous.

L'imagination n'inventerait rien qui ne cé-
dât aux étonnantes réalités de la nature : les

féeries n'ont point de baguette si souveraine, ni de magie si rapide, que sa vertu et ses transmutations. Puissé-je le manifester un peu dans l'ouvrage que j'ai entrepris, et faire avouer que les poëtes et les savans ne doivent se séparer, se déprécier, ni se méconnaître ! Leurs procédés ne sont pas inconciliables, puisqu'ils marchent en leurs diverses routes conduits par un même projet, celui d'éclairer. Si les uns ont des sondes pour approfondir les causes de nos sensations, les autres ont des flambeaux pour discerner les sentimens.

Il est temps de conclure, en appuyant cette maxime du souvenir d'une circonstance qui m'est personnelle, et qui démontre évidemment que le goût des arts et celui des sciences se lient, se correspondent, se soutiennent, et corroborent nos esprits.

On a vu, dans ce discours, comment un long ouvrage fut le produit d'une seule idée génératrice; on verra comment l'influence de premières sensations me fit concevoir cette première idée. Ce détail ne paraîtra pas superflu aux métaphysiciens qui étudient la progression de nos pensées. On se souvient de cette brillante époque des conquêtes de la philo-

sophie savante sur les élémens, que la géométrie, la physique, et la chimie, soumet-
taient à notre usage. Non content de tout mesurer, peser, décomposer, l'homme voulut
même suppléer par son industrie aux ailes
qui lui manquaient pour s'élever aux régions d'où Franklin avait fait descendre le
tonnerre. Je n'avais pas atteint ma douzième
année, en 1783, lorsqu'on me mena voir
l'ascension de l'aérostat de M. Charles. L'aspect d'une foule innombrable d'hommes et
de femmes de tous les rangs et de toutes les
classes, rassemblés au jardin des Tuileries
et sur mille estrades à l'entour, redoubla ma
vive curiosité : car, dès ce temps, la gloire
des nouvelles découvertes excitait l'enthousiasme national. Cette expérience ressemblait
à une grande fête publique; tous les regards
se fixèrent sur les apprêts du courageux aéro-
naute : le ballon partit, et l'emporta. Mon
œil suivit la machine aérienne à la clarté du
beau soleil qui dessinait sa forme dans l'espace. Mais quand je vis ses contours se dila-
ter en montant à mesure que la pression de
l'air diminuait, et l'espèce d'équateur qui par-
tageait son diamètre paraître tout prêt à fen-

dre ses deux hémisphères boursoufflés sous
le réseau qui les contenait, mon cœur se serra
et palpita violemment de la peur de sa chute.
Ce sentiment de crainte céda bientôt à l'admiration qui me ravit en la regardant s'ex-
hausser et s'amoindrir au loin comme les cerfs-
volans que j'avais vus s'élever dans le ciel.
Charmé d'un effet dont j'ignorais la cause,
j'interrogeai mon père, dont l'esprit doux et
éclairé prit soin de simplifier, pour un enfant
que sa bonté chérissait, l'explication de ces
phénomènes. Il lui fut aisé de me faire comprendre ce que c'était que le gaz inflammable,
qu'il était plus léger que l'air, et qu'il devait,
par cette différence de pesanteur, le surmonter
comme l'huile surnage l'eau, dont ce gaz était
l'un des deux principes analysés dans le siècle
dernier. Il m'indiqua comment on mesurait
le poids du ballon et de la charge qu'il pouvait emporter sans excéder celui du fluide
qui le devait soutenir dans l'atmosphère. Il
me dit enfin ce qui causait le renflement de
l'aérostat au milieu de l'air raréfié. Ces défini-
tions restèrent d'abord un peu confuses en
mon faible entendement : elles ne tardèrent
pas à s'éclaircir ensuite ; et mes souvenirs ne

me les retracèrent dans l'adolescence qu'accompagnées de l'impression qui les avait pro-
voquées. A peine commencai-je à réfléchir,
que je comparai les succès publics du physicien
avec les succès des auteurs dramatiques, les
travaux patiens qu'exige l'étude des lettres, et
ceux qu'exige l'étude des sciences : d'un côté,
résultait l'éclat des belles représentations de la
scène; et de l'autre, le triomphe des expériences qui donnaient parfois des spectacles
aussi brillans que les plus admirables du théâtre. Dès-lors, entraîné par des émotions alter-
natives vers les connaissances exactes et littéraires, mais voué par mon goût au seul art
d'écrire, je cherchai toujours dans les sciences
un solide fonds à mes pensées, et dans la littérature, le secret de le revêtir des gracieux
ornemens de l'expression et de la poésie. Heureux si l'ascendant de cette unique idée que
j'ai développée, de cette idée, en effet, mère
des fictions que je hasarde, ne m'a pas inspiré
un faux système, ou égaré dans les difficultés
d'une entreprise supérieure à mes forces ! Mais
n'eussé - je pas trop de motifs de le craindre, la nouveauté seule de ce poëme, je le
prévois, lui suscitera les contradictions de ceux

qui veulent que tous les ouvrages ressemblent perpétuellement les uns aux autres, et que les livres qu'ils liront soient tirés des livres qu'ils se sont plu à lire. Ces détracteurs, enclins à déprimer toute espèce de zèle, je ne désarmerai pas leur critique, en avouant même ingénûment que je n'ai pu résister à la faiblesse de publier l'*Atlantiade*, qui, en occupant mon esprit, allégea pour moi, par intervalles, quelques-uns de ces longs malheurs auxquels un homme ne se soustrait noblement qu'à l'aide du travail et de la vraie philosophie.

J'inscris une liste de personnages allégoriques, ainsi qu'on place en tête d'un drame théâtral les noms des acteurs qui doivent y figurer. Cette précaution me paraît indispensable pour éclaircir mieux encore ma nouvelle *Théogonie*.

Noms et attributs des Divinités de l'Atlantiade, qui représentent les attributions des choses et les propriétés de la matière.

THÉOSE , dieu suprême, principe de la création.
NOMOGÈNE , qui engendre les lois.
PSYCHOLIE , ame universelle, déesse de l'intelligence. *
SYNGÉNIE , puissance de l'affinité et de la cohésion entre les molécules des corps.
BIONE , la vie.
BARYTHÉE , force centrale, fils et époux de Nomogène.
PROBALLÈNE , force centrifuge, frère de Barythée.
CURGYRE , mouvement curviligne, fils de Barythée et de Nomogène.
HÉLION , le soleil.
MÉNIE , la lune.
LAMPÉLIE , lumière du soleil.
PYROPHYSE , calorique, feu de la nature, sœur de Lampélie.
PYROTONNE , feu fulminant, force des détonations.
PHONÉ , le son, l'acoustique.
ÉLECTRONE , l'électricité.
MAGNÉGYNE , l'aimant.
SIDER , le fer.
SULPHYDRE , eau et soufre, nymphe.
AXIGÈRES (les) , demi-dieux des pôles.
MÉTROGÉE , génie de l'analyse.
NOMES (les), mouvemens résultans des lois de l'équilibre.

---

* Prononcez Psycolie.

CHANT PREMIER.

SOMMAIRE.

*Exorde : Invocation à la Lumière et à la Chaleur,
nommées Lampélie et Pyrophyse. Tableau des mœurs
d'un peuple habitant l'île Eugée, surnommée l'Atlantide. Lois du fondateur de cette nation primitive. Première vue sur Théose, Être éternel et suprême ; sur
Psycholie, sa fille, ame entière du monde créé ; sur
Syngénie, qui préside aux affinités, intimes alliances
de la matière ; et sur Proballène et Barythée qui soutiennent l'univers par l'attraction et la répulsion. Moment où toutes les choses furent produites par une
parole de Dieu, qui leur imprima le mouvement. Nomogène, régulatrice de l'équilibre, sortit du chaos ;
et d'elle et de son époux Barythée, dieu du centre,
naquirent les lois des sphères que conduit curviligne-
ment le dieu Curgyre, leur fils.*

*Discours d'Hypérandre, magistrat de l'île, contre
les dieux de la Mythologie, dont les Atlantes étrangers
veulent opposer les dogmes au culte naturel et à la
physique du peuple Symphyte. Le guerrier Mégathyme
exhorte ses concitoyens à repousser l'invasion d'Atlas,
faux dieu de l'Afrique, et celle de son frère Hesper.
Causes de l'irruption de ces antiques races humaines,
jadis habitantes du nord, et débordées dans les continens méridionaux.*

*Querelle entre le dieu Barythée, qui préside à la
force centrale, et le dieu Proballène, son frère, qui
préside à la force centrifuge : leurs discours expliquent
les grands phénomènes des mouvemens, et démontrent,
par supposition, quels désordres seraient causés s'ils
pouvaient cesser d'agir ensemble, suivant leur loi fondamentale. La déesse Psycholie les concilie tous deux
pour le maintien de l'équilibre universel. Leur seul*

débat, et la perturbation d'une comète, avaient déjà ébranlé l'ordre de la nature : les deux Axigères, dieux qui veillent aux pôles, avaient frémi d'en sentir les axes se briser dans leurs mains. De ce moment, la ligne écliptique fut changée, et le Soleil, par cette déviation, marcha plus près de l'équateur, dans les zônes que sa course apparente suit encore.

Alors, la déesse Bione, qui préside à la vie, contraint les peuples à quitter les régions du pôle boréal : l'Axigère, dieu de ce pôle, gémit de la privation du Soleil : Hélion, dieu de cet astre, envoie sa fille Lampélie, la Lumière, éclairer un peu les cercles polaires par les aurores boréales : celle-ci part, suit la convexité du globe et se joint à la déesse Electrone, qui mêle ses feux électriques aux réfractions de Lampélie. L'antique Nuit s'alarme d'être investie jusque dans son domaine par la Lumière qu'elle fuit partout : Nomogène, divinité des lois physiques, impose silence aux réclamations de cette ténébreuse déesse.

Cependant les Atlantes, descendus et établis depuis cette révolution dans les climats du midi, ont abordé enfin dans l'île Eugée : déjà maîtres de ses ports, ils veulent achever de la conquérir et y fonder le culte de leurs dieux. Harangue d'Atlas à son armée; son frère Hesper, divinisé comme lui, offre d'aller négocier avec Hypérandre et Mégathyme, chefs des Symphytes.

L'ATLANTIADE,

OU

LA THÉOGONIE NEWTONIENNE.

CHANT PREMIER.

Mens agitat molem, et magno se corpore miscet.

Jadis l'île Atlantide en des gouffres ouverts
Disparut engloutie ; et je veux en mes vers
Raconter de sa fin quelles furent les causes,
Et quels ressorts, liant l'immensité des choses,
Subvertissent la terre et tout son sein troublé,
Dès qu'au loin d'un seul choc le ciel est ébranlé.

Au-dessus des humains existent des génies
Non encor célébrés dans les théogonies,
Êtres qui, sous l'aspect d'allégoriques traits,
Offrent de l'univers les principes secrets ;
Nouveaux dieux que le temps me révèle et me nomme
Pour mieux être entendu par la raison de l'homme,
Qui saisit mieux l'objet qu'on présente à ses sens
Que l'abstrait idéal d'où les corps sont absens.

Secondez mon esprit en sa haute carrière,
O mes divinités ! ô Chaleur ! ô Lumière !
Vous, filles du Soleil, vous, immortelles sœurs,
Qui, d'un nom poétique empruntant les douceurs,
Du feu de vos rayons rendez ma vue éprise !
O pure Lampélie ! ardente Pyrophyse ! [1]
Qui, de l'astre des jours émanant toutes deux,
Prêtez au firmament son éclat et ses feux,
Répandez en mes vers, comme au sein de ce monde,
Vos flots de clarté vive et de flamme féconde.

Avant les temps inscrits en nos fastes divers,
Une île, assise aux lieux qu'envahirent les mers,
Autrefois domina l'Océan Atlantique
Qui long-temps à l'Europe a caché l'Amérique.
Son peuple, séparé du reste des humains,
Suivait de l'équité les fortunés chemins :
A d'innocens mortels cette île partagée
Dès avant l'âge d'or portait le nom d'Eugée : [2]
Ses enfans s'appelaient Symphytes ; et le ciel, [3]
Favorisant ces cœurs vertueux et sans fiel,
Paraissait dans les champs leur redire à toute heure
Qu'ensemble ils étaient nés dans la même demeure.
De leur égalité le tranquille niveau
Ressemblait au cristal du sein profond de l'eau
Qui, n'ayant pas des vents subi la violence,
Garde sans trouble en soi le calme et le silence,

---

[1] Lampélie, le fluide lumineux ; Pyrophyse, le calorique.
[2] Eugée, bonne terre.
[3] Symphytes, nés ensemble.

Rit en paix à la terre, et du ciel épuré
Ne doit qu'à son repos le spectacle azuré.

Du corps ou de l'esprit les forces inégales
Ne leur inspiraient point de vanités rivales ;
Aux intérêts de tous , par de communs accords ,
Ils dévouaient chacun leur esprit et leur corps :
Soit donc que l'un ou l'autre eût servi la patrie
Par sa vigueur robuste , ou sa noble industrie ,
Tous rendaient même honneur aux utiles travaux
Des bras laborieux et des doctes cerveaux :
Et distinguant le soc , l'épée ou la balance ,
Les rangs consacraient l'ordre , et non pas l'insolence.

Colons d'un grand pays conquis sur les forêts ,
Ils surent y donner la culture aux guérets ,
Des murs à leur famille , et des lois à leurs villes.
Un guide fut leur chef en ces labeurs fertiles ;
Et rentra dans la foule y cacher son bonheur ,
Quand d'un libre sénat il eut fondé l'honneur.
Ainsi se voile un dieu dans sa gloire profonde ,
Content d'avoir prêté le mouvement au monde.
Ce juste, sans orgueil , poussé d'un haut esprit ,
Défendit en mourant que son nom fût écrit :
Le peuple, dont l'amour toujours se le rappelle ,
Le nomme fondateur, et bénit son grand zèle.
Long-temps sa république , au gré d'heureux destins ,
Étonna tous les chefs des empires lointains.

Ces fils des temps passés, Muse, dois-je t'en croire ?
Ces peuples, précurseurs des peuples de l'histoire,

N'étaient pas des humains, dis-tu, les premiers-nés,
Tant la terre est vieillie, et nos fastes bornés!

Contens, ils cultivaient, sous le feu du tropique,
Les bords où d'Uranus, dieu de l'Olympe antique,
Descendirent les fils, et qu'un des premiers rois
Surnomma l'Atlantide en y portant ses lois.
Leur armée y siégeait : un monarque à leur tête
Sans y régner encor l'appelait sa conquête.
Cependant l'île Eugée, en proie à ses rigueurs,
Repoussait jusqu'au nom donné par les vainqueurs :
Ses enfans, qui du monde avaient sondé la sphère,
De leur culte étranger combattant la chimère,
Par la nature instruits, démentaient les faux dieux
Que les fables d'Atlas faisaient régner aux cieux.

Le fondateur des lois que suivaient les Symphytes
De leur religion avait tracé les rites.

« Seize fois, leur dit-il, qu'en un an soit béni
« Le nom du grand Théose, éternel, infini, [1]
« Inconcevable auteur du monde inconcevable,
« Et de ses mouvemens seul principe immuable.
« A l'autel domestique, ornement du foyer,
« D'un cœur reconnaissant c'est peu de le prier,
« Il faut que vos respects, par de saintes journées
« Commencent les saisons et les mois des années :

---

[1] Théose, être éternel, créateur, ordonnateur suprême.

« Qu'il soit le roi du peuple; et qu'élu tour à tour,
« Chaque homme vertueux soit pontife un seul jour.
« L'imposture chez vous n'aura point de théâtre :
« La voix du magistrat, du guerrier, ou du pâtre,
« Vers le seul Dieu de tous élevera les cœurs.
« Lui seul inspirera les simples orateurs ;
« Et votre piété, par ce doux ministère,
« D'un vain autel jamais ne sera tributaire.

« Théose, être sans fin, et principe caché,
« Dégagé d'attributs dont notre œil soit touché,
« Des effets et du temps est l'éternelle cause :
« De Théose tout sort, et tout rentre en Théose :
« Profondeur à jamais fermée à nos esprits,
« Dieu ne serait pas Dieu, si l'homme l'eût compris.

« Essence de lui-même, incorruptible et pure,
« L'active Psycholie, ame de la nature, [1]
« Souffle partout la vie aux membres différens
« Du vaste corps du monde, où ses feux pénétrans
« Prodiguent leurs esprits à la masse glacée,
« Aux animaux l'instinct, à l'homme la pensée ;
« Tandis que Syngénie aux élémens divers [2]
« Prête l'affinité, lien de l'univers.
« C'est elle, c'est partout la nymphe Syngénie,
« Qui par d'obscurs hymens tient la matière unie,

---

[1] Psycholie, ame universelle, source d'intelligence, de raison dans les hommes, et d'instinct dans les animaux.

[2] Syngénie, omogénéité, vertu chimique de la matière inorganisée et organisée.

« Qui dissout, évapore, ou force à s'écouler
« Les sels et les métaux, prompts à se rassembler,
« Puise au sein de la mort l'existence féconde
« Des nombreux animaux reproduits dans le monde,
« Et, par les mêmes lois que le temps reconnaît,
« Fait de tout ce qui meurt sortir tout ce qui naît.
  « Deux autres Dieux, réglant la matière agitée,
« L'un, nommé Proballène, et l'autre, Barythée,[1]
« Sont les puissans moteurs dont la force produit
« La loi qui pèse au centre, et la loi qui le fuit.

  « Esprit qui veux sonder la nuit, l'être, ou le vide,
« Dans l'abîme des temps nul flambeau ne te guide.
« Qui fut contemporain du premier élément ?
« Qui sait l'heure où Théose, auteur du mouvement,
« A dit à Barythée : Attire la matière ?
« Parole d'où naquit l'impulsion première.
  « Les moles, qu'entraîna la pente de leur poids,
« D'un choc subit entre eux se chassant à la fois,
« Le chaos fut vomi dans tout l'espace immense,
« Et l'équilibre en vain y chercha sa balance.
« Traçât-t-on mille fois mille orbes spacieux
« Du milieu de la terre aux limites des cieux,
« Nul compas ne saurait mesurer la carrière
« Où tous les corps, fondus en bouillante matière,
« Sur leur ligne infinie en torrens égarés,
« Précipitaient leur cours à pas accélérés.
« L'immensité tonna sur l'écho des abîmes.

---

[1] Proballène, force centrifuge ou de répulsion; Barythée, force de gravitation ou tendance vers le centre.

« Nomogène sortit de ces horreurs sublimes, [1]
« Nomogène, dont l'ordre et la libre équité
« Pesa les élémens avec égalité.
« Du sein de Lampélie unie à Pyrophyse,
« Double divinité qu'un voile encor déguise,
« Et qu'ici nous nommons et lumière et chaleur,
« Elle fit éclater la flamme et la couleur.

« Au plus profond séjour, milieu caché du monde,
« Où s'assied Barythée, où le centre se fonde,
« Un hymen à ses lois soumit ce grave dieu :
« Elle enfanta Curgyre [2]; et ce fils en tout lieu,
« Ployant dans sa roideur l'élan de Proballène,
« Lui fit du joug central au loin sentir la chaîne,
« Et dirigeant les corps, de leur repos sortis,
« Les roula dans l'ellipse en globes aplatis. [3]
« Ses ailes, s'élançant dans leur vol circulaire,
« Entraînent tous les cieux que Lampélie éclaire.

« Tel est l'ordre constant dont Théose est l'auteur :
« Tels sont vos dieux ». Ainsi parla le fondateur ;
Et d'un culte épuré dont il grava l'idée
Aux cœurs des habitans l'image s'est gardée.

---

[1] Nomogène, génératrice des lois, des principes.

[2] Curgyre, mouvement en ligne courbe résultant de la double action des forces attractive et tangentielle qui s'équilibrent dans les corps. Par ce mouvement curviligne, les planètes tracent des orbites elliptiques plus ou moins désordonnées par des perturbations. Cette impulsion imprime à ces masses, non une forme absolument sphérique, mais une forme de sphéroïde.

[3] Ellipse, courbe rentrante, de forme ovalaire.

Hypérandre, leur chef, guerrier et magistrat,
Défenseur de ses dieux, oracle de l'État,
Héros, dont Psycholie, invisible immortelle
Qui des êtres créés est l'ame universelle,
Remplissait le grand cœur d'un zèle généreux,
Se lève en un conseil de sénateurs nombreux :
Il en est le plus sage, et sa voix les éclaire.

« Symphytes ! que nous veut l'étranger téméraire ?
« Que sont ces dieux du ciel, qui chez les nations
« S'arrogent les honneurs des constellations ?
« Des signes de la sphère usurpant les emblèmes,
« Ces altiers imposteurs sont-ils des dieux suprêmes ?
« D'où vient qu'un faux savoir, ou qu'un art frauduleux,
« Comblant l'Olympe entier de monstres fabuleux,
« Et sous mille attributs, dont on revêt les astres,
« Des âges figurant les biens ou les désastres,
« D'hommes et d'animaux peuple l'immensité,
« Et des traits de l'erreur masque la vérité ?
« De leur allégorie oubliant les symboles,
« L'agneau, l'ourse, et le bouc, seront-ils nos idoles ?
« Dans le chien consacré verrons-nous Sirius ?
« Qui faut-il adorer ? Osiris, ou Bacchus ?
« Est-ce Ammon ? est-ce Hercule ? ou Phébus et Diane ?
« Que des fastes du Nil la doctrine profane
« Nous peint tantôt vainqueurs de l'hydre et de Python,
« Et tantôt dans l'Erèbe et vaincus par Typhon ?
« Leurs courses, leurs amours, leurs travaux, leurs supplices,
« Tableaux du cours des mois, images des solstices,
« Sont les phases divers, les déclins, les retours,

« Des lumineux flambeaux et des nuits et des jours.
« Le libre éther, qui s'ouvre au mouvement diurne,
« Est l'empire changeant des neveux de Saturne,
« Qui lui-même, vieillard dévorant ses enfans,
« Est l'astre dont l'orbite épuise tous leurs temps. [1]
« De Jupiter plus prompt la planète bornée
« Au cycle qu'en marchant clot sa douzième année, [2]
« Lui succède; et de là, ces bruits fallacieux,
« Que, détrônant son père, il envahit les cieux.
« Là, ce foyer des jours, cet orbe de lumière,
« Du globe en douze mois changeant la face entière,
« Prend sa course en Alcide, à qui la fiction
« Fait dompter le taureau, dépouiller le lion,
« Nettoyer d'Augias les étables fangeuses,
« Emblèmes des saisons brûlantes et neigeuses;
« Son émule Thésée, et leurs amis vaillans,
« Sont du cercle étoilé tous les signes brillans.
« Ici, d'un Adonis la jeunesse adorée,
« Sa descente aux enfers durant trois jours pleurée,
« Signalent en un dieu mort et ressuscitant
« Le terme du soleil et son cours remontant.
« Au rigide équateur l'écliptique enlacée
« Semble un double serpent tressant un caducée,
« Sceptre que tient Hermès, qui, le jour et la nuit, [3]
« En messager des dieux les devance ou les suit.

---

[1] Orbite, route elliptique, carrière des planètes.

[2] Cycle, révolution régulière, période de temps.

[3] Hermès, nom égyptien du dieu Mercure. Lisez, sur l'histoire de ces dieux et sur leur explication, le curieux ouvrage de DUPUIS, *Origine de tous les Cultes*.

« Ainsi l'orgueil humain, s'interprétant la sphère,
« Occupe tout l'Olympe à tourner sur la terre,
« Imagine en des chars, montés sur l'horizon,
« Un rapide Titan, un véloce Apollon,
« Simulacres légers du grand astre immobile,
« Qui lui seul fait sur soi rouler la terre agile,
« Et dont la pesanteur, pour nous fixe à jamais,
« Des mondes gravitans balance tout le faix.
« Tel est notre Hélion[1], père de Lampélie,
« Lumière à qui toujours Pyrophyse s'allie,
« Qui descend du soleil, stable en sa gravité,
« Et qui darde en volant les feux et la clarté.

« Voilà quel univers nous montra la nature ;
« Et non ce Panthéon fondé par l'imposture,
« Où l'Asie et l'Afrique à leurs divinités
« Prodiguent tant de noms par la fable inventés.

« Voyez leur dur Atlas, colosse de la terre,
« Proclamé comme appui du céleste hémisphère,
« Qui, de pins couronné, sous de brumeux amas,
« Lève un front blanc de neige et battu des frimas ;
« Sa bouche en longs torrens vomit l'onde glacée,
« Et le givre roidit sa barbe hérissée :
« C'est un mont, au couchant de vingt peuples divers.
« Méduse, dans les cieux, signe affreux des hivers,
« Pétrifia ses flancs : et l'erreur crut sans doute
« Qu'au loin touchant l'Olympe, il en portait la voûte.

----

[1] Hélion, le soleil.

« L'un des fils de Japet, astronome adoré,
« Sous son nom l'agrandit en géant consacré,
« Mais ce nom d'un Atlas, né d'humaine origine,
« A sa race*transmis, ne la rend pas divine.
    « Symphytes! chassez donc ces superbes mortels
« Qui, se déifiant, réclament vos autels. »

Hypérandre en ces mots combat le vain génie
Des Atlantes, zélés pour leur théogonie :
Celle de la nature, applaudie à sa voix,
Retrace aux habitans l'image de leurs lois.
Le conseil assemblé jure de les défendre.
L'espérance palpite au grand cœur d'Hypérandre :
Il respirait l'audace : une vive splendeur
Colorait de son front la sereine candeur :
Ses transports soulevaient son sein mâle et robuste :
Tout semblait agrandir le maintien de ce juste.
Tels on se peint les dieux qui, du ciel descendus,
Prononcent leurs décrets de la terre attendus.

Debout, à ses côtés est son cher Mégathyme,
Enflammé pour la guerre en soldat magnanime ;
Lion un peu farouche, il rugit dans son cœur
D'un retard qui s'accorde aux progrès du vainqueur.
Hypérandre contient le feu qui le dévore :
Tous deux n'étaient qu'une ame : on n'avait point encore
Vu deux palmiers plus droits ensemble s'élever.
Leurs regards toujours purs aimaient à s'observer :
Toutefois, Mégathyme, enclin dès son jeune âge
A provoquer la mort dont se rit son courage,

Porte en son sein brûlant l'ardeur des noirs combats,
Et le premier dans l'île avait armé son bras :
Apre et fier, il n'a point dans sa vertu terrible
Des mœurs de son ami l'aménité sensible.

« Mes coups, s'écria-t-il, qu'ils ont déjà reçus,
« Ont prouvé si des dieux les Atlas sont issus.
« Nous précipiterons de la voûte étoilée
« Leur immortalité dans l'abîme exilée.
« Sider nous défendra ; ce puissant dieu du fer [1]
« Punira les brigands qui s'ouvrent notre mer.
« Leur Mars et leur Vulcain n'ont rien qui nous étonne :
« Les foudroyant tous deux, notre ardent Pyrotonne, [2]
« Dieu du feu fulminant dont tout est écrasé,
« A l'aide des éclats du salpêtre embrasé,
« Par cent gueules d'airain dans l'armée ennemie
« Lancera la tempête en tous leurs rangs vomie.
« Sur leur culte idolâtre abrégeons nos débats :
« Aux Atlantes hardis opposons les combats.
« Certe, ils sont moins jaloux de fonder leurs chimères
« Que d'être ici nos rois et d'envahir nos terres :
« Confondons, châtions tous ces faux dieux guerriers,
« Prompts à quitter leur ciel pour ravir nos foyers ».

Il dit : ce peu de mots enlève un plein suffrage.
Tel qu'un grand coup de foudre, en un confus orage,

---

[1] Sider, le fer.

[2] Pyrotonne, le feu fulminant, dégagement subit du calorique,
qui met les gaz en expansion et produit les détonations.

Souvent des airs purgés dissipe les vapeurs :
Chacun en hâte aux champs retourne à ses labours :
Tel de son fier courroux éclate le tonnerre ;
Le sénat se rassure, et tout marche à la guerre.

Arrachés à la paix, les Symphytes, hélas !
Ignoraient quel destin leur fit connaître Atlas.

Entre deux grands moteurs la discorde engagée
Inclina notre sphère en son axe changée :
L'écliptique autrefois, droite sur l'équateur, [1]
Des régions du pôle éclairait la hauteur ;
Elle s'en écarta : les vents hyperborées
Dès-lors ont chassé l'homme aux zônes tempérées :
Les Atlas, qui du nord ont fui les durs hivers,
Peuplèrent du midi les continens déserts.
Mais qui causa ce choc de la terre agitée ?
Proballène jadis combattant Barythée.
Ces dieux du mouvement, en des âges lointains,
Penchèrent l'axe antique à l'insçu des humains.
Eux seuls régissent tout d'une force rivale.
Si de ma muse ici la voix ne les signale,
Comment aux yeux humains présenter les portraits
De ces puissans jumeaux, sans couleur et sans traits ?
Sais-je à quoi comparer l'essence incomparable
De leur être sans forme, et pourtant mesurable ?

---

[1] L'écliptique, plan de la route apparente du soleil : équateur, cercle qui partage également les deux hémisphères terrestres entre les deux tropiques.

Barythée est au centre, inaccessible point [1]
Où l'univers entier de terme en terme est joint ;
Il pénètre partout, ramène, et presse entre elles,
D'un esprit attirant, les sphères éternelles ;
Masses dont Proballène a, d'un contraire effort,
Centrifuge immortel, déployé le ressort.

Par leur double pouvoir circule en paix le monde:
Tel que, hors de la main qui fait tourner la fronde,
Sur le rayon d'un fil où son poids est fixé,
Un caillou roule en cercle avant qu'il soit lancé :
Telle au centre liée, et le fuyant sans cesse,
La masse est emportée et roule avec vitesse.
Ainsi du mouvement Barythée est l'appui :
Le pouvoir se balance entre son frère et lui.
Il attire et soutient en voûte indestructible,
Sans base, sans levier, et sans ressort visible,
Des mondes si lointains, si prompts en tous leurs pas,
Que de l'aigle en leur cours l'œil ne les saisit pas.
Abîme de hauteur !... Quelle main créatrice
Suspendit sur le vide un si stable édifice ?

Grand Théose ! en mes chants révèle ici pourquoi
Proballène lutta contre un frère et ta loi.

---

1 La pesanteur de toutes les particules de la masse qui tendent
vers un point unique compose une force résultante qui aboutit
à ce qu'on nomme centre. Il faut même, en considérant la
sphère du soleil comme milieu central, faire abstraction de son
étendue et de sa masse, et ne la voir que comme un point
attirant.

Jadis, leur inspirant une jalouse guerre,
La Discorde, l'horreur du ciel et de la terre,
Par ses fureurs connue en nos tristes cités,
Souffla l'envie aux cœurs de ces divinités.

Un jour que Barythée, au centre, son empire,
Fier de son ascendant sur tout ce qu'il attire,
Accusait Proballène, esclave de sa cour,
De gémir en guidant les sphères à l'entour ;
Proballène, en son vol qui traverse l'espace,
Las d'être contenu dans les cercles qu'il trace,
S'écria dans les cieux : « O roi du centre ! eh quoi !
« Sans repos à jamais tournerai-je sur toi ?
« Ces globes, de lumière intarissable source,
« Ces astres réfléchis dont je presse la course,
« Ces mondes habités qui passent dans l'éther,
« Doivent-ils en tous tems subir ton joug de fer ?
« Tandis qu'assise en paix ta lourdeur inutile
« Règne oisive et superbe en son trône immobile,
« Et qu'au centre éternel de leurs centres divers,
« Tu dors aux profondeurs de l'immense univers.
« Ah ! nous romprons ta chaîne... Oui, prince orgueilleux ! tremble,
« Sur un des bouts du ciel nous peserons ensemble ;
« Et bientôt par ma force arrachés de ta main,
« T'échappant sans retour, suivant le droit chemin.
« Nous fuirons devant nous d'une éternelle fuite :
« Et les mondes, cédant à ma seule conduite,
« Franchiront nuit et jour mille cieux inconnus,
« Où les astres encor ne sont point parvenus ;
« Espaces sans clarté, régions sans limites,
« Empire hors des lois que tu nous as prescrites »

A Barythée ainsi Proballène jaloux
En discours insensés exprimait son courroux.

    Alors, au dernier centre, éloigné de la sphère
Sur qui tournent captifs nos cieux et notre terre,
Non celui du soleil, fixe à nos yeux bornés,
Et qu'en un autre éther, lieux indéterminés,
Attirent en secret tant d'étoiles pressées,
Autres soleils roulant par-delà nos pensées ;
Mais à ce centre unique où tendent tous les corps,
Point où s'évanouit le jeu de leurs ressorts,
Obscur milieu du monde, et terme des distances
Où vont des pesanteurs aboutir les puissances ;
Son frère alors lui dit : « Quoi ? ton impulsion
« Veut échapper au nœud de mon attraction !
« Ta force, en tous les tems du centre fugitive,
« Est de ma gravité pour tous les temps captive.
« D'une comète en feu le choc inattendu,
« Brisât-il en passant l'univers confondu,
« Tu ne fuirais pas loin... Elancé de ma place,
« Soudain ressaisissant la plus pesante masse,
« J'y fixerais mon siége ; et, rentré sous ma loi,
« Il te faudrait encor voler autour de moi.
« Fléchis donc, et subis ton antique esclavage :
« Poursuis sans murmurer ton éternel voyage.
    « Cesse d'imaginer qu'au centre où je me tiens
« Un sommeil languissant m'arrête en ses liens :
« De là, sur l'univers, ma subtile influence
« Atteint de points en points à sa circonférence ;
« De là, par son attrait, lutte éternellement

« Mon pouvoir mieux armé qu'un invincible aimant.
« Il faut qu'à tes efforts je dispute les chaînes
« De ces mondes courans suspendus à mes rênes ;
« Et lorsque sous mon bras tout circule agité,
« Ma puissance éternelle est l'immobilité ».

Il dit ; et son rival fond d'une aile éperdue.
La voix de sa fureur, dans l'espace entendue,
Fit d'un horrible éclat, du plus profond des lieux,
Monter soudain le bruit jusqu'au plus haut des cieux.
Barythée en tressaille, ébranlé sur son siége.
Proballène, insultant au maître qu'il assiége,
Déjà s'attend à voir les mondes s'embraser,
Leurs centres se dissoudre et ses fers se briser :
Mais Psycholie accourt, et sa voix leur oppose
La sublime raison dont la remplit Théose.

« Quel transport vous saisit, trop aveugles rivaux ?
« Tendez chacun sans trouble au but de vos travaux.
« Eh ! pourquoi, Proballène, en vagabond génie,
« Prétends-tu du grand ordre altérer l'harmonie,
« Et toujours par ta fougue emporté devant toi,
« Du centre, où tout s'unit, méconnaître le roi ?
« Si, dès le premier pas, la sagesse première
« N'eût contraint Nomogène à tracer ta carrière,
« Les globes, maintenant de Curgyre poussés,
« Se heurtant au hasard fuiraient obscurs, glacés ;
« Les mondes, se privant des beaux jours qu'ils se rendent,
« Et de ces doux reflets que leurs lunes répandent,
« Chaos sans habitans, sans verdure et sans fruits,
« Périraient au travers d'épouvantables nuits.

« L'univers finirait, si, libre dans sa pente,
« Une seule puissance était indépendante.
  « Fléchis sous Barythée, et sur ses fondemens
« Qu'immuable, il te courbe en tous tes mouvemens.

  « Un centre est au grand tout de la matière immense,
« Ce qu'à l'ame est un Dieu, centre d'intelligence.

  « Théose n'agit point ; mais il fait tout agir,
« Laisse aux créations sa loi pour les régir,
« Et, tranquille moteur, seul fixe, inaltérable,
« Sa force est la pensée et la volonté stable ;
« Volonté qui de l'ordre est le siége éternel.
« L'équilibre naquit de cet être immortel,
« Qui, donnant aux esprits un utile esclavage,
« Leur ôta le pouvoir de briser son ouvrage. »

C'est ainsi qu'elle parle aux deux frères divins :
Sur de justes esprits les conseils sont-ils vains ?
Non, ils cèdent : au loin la Discorde bannie,
D'un cri perce en fuyant l'étendue infinie.
Elle eût voulu plonger dans la confusion
Tout l'ordre harmonieux de la création.
Les élémens émus s'allaient livrer la guerre :
Déjà même tremblait notre double hémisphère :
Les monts sous d'autres monts s'étaient ensevelis ;
Des fleuves et des mers abandonnaient leurs lits ;
Les flots furent brisés par de naissantes îles ;
Fu des volcans subits disparurent des villes....

Et vous, frêles humains ! saviez-vous quels combats
De si haut ébranlaient votre monde ici bas ?
Ah ! vous ignoriez même, atômes que vous êtes,
Que, près de voir pencher l'équateur des planètes,
Le soleil eût marqué sur tous leurs horisons,
D'autres jours, d'autres nuits, d'inégales saisons ;
Qu'une sphère eût perdu ses brillans satellites ;
Et qu'un astre lointain, en ses lentes orbites,
De son pesant anneau dépouillé pour toujours,
En une heure eût rempli les trente ans de son cours !

Prêts à se désunir, les puissans Axigères, [1]
Dieux des pôles, tenant les grands appuis des sphères,
Immortels dont le front dans un azur glacé
Domine un océan de frimas hérissé,
Veillant toujours debout en des nuits éternelles ;
Ces deux soutiens du pôle, assidus sentinelles,
Se criaient l'un à l'autre : « Ah ! quel choc furieux !
« Ah ! je sens de ma main sortir l'axe des cieux !
« Redouble de vigueur, mon frère, un dieu le frappe...
« Où donc vais-je tomber, si mon sceptre m'échappe ?
« Une fois renversé du point fixe où je suis,
« Me perdrai-je avec toi dans l'abîme des nuits ?
« Vois qu'au-delà des lieux où siégent nos demeures,

---

[1] Axigères, dieux qui portent les axes. On figure les axes de
la sphère céleste et du mouvement des mondes sur eux-mêmes,
par des lignes imaginaires qui, de deux points opposés de leur
circonférence, passent directement par leur centre, et verticale-
ment à leur équateur.

« L'étendue est sans borne, et le temps n'a plus d'heures ».
Ils criaient ; et l'espace en frémissait d'horreur.

Une Comète émue, égarant sa terreur,
De la terre en passant changea la ligne oblique,
Qui de son équateur écartait l'écliptique :
Le soleil, dès ce temps, moins élevé sur lui,
Resserra le chemin qu'il éclaire aujourd'hui.
Ici le Capricorne a borné sa lumière ;
Là, le Cancer marchant la repousse en arrière.

Déjà, sous les horreurs du pôle boréal,
La nymphe qui partout souffle le feu vital,
Bione, dont l'amour éternise l'empire, [1]
Par qui tout sous les cieux naît, et croît, et respire ;
Qui répand sa vertu dans les airs, dans les eaux,
Du dernier des poissons au premier des oiseaux,
Du ver à l'éléphant, et de l'homme à la plante,
Et dont sans cesse on voit la flamme circulante
Passer aux animaux qui passent à jamais,
Images de leur race immortelle en ses traits,
Et prêter l'action aux organes sensibles,
Des êtres renaissans moules indestructibles ;
La nymphe de la vie, en ces fatals instans,
Bione ainsi du nord plaignit les habitans :

« Ces hommes vont périr, dit-elle aux Axigères,
« Si, loin de la froidure et vers des cieux prospères,

---

[1] Bione, la vie, ou sensibilité et action résultante de l'organisation animale et végétale.

« Ils ne hâtent leur fuite, et, sourds à mon conseil,
« Ne suivent au midi les filles du soleil.
« Lampélie, épanchant sa lumière abondante,
« Pyrophyse, versant sa chaleur fécondante,
« Vont sur une autre zône, au gré d'un astre pur,
« Porter le mouvement absent du pôle obscur.
« La lumière des jours, de la chaleur suivie,
« Fuit vos âpres glaciers qu'abandonne la vie :
« Ces deux célestes sœurs désertent vos climats,
« Et sans elle tout meurt séché par les frimas ».

Elle dit : la nuit règne aux pieds des Axigères ;
Et l'exil du soleil noircit leurs atmosphères.

L'hiver, d'un souffle aigu coupant l'air comprimé,
Plantes, fleurs, animaux, tout tombe inanimé :
En immobile airain le sol entier se ferme ;
La végétation y périt dans son germe :
Les humides vapeurs s'abattent en flocons
Sur le dos des torrens qu'enchaînent les glaçons :
La mer suspend les bruits de ses ondes pressées ;
En longs blocs de cristaux ses vagues sont dressées :
Sous les neiges captif, l'homme à jamais s'endort :
L'air, par qui tout respire, à tout donne la mort :
Un vent meurtrier siffle ; et du froid qui le tue
L'aigle tombant du ciel, est percé dans la nue.
Tout est muet : l'espace au chaos est pareil.

Le dieu du pôle alors, invoquant le soleil,
Éleva dans les cieux sa plainte boréale :

« Vois de nos régions l'obscurité fatale,

« Immuable Hélion, père immortel des jours !
« La sphère, pour jamais détournée en son cours,
« Va donc à tes regards dérober nos contrées !
« Ton astre nous délaisse aux ombres abhorrées.
« Veux-tu que, régnant seule en nos derniers climats,
« La froide nuit, assise au trône des frimas,
« Partage avec la mort notre vaste domaine,
« Et qu'en d'affreux liens la glace nous enchaîne ?
« Ah ! rends-nous ta présence, et les feux éthérés
« Que prodigue ta vue aux cercles tempérés !
« Rends ton fécond aspect aux nations des pôles ! »

L'Axigère tremblant se tait à ces paroles :
Haletant des frissons qui pénètrent ses sens,
Leur horreur en son sein a glacé ses accens.

Mais de l'orbe central où sa majesté brille,
Hélion, dieu du jour, à sa divine fille
Montre le pôle en deuil et privé de chaleur.
« De ce dieu, lui dit-il, entends-tu la douleur ?
« L'hiver l'ensevelit : je ne puis dans l'espace
« Changer l'axe incliné qui l'exclut de ma face :
« Mais dans son mouvement, lorsque devant mes yeux
« La terre au Capricorne atteindra dans les cieux,
« Au Cancer étoilé ma contraire apparence
« Lui rendra de mon front l'agréable présence :[1]

---

[1] On voit qu'ici je ne prête de mouvement qu'à la terre, qui produit par sa révolution les apparences de la marche du soleil, en effet immobile.

« Quand la terre atteindra le céleste Cancer,

« Au Capricorne, moi, paraissant repasser,

« Au loin mon doux aspect ira charmer son frère :

« Et, sur leurs horizons, l'un et l'autre Axigère,

« Consolés tour à tour, verront à chaque fois,

« Après six mois de nuit, naître un jour de six mois. [1]

« Mais en leur longue attente ils gémiraient sous l'ombre :

« De leurs mois ténébreux ouvre le crêpe sombre,

« Toi, de qui les rayons, en tout sens infléchis,

« Se croisent dans les airs colorés et blanchis,

« O Lampélie, ô toi, ma fille, et ma courrière !

    « Tu sais que la chaleur disperse ta lumière,

« Et que, sous mes regards qui brûlent l'équateur,

« L'atmosphère embrasée élevant sa hauteur,

« De mon front disparu soutient long-temps l'image

« Visible à l'horizon que rougit mon visage ;

« Tandis qu'aux pôles froids l'air cache, en l'abaissant,

« Mon disque resserré pour eux encor présent. [2]

« Relève en tes reflets ma figure éclipsée,

« Et que, par tes pinceaux doublement retracée,

---

[1] Lorsque le soleil apparaît au capricorne, le pôle nord, éloigné de ce tropique, est privé de sa vue ; lorsqu'au contraire il apparaît au cancer, le pôle sud, aussi éloigné de ce tropique, ne voit plus cet astre.

[2] Les rayons lumineux ont une réfraction différente en traversant des milieux plus ou moins denses : ainsi, lorsque le soleil est abaissé sous l'horizon pour l'habitant des tropiques, il lui apparaît encore dans l'atmosphère dilatée par la chaleur : au contraire, lorsque le soleil est encore élevé sur l'horizon pour l'habitant des pôles, cet astre disparaît à sa vue dans l'atmosphère comprimée par le froid.

« L'image de mes traits éclatans et vermeils
« Sur l'orient du pôle exhausse deux soleils.
« Vole, et que dans les airs où ta clarté circule,
« Me devance, ou me suive un tendre crépuscule,
« De qui le demi-jour précède Lucifer,
« Et pas à pas succède au coucher de Vesper. »

    Ainsi parle Hélion ; et sa face rayonne
Sur le monde ébloui du feu qui le couronne.

    De sa fille déjà le vol s'est élancé :
Elle monte au séjour du dieu morne et glacé :
De son arc radieux les flèches colorantes
Sillonnent à longs jets les brumes transparentes :
Les bleuâtres glaciers en leurs flancs caverneux
Réfractent la splendeur de ses traits lumineux ;
L'éclat s'en réfléchit sur la neige éclairée
Dont reluit à leurs pieds la blancheur épurée.
Déjà de sept couleurs formant un riche accord,
L'aurore, qu'épousa le vent fougueux du nord,
Joint sa brillante écharpe aux iris boréales,
Et ceint un diadème aux Axigères pâles.
    La nymphe du tonnerre, Électrone, autour d'eux [1]
Tresse en réseaux pourprés sa ceinture et ses feux.

---

[1] Electrone, le fluide électrique. Francklin attribue les aurores
boréales non-seulement aux réfractions de la lumière, mais
encore aux affluences de l'électricité, qui, portée de l'équateur
vers les pôles, s'y accumule, remonte ensuite à travers l'atmosphère, et, se retrouvant libre sur sa hauteur, retourne en
rayonnant des pôles vers l'équateur.

L'éclair jaillit du front de la déesse ambrée,
Dont l'une et l'autre main résineuse et vitrée,
En gerbes, en faisceaux, en tourbillons épars,
Disperse dans les airs ses lampes et ses dards :
Là, d'un violet doux teignant ses froides lames ;
Ici, d'un rouge ardent lançant toutes les flammes. [1]
Les pôles égayés l'admirent dans l'éther
Qui ceint les flancs durcis de leur nocturne hiver.
Le jour s'exile en vain : l'aurore hyperborée
Réjouit de leur ciel la voûte diaprée.
Lampélie en son vol y dresse un pavillon,
De l'astre absent des jours divin Parélion, [2]
Édifice azuré, diaphane, et mobile :
Un cintre aérien couronne cet asile,
Dont partout Électrone à son feu pétillant
Allume le portique et le dôme brillant.
Elle éclaire le nord sous sa vive auréole :
Elle sait qu'en secret propice au dieu du pôle,
Magnégyne, sa sœur, épouse de Sider, [3]
Sous son joug aimanté jointe à ce dieu du fer,
S'aflige de l'ennui des sombres Axigères,
Vers qui tendent ses vœux, ses penchans adultères ;

---

[1] Les deux électricités, vitrée ou positive, et résineuse ou négative, lancent chacune des aigrettes diversement colorées : on a cru remarquer que les rouges sont accompagnées d'une chaleur sensible, et que les violettes n'en font point sentir.

[2] Parélion, lieu où le soleil se peint réfléchi dans les vapeurs atmosphériques.

[3] Magnégyne, l'aimant, double fluide qui attire le fer et quelques métaux, et dont la tension se dirige aux pôles.

Elle plaint de sa sœur les tristes sentimens,
Et pour calmer ses maux console ses amans.
Son double feu magique ondoie et se replie
Dans les circuits tracés aux jeux de Lampélie.
L'air s'abaisse en miroir, où deux soleils trompeurs
Dorent leur simulacre au prisme des vapeurs, [1]
Et, fantômes d'argent, deux lunes mensongères
Décrivent sans déclin leurs courses passagères ;
Tandis que Lampélie en leur cercle dansant
Transforme à ses lueurs leur disque et leur croissant,
Et que le char de l'ourse, et d'autres feux sans nombre,
Scintillent sur le pôle et combattent son ombre.

Autour d'elle soudain roulant des yeux jaloux,
La pâlissante Nuit s'écrie en son courroux ;
  « Eh quoi ! sera-ce en vain qu'à mon sceptre promise
« Une moitié du monde a dû m'être soumise,
« Et que tous les climats éloignés du soleil
« Me furent dévolus dans le divin conseil ?
« Quoi ! partout envoyant sa fille Lampélie,
« Hélion, jusqu'aux lieux où je me réfugie,
« M'assaille de rayons sous mon dais ténébreux,
« Et me réduit à fuir ses spectres lumineux !

---

[1] Les traits réfléchis de la lumière sous les tropiques sont trop hauts et trop dispersés pour rendre visible une seconde image du soleil ; mais sous les pôles, une double image de cet astre se réfléchit par les rayons réfractés dans l'air plus dense. Cette illusion produit tour à tour sous les cercles polaires l'apparence de deux soleils et de deux lunes : quelquefois l'image de ces astres est triplée ; mais ils paraissent plus pâles que sous les rayons directs.

« C'est assez, quand du jour la carrière est finie,
« Que de son front d'argent la déesse Ménie[1]
« Reflète un pâle éclat que lui prête Hélion,
« Et que, me disputant ma domination,
« M'importunant encore aux feux de mille étoiles,
« La lumière ait percé mes plus antiques voiles.
« Venge et défends la Nuit, ô Nomogène, ô toi,
« Qui maintiens l'équilibre émané de ta loi ».
    Ainsi, troublant le nord de sa voix sépulcrale,
La Nuit remplit les airs des regrets qu'elle exhale :
Sa farouche tristesse accusait la clarté.

    « Que veux-tu donc, sinistre et noire déité ? »
Lui répond aussitôt la grave Nomogène.
« N'ai-je pas assez loin étendu ton domaine ?
« Tout ce que du chaos Théose fit sortir,
« En ton empire obscur prétends-tu l'engloutir ?
« Du sommeil éternel ambitieuse épouse,
« D'accroître ton partage es-tu donc si jalouse ?
« De ton règne quels sont les ministres affreux !
« Le froid, la mort, le deuil, les démons ténébreux,
« Les songes effrayans, l'immobile silence,
« Consternent tout l'espace où ton aile s'élance.
« Tu voudrais de l'Olympe éteindre les flambeaux :
« Tu hais de l'univers les plus rians tableaux :
« Adversaire du jour, si tout éclat te blesse,
« Aux gouffres souterrains va plonger ta tristesse.
« Souffre qu'un crépuscule, en ses vagues reflets,
« Nuance au moins du nord les nocturnes palais.

---

[1] Ménie, la lune.

« Contente-toi de suivre autour de la matière
« Les routes qu'après soi te laisse la lumière :
« Recule devant elle, ou ses traits radieux,
« En te perçant le sein, te chasseront des cieux.
« N'es-tu pas, Nuit fatale ! assez enorgueillie
« Que vers tes seuls confins se glisse Lampélie,
« Et que, source du feu, Pyrophyse, sa sœur,
« Ait du pôle obscurci retiré sa chaleur ?
« Regarde ; épouvantés de tes horreurs funèbres,
« Les peuples frissonnans ont tous fui tes ténèbres :
« Sous le fécond tropique ils cherchent des foyers.
« Sois donc muette, et dors sur tes mornes glaciers ».

Ainsi de toutes lois grande régulatrice,
Nomogène à la Nuit signale sa justice.

Alors se dispersait un essaim de vainqueurs
Qu'avaient du dieu du nord exilé les rigueurs :
Alors le roi géant des nations du pôle,
Atlas, de qui la fable a surchargé l'épaule
Du faix de tout l'Olympe et du poids des glaçons,
Chercha la zône heureuse où marchaient les saisons.
Atlas n'était qu'un homme ; il périt sous Borée :
Mais ses fils, descendus de contrée en contrée,
Semaient son nom, sa race et l'erreur sur leurs pas,
Et jusque dans l'Afrique assirent un Atlas.
Ce fut lui dont la flotte et les courses subites
Portèrent l'incendie aux villes des Symphytes.
Les Atlandes alors, vagabonds conquérans
Avaient trop oublié, sous le tropique errans,

Leur âpre région par le froid dévorée
Où des nocturnes mols s'allongea la durée.
Le monde s'infestait de ces dévastateurs :
Leurs chefs les plus hardis, brigands navigateurs,
Par la mer écumante et de leur poids chargée
Furent vomis aux bords de la paisible Eugée :
Mais le courage armé les rejeta du port ;
Ils amenaient la guerre, ils trouvèrent la mort.

Aux clameurs que poussa la première victime,
Les Symphytes, glacés d'une horreur unanime,
S'appelèrent des monts, et, vidant les hameaux,
Eloignèrent leurs fils, leurs femmes, leurs troupeaux :
Mais ainsi reculés, spectateurs du ravage,
Leur colère s'allume ; et l'immense rivage
Les voit de tous côtés redescendre à longs flots,
Devancés par les cris et par les javelots.
Tel, quand l'astre des nuits vers le haut empyrée
A fait de l'Océan monter l'onde attirée,
Sur la masse des eaux lorsqu'il cesse d'agir,
On entend l'Océan refluer et rugir,
Et son affreux retour en ses vagues entraîne
Tout ce que l'imprudence égara sur l'arène.
Les Atlantes, punis de leur témérité,
Roulèrent dans le sein de l'abîme irrité.

Les Symphytes, si doux, apprirent en ces guerres
Comment leurs bras vainqueurs des lions, des panthères,
A ... mes en tout temps devaient s'accoutumer,
Pour chasser leurs voisins prêts à les opprimer.

L'île vit se dresser leurs signaux et leurs tentes,
Et leurs voiles planer en ailes éclatantes
Sur l'Océan terrible en ses replis mouvans,
Dès qu'il ride sa face, agité par les vents.

O des peuples d'Eugée utile prévoyance!
Bientôt la soif du gain, l'ardeur de la vengeance,
Ramena l'étranger, qui, du bord africain,
Revint fondre sur eux les armes à la main.
De pirates voguans sans ordre et sans conduite,
Ce n'est plus une horde au seul butin séduite;
Mais une flotte armée, et grosse de soldats,
Qui vomit de ses flancs un nouveau fils d'Atlas:
Fier de porter le nom de son fabuleux père,
Lui-même cette fois présidait à la guerre.

L'erreur, perpétuant sa race et son autel,
Faisant de vingt Atlas un Atlas immortel,
De l'aïeul en ce fils révérant la couronne,
Croyait du même dieu voir en lui la personne:
Et ce roi, qu'aveuglait l'encens religieux,
S'estimait un géant chargé du faix des cieux:
Dans l'Olympe il comptait des parens et des frères;
Tant s'exalte l'orgueil à ses propres chimères!

De l'île Eugée à peine eut-il cerné les bords,
Que pourtant deux revers, le chassant vers les ports,
Avaient de ses grandeurs démenti l'origine,
Et trahi les garans de sa force divine.
Ce dieu, triste en son camp, voyait de fiers mortels
A son culte ennemi refuser leurs autels.
Le sort des premiers coups ébranla son armée:
Ce fut dans ces momens que par la renommée

Le nom de Mégathyme, effroi de ses soldats,
Fut porté jusqu'à lui dans les cris des combats.
Déjà ce nom, que suit le grand nom d'Hypérandre,
Partout avec terreur est prompt à se répandre.
Atlas veut de la crainte arrêter les progrès.
Ses trépieds sont dressés, ses ministres sont prêts :
Debout sur un autel, car il dédaigne un trône,
L'azur étoilé d'or sur sa tète rayonne :
Un terrestre hémisphère est foulé sous ses piés :
D'un concours d'animaux les portraits variés
Lui font d'un zodiaque une riche ceinture :
Son sceptre est en hauteur égal à sa stature.

    Autre fils de Japet, là, le brillant Hesper, [1]
Astre frère d'Atlas, croit luire dans l'éther.
Sept Pléiades, près d'eux, ceintes de riches voiles, [2]
Filles de Thithéa, radieuses étoiles,
Environnent d'éclat celte céleste cour.
Tout proclame le dieu ; l'encens fume à l'entour ;
Les prêtres à l'armée ouvrent le tabernacle ;
Et des rangs à genoux la foule attend l'oracle.

    « Mortels ! s'écrie Atlas, de l'Olympe serein
« Je descendis pour vous au rivage africain :
« A vos enfans nombreux je conquis la Nubie :
« Je semai les cités jusque dans la Libye :

---

[1] Japet eut, selon la fable, quatre fils, Atlas, Prométhée
Hesper et Epiméthée.

[2] Les Pléiades, constellations du nord, furent dites filles
d'Atlas.

« Mon frère Prométhée a ravi de ses mains
« Le feu que Jupiter refusait aux humains :
« Ce dieu, dont contre lui la fureur se déploie,
« Eternise un vautour pour lui ronger le foie :
« Sans doute son dépit, de ma race envieux,
« Sur la terre bornant nos pas victorieux,
« Voyant l'Afrique au loin soumise à ma fortune,
« Souleva le trident de son frère Neptune,
« Pour qu'au-delà des flots, barrière de Téthys,
« Il vous cachât ces bords bientôt assujettis.
« J'ai, domptant les Tritons, posé l'ancre en cette île.
« Voilà qu'une peuplade ignorante, indocile,
« Race méconnoissant et Jupiter et moi,
« Combat vos dieux en nous, vit sans culte et sans roi,
« D'un hommage idéal honore la nature,
« Et nomme vos autels monumens d'imposture !
« Ces brigands fléchiront. Je voulais vous laisser
« Le soin de les punir et de les terrasser :
« Les armes ont trahi votre ardeur héroïque ;
« Mais du ressentiment si l'aiguillon vous pique,
« Redoublez votre zèle ; et de ces furieux
« Dans vos rangs avec vous triompheront vos dieux.
« Que l'île nous adore, et soit notre conquête ;
« Ou mon père sur elle, en secouant sa tête,
« Du haut des cieux émus tonnant de tous côtés,
« Fera pleuvoir les feux des astres irrités ».

Ainsi menace Atlas ; et l'idole sacrée
Rassure ses vengeurs à sa voix révérée.

Soudain, le jeune Hesper, dans les cieux signalé

Par la vive splendeur de son front constellé,
Lui, qui du haut Atlas le plus radieux frère,
S'offre en autre immortel aux respects de la terre,
Hesper se lève, et dit : « O toi, céleste appui,
« Géant, fils de Japet, immortel comme lui !
« Suspendons les combats : ce populeux rivage
« Qu'habitent l'ignorance et la fierté sauvage,
« Des dieux de l'univers n'entendit point parler.
« Les dieux par les bienfaits se doivent révéler.
« Instruisons de nos droits le rebelle insulaire :
« Dans son aveugle nuit que mon astre l'éclaire :
« Ainsi du Latium acquérant les États,
« Saturne chez Janus a régné sans combats.
« Imitons-le : de sang n'abreuvons point la Parque.
« Les Symphytes n'ont point de Janus pour monarque :
« Mais au rang de leurs chefs on nomme deux héros.
« J'irai, leur apprenant à chérir le repos,
« Leur offrir sur ces bords la paix et l'abondance,
« Si leur peuple soumis nous croit et nous encense,
« Et quittant les erreurs de ses impiétés,
« Se prosterne humblement sous nos divinités. »

Hesper déjà se tait : Atlas, froid et sévère,
D'un signe de la tête applaudit à son frère.

De son char éclatant Hesper hâte l'essor :
L'orgueil est sur son front, où brille un astre d'or :
Il part, et va de l'île éclairer les peuplades :
Tandis qu'autour d'Atlas, les charmantes Pléiades,
En cadençant leurs pas, consacrent dans leurs chants
Japet et sa famille, Astrée et ses enfans,

Et les chemins du ciel teints du lait d'Amalthée,
Et le noble larcin du hardi Prométhée,
Et la Gorgone offerte à leur aïeul frappé,
Que transforma l'horreur en un roc escarpé,
Et de mille autres dieux la fabuleuse histoire,
Dont pour nous la nature anéantit la gloire.

FIN DU PREMIER CHANT.

CHANT DEUXIÈME.

SOMMAIRE.

PEINTURE des foyers d'Hypérandre ; mœurs de sa femme Kallémète et de son fils Néon : Mégathyme vient consulter son ami sur les apprêts de la guerre. Leçons d'Hypérandre à son fils sur la fierté naturelle et sur les lois de l'équilibre physique et moral. Ce sage conduit sa famille aux réunions des jeunes habitans de l'île qui se récréent le soir par des danses. Il va méditer à l'écart au bord de la mer. La voix d'une muse céleste l'instruit de la théorie des marées, en lui chantant les amours de l'Océan pour Ménie (la lune) : trois heures après son passage au méridien, le dieu des mers, averti par les nymphes de son empire, s'élance pour la voir et en devient épris. Hélion (le soleil) en est jaloux, et reproche à Ménie, qui lui doit sa clarté nocturne, le penchant qu'elle a pour l'Océan. Celui-ci se soulève de courroux devant Hélion, et cette agitation est l'image des flux. Ménie revient : son discours aux nymphes de la mer explique les influences de ses phases, les marées moindres sur l'Océan pendant les quadratures, et plus grandes pendant les syzygies (conjonction et opposition du soleil et de la lune), ainsi que son ascendant accru au temps du périhélie (approche de la terre et du soleil), au temps de son périgée (approche de la lune et de la terre), et durant les équinoxes. Hélion menace l'Océan, et le condamne à gémir en insensé, sans jamais s'unir à Ménie qu'il aime. L'Océan subit cet arrêt ; et confondant tous les signaux que lui a indiqués sa maîtresse, ne s'élève vers elle qu'après son passage dans le ciel, et parfois à des époques que mille accidens rendent irrégulières.

Hypérandre, après avoir pénétré le mystère des flux et des reflux, va retrouver sa famille que les heures de la nuit rappellent au sommeil dans ses foyers. Lever du Jour. Lampélie (*la lumière*), reprend ses habits éclatans et monte sur son char avec sa sœur Pyrophyse (*la chaleur*), qui doit l'accompagner : Hélion, leur père, immobile dieu du soleil, envoie ses deux filles éclairer et échauffer le monde. Réveil d'Hypérandre et de son fils : leur hommage au créateur. Hypérandre se rend au sénat des Symphytes, et laisse le jeune Néon avec le génie Métrogée, dieu de l'analyse, qui le fait entrer dans le sanctuaire de la science astronomique ; et de ce lieu le transporte en esprit au centre du soleil pour lui découvrir l'ordre des cieux. Néon voit que l'astre du jour ne se meut point, et conçoit la raison de sa marche apparente par le mouvement de la terre. Apparition d'une comète, rappelée de loin par le soleil : discours du dieu Hélion à ce vagabond météore. L'esprit de Néon redescend au centre du globe terrestre : il rencontre, au sortir de l'atmosphère du soleil, les planètes de Mercure et de Vénus. Du milieu de la Terre il revole au centre de Mars, d'où il juge les autres planètes éloignées. Alors, il veut savoir la raison de l'inégale mesure des jours, des nuits et des années, en chacun des astres qu'il examine : le génie qui le guide le mène vers le dieu Curgyre, qui préside à la course elliptique de ces globes. Ce dieu ailé, qu'il rencontre non loin du centre de Mars, enseigne à Néon les lois des orbites différentes, et lui apprend à

reconnaître, en contemplant les Axigères, dieux des
pôles, combien les axes des planètes sont diversement
inclinés, et quelle est la ligne zodiacale de chacune
d'elles.

Néon, satisfait, redescend sur la terre, et demande à
Métrogée si les sphères célestes sont habitées comme
la nôtre : le génie réprime sa curiosité vaine, et lui
commande de ne pas se détourner de la recherche des
vérités accessibles à la raison, en poursuivant des
rêveries stériles et des fantômes imaginaires. Les divinités du jour descendent du ciel pour donner de nouvelles leçons au jeune disciple.

L'ATLANTIADE,

OU

LA THÉOGONIE NEWTONIENNE.

CHANT DEUXIÈME.

Alors que du soleil à demi détournée
La terre sur son axe achevait la journée,
Que sous le pavillon de l'azur étoilé
L'hémisphère en sa course allait être voilé,
Hypérandre guidait son ami magnanime
Sous son paisible toit, asile où Mégathyme
Tant de fois avait vu leurs innocens aïeux
Réunis vers le soir en des festins joyeux.
Ces morts, qui revivaient présens à leurs hommages,
Dans la pierre taillés en naïves images,
Paraissaient du foyer les lares paternels :
A leurs pieds, sur l'airain, sont ces mots solennels :
« Pieux, bon, j'ai vécu sans rougir de moi-même. »
Cet éloge si pur de la vertu suprême,

Est le prix dont tous deux se flattent en secret.
Il faut (ainsi l'ordonne un antique décret),
Qu'ils aillent en entrant saluer les ancêtres :
Car ces pénates saints des hommes nés sans maîtres
Voyaient seuls à leurs pieds, lorsqu'on approchait d'eux,
S'incliner humblement les fronts respectueux.
Les Symphytes, gardant leur dignité première,
S'abordaient sans courber leur tête libre et fière.

L'épouse d'Hypérandre, assise à son foyer,
Kallémète, accueillit l'intrépide guerrier :
Un lin, qu'avaient filé ses mains industrieuses,
Voilait de son beau corps les formes gracieuses,
Dont trois ans ajoutés à six lustres complets
Ne fanaient point encor les florissans attraits.
Son fils, en tout l'éclat de ses dix-huit années,
Tenait entre ses mains, aux travaux destinées,
Les lois du fondateur, livre où tout fut écrit,
Œuvre simple, et que Dieu remplit d'un grave esprit,
Livre immense et précis ; tel est le vrai sublime.
Le jeune homme y puisait la juste horreur du crime :
Dès que s'offrit à lui l'homme victorieux
Dont l'île publiait cent exploits glorieux,
Un charme, l'entraînant à des respects profanes,
Le ploya devant lui comme devant les mânes :
Il oublia qu'eux seuls et la Divinité
Avaient droit au tribut de son humilité.

« Relève-toi, Néon, lui dit son noble père :
« Un tel salut fait honte à notre illustre frère.

« — Non, répliqua Néon, et je sais qu'aujourd'hui
« Le peuple, ainsi que moi, s'incline devant lui ».
Il dit : et du guerrier sa réponse ingénue
Étonna la pudeur subitement émue.

« Enfant, lui répond-il, quels titres sont les miens
« Pour que tant de respects frappent nos citoyens ?
« Leurs têtes, qu'autrefois on ne vit prosternées
« Que devant l'Eternel, maître des destinées,
« Que pour rendre aux aïeux un honneur solennel,
« Ainsi fléchiraient donc en face d'un mortel !
« L'abaissement public, en payant ma victoire,
« S'il vous dégrade tous, n'élève point ma gloire.
« Je m'armai sur ces bords ; mais, vainqueur des Atlas,
« Nos guerriers m'appuyaient, je vainquis par leurs bras:
« Les chefs de notre armée, en compagnons fidèles,
« Quand son centre ployait, en soutenaient les ailes ;
« Quand les ailes sous moi d'un choc avait frémi,
« Le centre était par eux vaillamment raffermi :
« Ainsi donc la victoire est leur commun ouvrage :
« Nos morts ne me l'ont pas laissée en héritage ».
Le héros parle en vain ; et sa noble candeur
Frappe encor moins Néon que sa prompte grandeur.

Cependant, à l'écart, dans l'ombre du mystère,
Hypérandre, inquiet du destin de la guerre,
Détourne Mégathyme ; et leurs secrets discours
De l'État menacé concertent le secours.
Tous deux s'immoleront avant que la patrie
Adopte des Atlas l'aveugle idolâtrie :

Ils se le sont promis ; et leurs nobles adieux
Sont de nouveaux sermens de haïr les faux dieux.
Mégathyme se fie en l'espoir de ses armes :
Il sort : et de la paix regrettant tous les charmes,
Hypérandre rejoint sa femme et son enfant ;
Mais d'un chagrin rongeur à leurs yeux triomphant,
Il ne laisse entrevoir sur son visage auguste
Que la mélancolie empreinte au front du juste,
Tristesse qu'aux regards de deux témoins chéris
Tempère la douceur d'un complaisant souris :
Sa face est comme un ciel qui, dominant l'orage,
Luit de sérénité, dès qu'a fui le nuage.

La tendre Kallémète, étudiant ses vœux,
Du cœur lit dans le cœur d'un époux vertueux ;
Ainsi que d'un œil pur la lumière subtile
Pénètre dans l'éther transparent et mobile.
Ils n'ont pour les servir nul esclave acheté ;
Mais des égaux aimant leur domesticité,
Hommes chers à leur maître exempt de vain caprice,
Et que plus que son rang distingue sa justice :
Son savoir et ses mœurs l'en ont fait révérer,
Et, nourris de ses biens, ils les font prospérer.
Hypérandre s'assied à sa table frugale :
Là, point d'intempérance, à l'esprit si fatale !
Point de mêts trop exquis ; mais de sains alimens ;
Et le loisir qui coule en doux épanchemens.
Son amour pour un fils dont il aime la mère,
L'instruit des saints devoirs d'un époux et d'un père.
La chaste Kallémète entretient son époux

De culture champêtre et des soins les plus doux :
Et Néon communique à leur expérience
Les doutes d'un esprit novice à la science :
Son jeune cœur surtout bénit les sages lois
Sans qui l'homme est cruel comme un monstre des bois.
Hélas ! il fut témoin des fureurs des Atlantes.

« O mon père ! dit-il, sur nos plages sanglantes,
« Le héros dont l'aspect les a tant effrayés
« Ne mérite-t-il pas que l'on tombe à ses piés ?
« Lorsque j'ai vu de près ce vaillant Mégathyme,
« D'où vient que mes respects te parurent un crime ? »
L'équitable Hypérandre en ces mots lui répond :
« Dieu seul a droit, mon fils, à ce respect profond,
« Qui terrasse l'esprit, qui ravit la parole :
« Nul mortel des mortels ne doit être l'idole.
« L'abaissement, contraire à l'humaine pudeur,
« Imprime sur les traits une infâme laideur,
« Et fait tomber l'éclat des plus nobles visages,
« Seule auguste beauté des hommes droits et sages.
« Aux exploits d'un héros digne de t'étonner
« Tu devais rendre hommage, et non te prosterner.
    « — Ah ! s'écria Néon, il brava tant d'alarmes !
« Porta de si grands coups ! signala tant ses armes !
« Courut tant de dangers pour l'honneur du pays !...
    « — Néon ! dit Hypérandre, interrompant son fils,
« Ferons-nous moins pour tous, s'il faut marcher ensemble ? »
Kallémète, à ces mots, déjà pâlit et tremble :
Elle est femme, elle est mère ; et ses yeux sont en pleurs.
« Cessez tous deux ! pourquoi présager des malheurs ?

« Dit-elle ; ah ! si le sort, menaçant la patrie,
« Vous forçait, loin de moi, d'affronter la furie
« Des Atlantes armés pour verser notre sang,
« Et du gouffre des mers encor plus rugissant ;
« Hélas ! abandonnée à ma douleur amère,
« Déplorant et mon lit et le doux nom de mère,
« Que ferais-je ? la mort, avant votre retour,
« De vous revoir jamais priverait mon amour ».
Elle dit ; et les pleurs qu'elle vient de répandre,
Mouillent abondamment l'épaule d'Hypérandre,
Qu'entoure un de ses bras mollement étendu :
Il calme par ces mots son esprit éperdu :

« Si Dieu veut que mon fils et que ton époux vive,
« Kallémète, pourquoi d'une ame si craintive
« Au secours de l'État nous verrais-tu courir ?
« Quels dangers sont si grands, qu'on ne s'y puisse offrir ?
« La nuit expose à l'air des familles timides
« D'oiseaux faibles en proie à des oiseaux avides ;
« Et confians au ciel, sans gardes et sans toits,
« Désarmés dans l'horreur du deuil profond des bois,
« Ils sommeillent en paix, l'œil fermé sous leur aile,
« Et leurs chants salûront une aurore nouvelle.
« Leurs abris, quels sont-ils ? des rameaux ténébreux :
« Eh ! qui donc les protége ? eh ! qui veille sur eux ?
« Dieu seul, Dieu, qui défend des périls où nous sommes
« Les petits des oiseaux et les enfans des hommes ».

Il dit : le beau Néon, par la gloire animé,
L'écoute en élevant un visage enflammé,

Où brille en traits naïfs son audace naissante.
Un feu guerrier accroît sa force adolescente.
« Je ne dors plus, dit-il, depuis que sur nos bords
« Mégathyme, l'objet de nos communs transports,
« A du bruit de son nom rempli toute notre île.
« Lui seul depuis ce jour paraît grand dans la ville.
« Je ne dors plus : mon cœur ne songe qu'aux moyens
« D'être aussi le premier de tous les citoyens.

« — Loin, loin de toi ce vœu de dominer tes frères ! »
Répond l'humble Hypérandre ; et ses lèvres sévères,
Réprimant de son fils la jeune ambition,
Dictèrent une auguste et simple instruction,
Qu'après des temps nombreux redisait Pythagore,
Et qu'aux siècles futurs nous répétons encore.
A Néon qui l'écoute Hypérandre fait voir
Qu'une équitable loi, par son double pouvoir,
Au même ordre asservit, malgré leurs différences,
Les corps de l'univers et les intelligences.

« Attache, lui dit-il, ta méditation
« Sur le mystère obscur de la création :
« Si ton esprit n'atteint le but ni l'origine,
« Au moins les vérités de la haute doctrine
« Te pourront de la vie éclaircir les chemins :
« Car, tout connaître est hors du pouvoir des humains.

« Tout élément se cache ; et Dieu, cause des causes,
« Produit tout en son sein du mélange des choses.
« L'air, le feu, l'eau, la terre, eux-mêmes composés,
« Par lui toujours sans fin se verraient divisés.

« L'alliance des corps en confond les substances
« Qu'en vain croit-on réduire à leurs simples essences:
« Leur intime union, se laissant pénétrer,
« En cache une autre en soi qu'on ne peut séparer.
« Ainsi du fond de tout la limite imprévue,
« Sans s'arrêter jamais recule sous la vue.
« Quel principe à tes yeux, quels attributs sont sûrs?
« Prendras-tu pour témoins tes organes obscurs?
« Là, tout près du ciron, tu n'en peux voir la forme;
« Là, trop loin de ton œil, Sirius, astre énorme,
« Paraît moins que l'atome, et tu n'aperçois pas
« En un rapide instant ses mille et mille pas.
« Petitesse, grandeur, espace, ni durée,
« N'ont rien qui soit précis à la vue égarée;
« Sa faiblesse te trompe, et le pouvoir de Dieu
« A resserré ton être en un juste milieu.
« Tout n'est qu'ordre et mesure; et le désordre même
« Est un retour bruyant à cet ordre suprême.
« C'est par-là que des corps tendent les changemens
« De la froide inertie aux bouillans mouvemens,
« Et que de tant d'effets la juste résistance
« Dans ses variétés a la même constance.
« Mais l'équilibre règne : élastique et pressant,
« L'atome sur l'atome est sans cesse agissant.
« L'eau, traversant le fer où la chaleur abonde,
« Se disjoint en vapeurs, le brûle, et n'est plus onde. ¹

---

¹ L'eau qu'on fait passer en vapeurs dans un tube chauffé sur
un fourneau, et contenant de la limaille de fer, se décompose
en cédant son oxigène au métal qu'elle oxide, et en dégageant
son hydrogène.

« La moindre bulle d'air, se dilatant soudain,
« Venge sa pression dans les tubes d'airain.
« Cette vive énergie est partout déployée,
« De masse en masse au loin toujours multipliée.
« Dieu, rangeant sous ses lois tous les êtres divers,
« Lie au moindre d'entre eux l'ordre de l'univers.
« Sous les physiques lois dont tu n'es pas le maître,
« Tu ne saurais sortir des bornes de ton être
« Que de tes facultés ne se rompe l'accord,
« Renversement que suit la démence ou la mort.
« Et quel est des humains le milieu véritable ?
« La raison, conscience à tous irrécusable,
« Qui, balançant les biens, et les droits, et les rangs,
« Soumet les grands au peuple, et le soumet aux grands.
« Ainsi tout se maintient ; et le désordre même
« N'est qu'un retour, te dis je, à la règle suprème.
« Un divin ascendant, par les mêmes rapports,
« Gouverne les esprits comme il régit les corps :
« Les sages lois sont l'ordre : et tout excès inique
« Le détruit en sortant de l'équilibre antique.
« Garde donc la justice en toute sa rigueur,
« Et que de son niveau rien n'éloigne ton cœur ».

Il dit : Néon retint ces fécondes maximes.

Les instans écoulés en leçons magnanimes
Leur avaient fait revoir le doux astre argenté
Qui reçoit d'Hélion son éclat emprunté.
Des cités d'alentour le flambeau de Ménie[1]
Rassemblait la jeunesse en des champs réunie,

---

[1] Ménie, la lune.

Qui non loin, chaque soir, dansant avec l'Amour,
Oubliait dans les jeux les soins donnés au jour.
Hypérandre guidait sa famille à ces fêtes.
Tels qu'on voit les pavots, les lis aux nobles têtes,
S'agiter, s'enlacer sous l'aile du zéphir,
Tels ces enfans, émus d'un innocent plaisir,
Se jouaient ; et le son d'une lyre légère
Mesure en cadençant leurs pas frappant la terre.
Les nymphes autour d'eux répètent des chansons :
L'albâtre de leurs pieds foule de verts gazons.
Là, brillent cent beautés en groupes confondues,
Que le soleil retint aux fuseaux assidues,
Et dont le teint charmant, qu'eût flétri son ardeur,
De plus tendres clartés réfléchit la splendeur.
La lune est le flambeau de la pudeur timide.
Là, basanés des feux voisins de la torride,
Sont les futurs époux à leurs maisons promis.
Tous les cœurs sont amans, tous les rivaux amis.
L'un revient à ces jeux du guéret qu'il cultive ;
L'autre du grand vaisseau qu'il bâtit sur la rive :
Ceux-là, du vaste cirque où leur feu belliqueux
Des chars et des coursiers presse l'élan fougueux ;
Ceux-ci, du rang auguste où leur mâle éloquence
Met au nom des vertus un frein à la licence.
Le ciel semble sourire à leurs délassemens :
Tout répond au concert de leurs ravissemens ;
Et l'écho, plein du bruit de leur commune ivresse,
Aux coteaux d'alentour apprend leur allégresse.
Vrais plaisirs ! doux spectacle ! et théâtre enchanteur
Que des bois et des monts borne au loin la hauteur.

Cependant, retiré de la foule riante,
Pensif, le long d'un bord que bat la mer bruyante,
Hypérandre s'écarte, et voit les flots troublés,
Sous un ciel calme et doux, par la colère enflés.

Ma lyre! c'est ici que tu dois faire entendre
Comment le dieu des eaux fut connu d'Hypérandre,
Homme que Psycholie avait favorisé,
Aux sublimes vertus par sa voix disposé.
Ce mortel s'étonnait que les flots pleins de rage
Vinssent deux fois le jour menacer le rivage :
Il apprit le secret du mouvement des mers
En méditant, le soir, sur des rochers déserts.

Un concert élevé d'augustes harmonies
Charmait de l'univers les bienfaisans génies :
Ces puissances n'ont pas leurs siéges lumineux
Dans un palais céleste, Olympe fabuleux;
Leur troupe, en aucun temps, aux banquets appelée,
Ne forme à leur monarque une cour assemblée :
Jamais on ne les voit, au sortir de leur char,
Savourer l'ambroisie et sourire au nectar.
Au milieu de l'espace une voix qui résonne,
D'un bout des cieux à l'autre atteint de trône en trône
Tous ces divins moteurs des mondes infinis,
Par l'éternel principe au loin entre eux unis.
Fille du dieu des dieux, Nomogène, leur mère,
Enchaîna leur présence à leur grand ministère.
Ainsi, pour mieux les peindre aux vulgaires mortels,
Les sages, les héros, sur d'antiques autels,

Morts à qui nous parlons à travers tous les âges,
Répondent aux vivans héroïques, et sages :
Et l'ame de Socrate, et de Confucius,
Entend Bailly qui meurt, leur émule en vertus. [1]
Tel entre tous les dieux, hautes intelligences,
Règne un noble concert par-delà les distances.

Ils écoutent un chant sublime, doux, égal,
Et n'aiment que du beau le modèle idéal.
Ils veulent qu'un sens droit, par sa règle suprème,
Dispose sans roideur l'ensemble d'un poëme,
Et que, simple et lié de l'un à l'autre bout,
Sous un mode constant il accomplisse un tout.

Mes inhabiles mains sur leur luth égarées
Toucheraient en tremblant à ses cordes dorées ;
Mais ce qu'il consacrait avec sublimité,
Sera par mes discours simplement récité.

Une céleste voix célébrait le grand être,
Raison, principe et fin, impossible à connaître,
Premier nœud de la chaîne, où, par tant de degrés,
Remontent s'attacher tant d'anneaux ignorés !
Hypérandre écouta cette Muse immortelle :
Elle chantait Théose, et l'ame universelle,
Et tous les animaux par elle intelligens,
Et des corps dispersés ces deux premiers agens,

---

[1] Bailly, fameux par sa vie politique, par son martyre et par
une histoire de l'astronomie ancienne et moderne ; il a composé
un petit livre sur l'île Atlantide.

Le fougueux Proballène et le lourd Barythée,
Balançant la matière au centre disputée;
La matière qu'au gré d'un équilibre heureux,
Curgyre leur enlève en des cercles nombreux;
Demi-dieu qui régla cet ascendant suprême
Qui soumet l'Océan à la lune qu'il aime.
O céleste Ménie! ô Lune! mes accens
Vont célébrer l'effet de tes charmes puissans.

L'esprit dont Barythée anime les planètes
Rapproche tous les corps par des amours secrètes;
C'est par lui que la lune, au lit des flots amers,
Trouble le dieu bruyant de nos profondes mers: [1]
Soit que sa sphère plane aux campagnes australes,
Aux champs de l'équateur, aux plaines boréales,
Il exprime en grondant sa triste passion,
Que sans cesse combat le jaloux Hélion,
Dieu pesant du soleil, dont la force infinie
Sur l'Océan mobile et la pâle Ménie
Exerce le pouvoir qu'il a sur l'univers.
La courrière des nuits, errante dans les airs,
Tendait du haut des cieux aux nymphes maritimes
Ses filets argentés plongeant dans les abîmes:
Les poissons, attirés aux lueurs de ses rêts,
Désertaient du corail les humides forêts;

---

[1] Newton pose en principe que les flux et reflux résultent de l'attraction de la lune sur les eaux, en raison directe de la masse, et en raison inverse du carré de la distance; attraction accrue et amoindrie tour à tour par les positions relatives de la lune et du soleil.

Les monstres, élancés de leurs couches profondes,
Admiraient son aspect sur la face des ondes ;
Les dauphins, soulevant l'écaille de leur dos,
Se jouaient, et luttaient d'éclat avec les flots :
Océan, tout ému, sortant de sa demeure, [1]
Aperçoit la déesse... ô surprise...! mais l'heure,
L'heure et le dieu Curgyre en son char rayonnant
L'avaient déjà fait fuir loin du dieu bouillonnant.
Cependant, il l'a vue ! et son charmant visage,
Son flambeau derrière elle éclairant son passage,
Sa robe que portaient les nuages blanchis,
Suspendent ses regards aux cieux qu'elle a franchis.
Il semble qu'en son sein la touchante déesse
Ait avec ses lueurs épanché la tristesse :
Le dieu des flots mugit plein de nouveaux transports,
Et sa terrible voix épouvante ses bords :
 « Reine des nuits, dit-il, tendre lumière ! arrête....
« Où donc sous l'horizon vas-tu cacher ta tête ?
« Que tes derniers regards, que ta douce splendeur,
« Ont de mon sein humide agité la froideur !
« Il bouillonne, et vers toi se soulève, s'élance....
« Ah ! tu me fuis en vain, et mon empire immense,
« Qui du globe terrestre embrasse le contour,
« M'ouvre un champ pour te suivre au gré de mon amour,

---

[1] Quand la lune s'approche du méridien, les fluxions de la
mer commencent ; lorsqu'elle y passe, ce mouvement augmente,
et le reflux n'arrive à son comble que trois heures après ce passage au méridien. Il commence ensuite à décroître : la masse des
eaux ayant eu besoin d'un temps pour se mouvoir entièrement,
a aussi besoin d'un temps pour rentrer dans le calme.

« Et, contemplant la route où tes pas vont se rendre,

« Du faîte où je montai plus prompt à redescendre,

« Je ferai sur tes pas refluer devant toi

« Tous ces flots murmurans désormais sous ta loi.

   « Malheur, malheur aux ports m'opposant un obstacle!

« Bientôt de leurs débris le sinistre spectacle

« Partout signalera que ma force en marchant

« Fait redouter ses coups de l'aurore au couchant ».

   Il dit ; et de son flux abaissant tout l'orage,

Précipite ses pas, et court de plage en plage :

Mais, fuyant le soleil jaloux de ces discours,

La nocturne Ménie achève en paix son cours.

   Cependant Hélion, astre de la lumière,

Parle ainsi dans les cieux à la pâle courrière.

   « Lune capricieuse ! [2] as-tu cru me cacher

« Qu'aux soupirs d'Océan tu te laisses toucher ?

« O Ménie ! à mon œil il n'est rien d'invisible.

« Au don de ma lumière es-tu donc insensible ?

« Ne t'ai-je pas prêté, dans ton vol diligent,

« Ton arc, et ton carquois, et tes flèches d'argent ? [3]

« Tu reçois d'Hélion la blancheur dont rayonne

« Le disque et le croissant dont l'éclat te couronne.

---

[1] On a remarqué que les progrès successifs de l'Océan tendent toujours d'orient en occident : sans cesse il abandonne le continent d'un côté, et le mine continuellement de l'autre.

[2] Cette épithète rappelle les librations et les nombreuses inégalités de cet astre dans son orbite.

[3] On sait que la lune n'a point de lumière propre, et qu'elle reflète celle que le soleil lui envoie.

« C'est le soleil, c'est moi qui te fais admirer
« De la terre et des nuits que tu viens éclairer.
« Des biens que tu me dois sois donc reconnaissante.
   « Quel charme a pour ton cœur la fougue menaçante
« De ce dieu, souverain d'un terrible élément,
« Dont l'amour qui rugit s'exprime en écumant?

    Ainsi dit Hélion ; et, durant ce langage,
La terre offre à ses yeux l'Océan qu'il outrage.
Le dieu des eaux s'irrite, et, se gonflant d'horreur, [1]
Presque autant que d'amour tressaille de fureur :
Mais de l'astre immortel la hauteur orgueilleuse
Dédaigne de ses flots la rage sourcilleuse :
Tandis que, dévorant les malheureux nochers,
Entraînant les vaisseaux, les bancs, et les rochers,
Il venge follement cette impuissante rage
Qui, lasse enfin des chocs, se repose au rivage.
    A peine il redescend dans son vaste palais,
Que les filles des mers, nageant sous un vent frais,
Aperçoivent encor le retour de Ménie,
Dont le front se mirait sur la vague aplanie.

    Nymphes ! écoutez-moi ; leur dit la déité :
« Votre maître soupire, épris de ma beauté.
« Sa plainte dans le ciel a touché ma tendresse :
« Mais l'ardent Hélion me surveille sans cesse :

---

[1] Une marée moindre que celle qui suit l'influence lunaire
résulte de l'attraction du soleil : à raison de sa distance plus
grande que celle de la lune à la terre, cette seconde influence
est presque nulle et conjecturale.

« Que l'Océan m'attende, et qu'il sache les jours
« Où la terre, sa sœur, nous promet ses secours.

    « Chaque mois autour d'elle à la hâte emportée, [1]
« Je m'en approche : ainsi l'ordonne Barythée :
« Pour choisir ce moment, que le grand roi des eaux,
« S'il veut s'unir à moi, distingue mes signaux.

    « Lorsque de mes croissans les dards semblent encore
« Menacer les climats où se lève l'Aurore, [2]
« Qu'il s'apaise ; Hélion, contraire à son transport,
« Veillant à mon côté, combattrait mon effort.

    « Quand mon arc en un disque est changé pour la terre, [3]
« Ou quand mon front s'éclipse à l'ombre de sa sphère,
« Je suis loin du soleil, qui ne m'aperçoit pas ;
« Que le libre Océan me tende alors ses bras.

    « Après ce peu de jours, lorsque perçant ma trace,
« Mon arc vers l'occident tournera sa menace, [4]

---

[1] Quand la lune est à son périgée, c'est-à-dire plus près de la terre, son mouvement est plus rapide et les marées plus hautes.

[2] Quand la lune est en quadrature, à son premier quart, c'est-à-dire que la ligne qui va de son centre à celui de la terre est perpendiculaire à celle qui va du centre de la terre à celui du soleil, l'attraction de la lune est combattue par celle du soleil ; les marées sont basses.

[3] Quand la lune, en opposition avec le soleil, est, comme on dit, pleine ; et lorsque, passant sous l'écliptique, elle est obscurcie par la terre qui lui cache le soleil, les marées montent : c'est sa première syzygie.

[4] Quand la lune est en quadrature, à son second quart, ainsi que je l'ai expliqué pour le premier quart, mais d'un autre côté du soleil, l'attraction de la lune est encore combattue par lui, selon l'hypothèse de Newton, et les marées baissent.

« Qu'il se calme en ses flots jusqu'aux momens heureux
« Où devant le soleil, interrompant ses feux, [1]
« Je lui cache, en passant, derrière un crêpe sombre,
« L'amoureux Océan que servira cette ombre.

   « C'est peu que d'épier mes quatre aspects divers,
« Chaque fois qu'au solstice accourent les hivers, [2]
« La terre alors remonte an Soleil qui l'attire ;
« A nos tendres accords leur approche conspire :
« Surtout alors qu'aux cieux l'automne et le printemps
« En jours égaux aux nuits mesureront le temps ;
« Car sitôt qu'Hélion traverse à pas obliques
« Le cercle qu'il embrase entre les deux tropiques,
« Nous pouvons tous les deux, l'un de l'autre plus près,
« Nous faire mieux sentir nos mutuels attraits ».

   Ainsi parle en fuyant la déesse amoureuse
Dont Curgyre entraînait la course vaporeuse

   Les nymphes à leur Dieu s'empressent de porter
Les lois qu'à son amour elle vient de dicter.
Hélas ! dans son palais, dont frémissent les voûtes,
De crainte à son abord elles reculent toutes :

---

[1] Quand la lune, en conjonction avec le soleil, éclipse celui-ci, les attractions coïncidentes des deux astres font remonter les marées : c'est sa seconde syzygie.

[2] Au solstice d'hiver, la terre, en son périhélie, plus près du soleil, est plus influencée par cet astre et par la lune ; la force des marées s'accroit d'autant plus : de même quand le soleil passe sur l'équateur et produit les équinoxes. Cette époque est celle des plus grands flux et reflux de la mer.

Car, saisi d'un délire à chaque instant accru,
Dès qu'au milieu du ciel Ménie a reparu,
Océan, déjà sourd au conseil qui l'arrête,
Ridant son front verdâtre enclin à la tempête,
S'agite, et vaguement vers la lune élancé,
Épuise en longs accès son courroux insensé.
Son bruit rauque et confus roule de rive en rive :
La fatigue l'abbat ; sa fureur se captive ;
Mais il voit le soleil dont il est affronté !
Vers le haut de l'Olympe aussitôt remonté,
L'aspect de son rival redouble sa furie.
Tandis qu'il gronde en vain, le dieu du jour s'écrie :

« Insensé roi des mers ! en tes déchaînemens,
« Traîne, traîne au hasard tes noirs égaremens :
« En vain tu sentiras l'approche de la lune ;
« Jouet des contre-temps, ton aveugle infortune,
« Sans l'atteindre jamais, la poursuivra toujours,
« Lorsque la troisième heure aura fait fuir son cours.
« En vain interrogeant les nymphes de tes ondes,
« Du nadir au zénith sans cesse vagabondes,
« Tu presseras leur foule au-devant de tes pas,
« Leurs avis les plus prompts ne te guideront pas.
« Exemple malheureux des passions fatales,
« Qui, ne mesurant plus les temps, les intervalles,
« Portent loin de leur but, sans règle en leurs desirs,
« Leur démence éplorée et grosse de soupirs !
« Ton amante qui court non moins inquiétée,
« Soumise dans l'espace aux lois de Barythée,
« Ne peut descendre à toi des cieux qu'elle blanchit,
« Non plus que toi monter aux lieux qu'elle franchit

« Plaignez-vous donc l'un l'autre, éternelles victimes,
« Elie, du haut des airs, toi, du fond des abimes ».

Tel fut l'arrêt dicté par l'auguste Hélion.
Sa vue à l'Océan rend son émotion :
De son sein chaque jour toute paix est bannie ;
Et chaque jour, troublé des charmes de Ménie,
Son amour pour la voir, malgré le dieu jaloux,
S'arrachant de son lit, y retombe en courroux.
Soit qu'elle ôte son voile, ou que son front s'ombrage,
Touché de sympathie, il ressent son passage.
Tel, présent à l'esprit d'un mortel insensé,
Un fantôme lui peint l'objet qui l'a blessé,
Le trouble, et par accès, réveillant son délire,
Ou morne, ou furieux, sur ses traces l'attire,
Et change ses langueurs en désordre agité
Qui le rend au sommeil de sa stupidité.

Ainsi, menaçant l'air d'une tête écumante,
Le mobile Océan, que la lune tourmente,
Exhale sa fureur en longs bouillonnemens,
Des antiques écueils sape les fondemens.
La terre tremble aux coups de sa rage intestine :
Son flux l'épouvanta, son reflux la ruine :
Mais bientôt revenu d'un transport effréné,
Il s'étend sur l'arène et s'endort consterné.

La sensible Ménie eut les cruels spectacle.
De sa colère accrue au travers des obstacles,
Qui, prolongeant l'erreur de ses aveuglemens,

Des phases confondus oubliait les momens. [1]
De là, pendant les nuits, ces sources de tristesse
Que verse en rayonnant le sein de la déesse,
Dont la tendre influence et les sombres langueurs
Pénètrent les cieux, l'onde, et les bois, et les cœurs :
De là, de mois en mois, cette mélancolie
Qui des cerveaux humains exalte la folie :
De là, ces bruits plaintifs, ces hurlemens des mers,
Dont l'éternel accent afflige l'univers.

En doux accords ainsi, la céleste harmonie
Célébrait Hélion, Océan, et Ménie,
Et leurs débats jaloux et leurs secrets amours,
Emblèmes de la loi qui préside à leur cours.
De cette fiction les traits allégoriques
Frappèrent Hypérandre en ces chants poétiques :
Et, désormais instruit des caprices des flots,
Il saura présager leur fougue aux matelots.
Dans la nature ainsi toujours son industrie
Cherchait quelque leçon utile à la patrie.

Il revient à grands pas vers le concours joyeux
Que disperse Ménie errante au haut des cieux :
On se quitte ; et déjà, ramenés par les heures,
Les couples fortunés rentrent dans leurs demeures.

---

[1] Cette peinture des troubles de l'Océan n'a pour objet que d'exprimer poétiquement la prolongation des flux qui, en s'accumulant par diverses causes, trop longues à déduire, dérèglent leurs heures et désordonnent leurs mouvemens.

Néon s'en va goûter un sommeil innocent :
Kallémète aux attraits de son œil caressant
Séduit encor le cœur de son cher Hypérandre :
En leur lit conjugal ils vont tous deux se rendre.
La douce nuit suspend leurs chagrins oubliés
Dans l'amoureuse ivresse où leurs sens sont noyés ;
Plaisir qu'au sein fécond de la chaste nature
Accroît la continence, et que l'hymen épure.

Déjà, renouvelant le cercle de ses pas,
La terre à l'orient montre le front d'Atlas.
L'astre fixe du jour, qu'on ne voit point encore,
L'éclatant Hélion commande que l'aurore,
Annonçant Lampélie aux sommets éthérés,
Lui rende à son départ ses vêtemens pourprés,
Et les perles tressant sa blonde chevelure,
Et l'iris en écharpe émaillant sa ceinture,
Et son brillant cothurne où luit la nacre et l'or.
Pyrophyse, sa sœur, va suivre son essor ;
Volant, et s'enlaçant d'une étreinte commune,
Ces deux divinités semblent n'en être qu'une.

« O mes filles ! partez, » dit le grand Hélion, [1]
De qui l'œil paternel rit à leur union :
« Va, Lampélie, ô toi, l'orgueil de la nature,
« Rends au jour sa splendeur, son lustre à la verdure ;

---

[1] La seule observation des vrais phénomènes me semble produire ici une fiction rivale de celle du Phébus mythologique, si même elle n'est meilleure.

« Teins les plantes, les fleurs, et dore le froment ;
« Prête aux jeunes beautés un incarnat charmant ;
« Que, de son propre éclat elle-même éblouie,
« La terre à ses reflets soit partout réjouie :
« Donne aux flots transparens leurs limpides clartés,
« Et leur azur serein aux cieux illimités.

  « Toi, Pyrophyse, aux lieux où ta sœur étincelle,
« Suis-la ; porte la vie et ta flamme avec elle ;
« Exhale-toi ; tout va se mouvoir et fleurir ;
« Tout n'attend que tes feux pour germer et mûrir :
« Lorsqu'au gré de ta sœur la race végétale
« Rend à l'air dépouillé son essence vitale , ¹
« Fais bouillonner la sève en de verts rejetons,
« Se dénouer leur tige, et s'ouvrir leurs boutons ;
« Hâte des fruits tardifs les promesses écloses ;
« Couronne les vergers ; épanouis les roses ;
« Nourris l'amour aux cœurs des êtres respirans ;
« Féconde en leurs déserts jusqu'aux monstres errans ;
« Et même au fond des eaux, d'une atteinte enflammée,
« Prodigue l'existence à leur fange animée.
« Tes retours prêtent seuls à l'immense univers
« Le feu profond qu'il garde aux retours des hivers.
« Sans ta présence ardente, ô sœur de la lumière !
« La ténébreuse mort glacerait la matière ;
« Et la nature inerte , immobile en tout lieu,
« Fût restée au chaos d'où la tira son dieu.

  « Allez donc en son sein où le jour vous réclame,
« Toi, verser la couleur, toi répandre la flamme ;

---

¹ La lumière désoxigène les plantes, et rend à l'atmosphère
l'air vital qu'il perd toutes les nuits.

« Toi , de magnificence habiller ses dehors ;
« Toi de ses mouvemens seconder les ressorts.
« Vivifiez le monde, élancez-vous, mes filles ! »

Il ordonne : déjà dans l'Olympe tu brilles,
Courrière du soleil ! et, dans les airs planant,
Ta sœur vole avec toi sur ton char rayonnant.

Hypérandre est debout : la lumière vermeille
Ouvre aussitôt les yeux de son fils qu'elle éveille.
« De ta couche, dit-il, fuis les molles langueurs :
« Et vers le grand Théose élevons nos deux cœurs ».

Néon quitte son lit ; et son humble prière
En ce jour qui commence est son œuvre première.

« Des cieux, lui dit son père, admire la splendeur :
« Que l'ouvrage de Dieu t'annonce sa grandeur.
« S'il fit dans l'univers la masse inanimée
« Qui suit l'impulsion à ses corps imprimée,
« Il fit l'intelligence ; et sa haute bonté
« Laisse en nous se mouvoir la libre volonté.
« Conserve, en l'adorant, ce don de sa puissance ;
« Cette liberté due à sa magnificence.
« La matière à son centre obéit en tout lieu ;
« L'ame humaine a le sien ; et ce pur centre est Dieu ».

Il dit : un grave soin au sénat le rappelle :
Mais, montrant à son fils la nature immortelle,
Il le livre aux leçons de ses divinités.

Néon va parcourir les célestes beautés :

La science le guide au seuil d'un tabernacle,
Où du monde expliqué s'agrandit le spectacle.
Un vieux génie est là, traçant d'un doigt certain
L'angle révélateur de l'espace lointain. [1]
Métrogée est son nom; et sa main infaillible
Tient le compas, le cercle, et la règle inflexible :
Sa vue, atteignant tout, perce en leur profondeur
La petitesse immense, ainsi que la grandeur;
Et son esprit, chassant les erreurs mensongères,
Aux pôles, quand il veut, parle aux dieux Axigères.

Néon du temple ouvert n'osait franchir le seuil :
Métrogée, en ces mots, l'attire à son accueil ;
« Entre, jeune disciple, au séjour de l'étude.
« Assoupis de tes sens la vaine inquiétude :
« Mais, errant somnambule, en ce temps de sommeil,
« Que ton esprit me suive au centre du soleil. »
« La nature m'a dit de te faire connaître
« Sous quel vaste édifice elle te donna l'être ».
De Néon à ces mots la dépouille s'endort;
Et tout à coup ravi, son noble esprit en sort. [3]

Plus prompt que d'Electrone une atteinte soudaine
Frappe d'un seul éclair toute une immense chaîne,

---

[1] Métrogée, le génie de l'analyse géométrique et des nombres.

[2] C'est de ce point où l'on se suppose, que l'on mesure la plupart des dimensions du globe terrestre, des astres et de leurs orbites.

[3] Cette allégorie représente l'immobilité du corps durant les méditations actives de l'esprit.

Le Génie, avec lui, dans l'astre est élancé.
En quel orbe de feu l'un et l'autre ont passé!
Quel corps n'y périrait! mais le génie et l'ame,
Subtils comme les dieux, rayonnent dans la flamme.

   « Tu peux, dit Métrogée, apercevoir d'ici
« Du terrestre univers tout le cintre éclairci.
« Tu ne vois plus le ciel tourner sur ton seul globe?
« Ces points qu'autour de nous l'espace nous dérobe,
« Ces étoiles sans nombre, autres lointains flambeaux,
« Du soleil où je suis sont les soleils rivaux. '
« Mais, sous le vaste azur, vois-tu la zône ardente
« Que suit de loin en loin la troupe dépendante
« Des astres que sur lui le soleil fait errer?
« Le troisième des points que tu vois s'éclairer,
« Jouet que tient en main la légère Fortune,
« C'est la terre emportant sa vagabonde lune.
« Les autres points, marquant dix termes inégaux,
« Prenant de leur couleur quelques noms des métaux, ¹
« Sont des astres pesans que le soleil attire,
« Et que guide à l'entour le vol du dieu Curgyre.
« Ce sont eux qu'ont nommés les fils menteurs d'Atlas,
« Vénus, Mars et Junon, Cérès, Vesta, Pallas, ³

---

¹ On conjecture que les étoiles fixes sont autant de soleils, centres de leur système de planètes.

² Quelques astronomes désignèrent les planètes connues, sous les noms de mercure, cuivre, étain, fer, plomb, etc.

³ La Cérès, la Pallas, la Junon et la Vesta, que j'inscris ici, sont les quatre planètes nouvellement découvertes. Elles font leur révolution entre Mars et Jupiter.

« Saturne et Jupiter, Uranus et Mercure,
« Famille de faux dieux qu'ignore la nature.

  « Sur leur orbite ici nous ne pouvons planer :
« Du centre de la terre allons les dominer :
« Notre oblique regard, traversant leurs carrières,
« En verra mieux s'ouvrir les ellipses entières ». [1]

  Mais Néon, qui s'arrête avec étonnement :
« Quoi! dit-il, du soleil, centre du mouvement,
« S'émanent en rayons les forces différentes
« Qui ramènent sur lui dix planètes errantes,
« Et celle qui là bas me semble encor nager,
« Et d'autres qui si loin m'ont paru s'ombrager ?
« Fausses lueurs peut-être en cette nuit profonde!
« Mais ces cieux étoilés sur le ciel de ce monde,
« Sont-ils sans fin ? leur centre est-il donc en ce lieu ?

  « — Non, d'un centre caché Barythée est le dieu,
« Lui répond Métrogée; et, se voilant aux hommes,
« Ce centre agit encor sur le centre où nous sommes;
« Il l'attire sans doute à l'insçu de nos yeux : [2]
« Mais, en roi planétaire et stable dans nos cieux,

---

[1] Les ellipses, ou figures ovales, que trace la carrière des astres en décrivant la courbe de leurs orbites, sont vues du centre de la terre dans une plus grande ouverture que de celui du soleil, sur le plan duquel elles semblent circuler presque horizontalement.

[2] C'est borner l'univers que se figurer le centre du monde dans le soleil, qui n'est que le centre de notre système planétaire : cet astre peut, dans une orbite, suivre un mouvement de translation inaperçu et incalculable.

« Le soleil, de ses pas dérobant le mystère,
« Par son attraction meut l'olympique sphère ».

A peine achevait-il, que, sur un clair sillon,
Une ardente Comète, esclave d'Hélion,
Vole, et plonge en ses feux toute sa chevelure :
Son corps entier s'embrase aux chaleurs qu'il endure.
Jadis, et du plus loin de l'empire des airs,
Aveuglément lancée aux cieux les plus déserts,
Elle avait cru, sans maître, en des nuits sans limites,
Echapper au soleil, roi des vastes orbites :
Mais l'astre impérieux qui suspend son lien,
Au bout de sa carrière enfin lui dit : Revien !
Elle, de par-delà les ellipses des mondes,
L'entend, et de retour en ses routes profondes,
Du trône d'Hélion approche la splendeur ;
Et, ne soutenant plus son éclat, son ardeur,
Bouillante de courroux, pâlie, échevelée,
Pour dix siècles encor reprend sa fuite ailée.

« Va, lui crie Hélion, va ; mais sans t'approcher
« De l'orbite où la terre aime en paix à marcher.
« Ton essor trop voisin, troublant sa masse errante,
« En soumettrait le poids à ta force attirante ;
« Et, renversant son axe et le cercle des ans,
« Soulevant ses vapeurs, gonflant ses océans,
« Y renouvellerait les terribles merveilles
« Qu'autrefois produisit l'une de tes pareilles,
« Qui submergea son globe au flux des vastes eaux,
« Déluge écrit encore au sein des minéraux :

« Les fossiles marins attestent ses passages
« Sur les plus hauts des monts pétris de coquillages ;
« Et l'homme y reconnaît qu'aux flots jadis ouverts
« Tous les champs qu'il parcourt furent les lits des mers.
  « Va donc, fends l'empyrée ; et, de loin menaçante,
« Traîne ton atmosphère en queue étincelante ;
« Mais des lois de tes sœurs ne crois pas t'abstenir :
« Je te rappellerai dans mille ans à venir ».

  Il dit : et la Comète, effréné météore,
Semble échapper au joug qui la domine encore.

  Néon, plein d'épouvante, admire en son effroi
De l'empire azuré l'inévitable roi.
  « Ce pesant Hélion, ajouta Métrogée,
« Tient ainsi chaque sphère à son joug engagée :
« Il attire à lui seul tous ces mondes… Mais vien
« Du milieu de la terre interroger le tien ».

  Il dit, fend du soleil l'atmosphère enflammée :
De Mercure brillant la planète allumée
S'offre sur leur passage, et son rapide cours
De ses phases divers leur cache les retours :
Au prix de son ardeur nos étés sont de glace ;
Il s'abîme aux clartés d'un radieux espace.
  De là les deux esprits rencontrent en volant
De l'astre de Vénus l'aspect étincelant :
Son croissant, qui reluit des couleurs du phosphore,
Regarde tour à tour le couchant et l'aurore :
Sept mois font son année ; et son disque au soleil
Durant son demi-cours montre un côté pareil.

Déjà les deux esprits ont franchi son orbite,
Et du centre terrestre atteignent la limite.
Ainsi de Métrogée un mortel éclairé
Traverse en quelques pas l'univers mesuré.

« Eh bien ! dit aussitôt l'infaillible Génie,
« La carrière elliptique, ici moins aplanie,
« Des astres avec toi sur ton soleil errans
« Découvre mieux la pente et les nœuds différens. [1]
« Considère, avant tout, que sous ta sphère agile
« Te paraît se mouvoir le soleil immobile :
« L'effet de ce prestige enfin t'est dévoilé :
« Poursuis donc d'un regard, sous le cintre étoilé,
« Des routes du soleil la diverse apparence.
« Tous les signes des cieux, vers qui cet astre avance,
« Forment le zodiaque, où les quatre saisons,
« Ceintes de fleurs, d'épis, de pampres, de glaçons,
« Marquent, aux feux du jour ou plus ou moins propice,
« Et la double équinoxe, et le double solstice. [2]
« Pour calculer les jeux de ses obliquités,
« Change en termes égaux leurs inégalités. [3]
« Maintenant, de l'orbite où la terre chemine,
« Vois du Mars fabuleux la planète voisine ;
« Voisine à l'œil d'un dieu, lointaine aux yeux humains !
« Une lueur sanglante éclaire ses confins.

---

[1] Nœuds, points d'intersection des orbites planétaires.

[2] Equinoxes, passage du soleil sur l'équateur : solstices, station apparente de cet astre sur les signes des tropiques.

[3] Équations ; calcul intégral et différentiel.

« Mais viens, et dans son globe un rayon de ma vue
« Va de son centre au tien révéler l'étendue ».
Il dit, vole, et soudain plonge au centre de Mars.

Tous deux virent de là briller à leurs regards
L'astre de Jupiter et ses prompts satellites ;
Et Saturne, si lent à tracer les orbïtes
Où sa triste planète, entre ses froides sœurs, [1]
Porte d'un double anneau les lourdes épaisseurs.
Un globe pâle, au fond de la voûte éthérée, [2]
Se traînait sans chaleur près du fixe empyrée.

Frappé des mouvemens dont il est le témoin,
« Apprends-moi, dit Néon, avant d'aller plus loin,
« Pourquoi ce long printemps, sur le globe où nous sommes,
« Ne fuit pas comme il fuit sur le monde des hommes ;
« Pourquoi la double année, où s'achève son cours,
« Par la même lumière y rend égaux les jours ?

« —Suis-moi, dit le Génie, aux sommités des sphères;
« Viens parler à Curgyre, et voir les Axigères ».

Ils montent à ces mots dans l'azur spacieux,
Où Curgyre immortel, prompt, ailé, radieux,
Trace aux mondes roulans leur ovale rapide :
Sur l'orbite de Mars déjà ce divin guide
Aperçu de Néon, en est interrogé :
Ainsi de la matière un esprit dégagé

---

[1] Les lunes de Saturne.
[2] Uranus, ou planète d'Herschell.

Même aux dieux immortels parle sans se confondre.
Le conducteur des cieux daigna donc lui répondre.

« Barythée à son centre attire l'univers,
« Proballène le pousse en un sens tout divers:
« Mais entre ces rivaux dans mon vol je l'entraîne,
« Depuis que sous le ciel ma mère Nomogène,
« Balançant leur pouvoir et réglant mon essor,
« Me fraya chaque ellipse où je circule encor.
   « Autant que du soleil ma main approche un monde,
« Autant croît sa vitesse et sa chaleur profonde.
   « Le rapide Mercure, en son cours de trois mois,
« De face à l'œil du jour ne change que deux fois :
« Juge combien ce globe en sa masse est solide,
« Si, tout en proie au feu, sans rouler en fluide,
« Renvoyant les rayons où tu le crois perdu,
« En informes vapeurs il n'en est pas fondu !
   « A l'autre bout des cieux, le livide Saturne
« Ne change qu'en quinze ans sa face taciturne,
« Et six lustres entiers, où s'accomplit son tour,
« Semblent ne lui donner qu'une nuit et qu'un jour.
« Sa masse lente et froide, à sa distance extrême,
« Pèse moins vers le centre, et bien plus sur soi-même,
« Et n'est que peu durcie en son humide ampleur,
« Que ne peut désunir sa trop faible chaleur.
   « Ainsi l'éloignement des sphères entraînées
« Fait varier leur poids, leur cours et leurs années :
« Mais toutes ont un pôle, ou plus ou moins penché,
« A son fidèle aspect constamment attaché :
« C'est lui, c'est, dans leur cours, l'axe qui les traverse,
   Qui fait de leurs clartés la mesure diverse.

« Sur le globe de Mars , le pôle en sa hauteur
« Tient toujours le soleil si près de l'équateur ,
« Que son flambleau conduit , dans une étroite zône ,
« Un éternel printemps , un éternel automne,
« Tandis qu'au pôle obscur, par la route qu'il suit ,
« Succède un jour d'un an à tout un an de nuit.
   « Contemple donc partout aux mains des Axigères
« Les pivots inclinés des différentes sphères ,
« Et tu sauras prévoir, les comparant entre eux ,
« Les phases , les saisons , les retours lumineux ».

Curgyre achève , et fuit loin du fils d'Hypérandre,
Que dans son corps terrestre il laisse redescendre.
   Mais Métrogée encor, par qui de tous côtés
Des mondes rayonnans les pas étaient comptés ,
De loin montre à Néon ces comètes hardies
Dont Curgyre poursuit les traces agrandies ,
Globes qui , dans nos cieux quelquefois parvenus ,
Plongent leur hyperbole en des cieux inconnus. [1]

   « Tant d'ouvrages, dit-il, que je ne puis comprendre ,
« Tant de mondes que Dieu voulut partout répandre ,
« Non moins que notre sphère objets de ses bontés ,
« D'hommes pareils à moi doivent être habités.

---

[1] Quand la marche des comètes est elliptique, c'est-à-dire
une courbe rentrante en elle-même, on peut la calculer : quand
elle est hyperbolique , c'est-à-dire que la ligne qu'elle trace tend
toujours à s'éloigner du grand axe , elle se perd à l'infini : quand
elle est parabolique, leur courbe non rentrante échappe au
calcul , on n'en prévoit pas le retour.

« — Laisse, dit le Génie, une recherche vaine !
« L'imagination, qui sans but se promène,
« Court, bondit vaguement à pas impétueux,
« Poursuit des visions, fantômes monstrueux,
« Et, d'erreurs en erreurs sans cesse vagabonde,
  Ne fait plus qu'un roman de l'histoire du monde.
« Celle qui ne s'émeut qu'aux évidens effets
« Des causes se voilant sous la masse des faits,
« Qui, se les peignant mieux, en anime l'histoire,
« N'est point l'illusion, mais la vive mémoire
« Qui, rapprochant de soi tous les êtres absens,
« Et frappant la raison à ses tableaux puissans,
« Colore avec splendeur la vérité chérie
« Que fait vivre et parler la claire allégorie.
« Souvent sans fiction le vrai n'apparaît point :
« C'est ainsi que la ligne, et que l'arc, et le point,
« Des mouvemens du ciel immobiles figures,
« D'un trait imaginaire en marquent les mesures :
« Les cercles d'une sphère indiquent ses chemins,
« Comme la fable instruit la raison des humains. »

Le disciple, soumis à ces avis utiles,
Répond : « Oui, loin de moi tous ces rêves stériles,
« Ces habitans du ciel, fantastiques portraits,
« Dont notre esprit ne peut réaliser les traits !
» Eh ! comment vivraient-ils à ces affreux espaces,
« Sous des feux éternels, sous d'éternelles glaces,
« Ou sous les chocs nombreux des orages flottans
« Dont leur tiède atmosphère est battue en tous temps ?
  « — Ah ! repart Métrogée, aveugle créature !

« Bornes-tu le pouvoir qui créa la nature ?

« Ne sais-tu pas que l'homme existe agile et fort

« Sous l'ardeur du tropique et les frimas du nord ? [1]

« Voit-on naître jamais au climat qui les tue

« L'ours, le serpent, le tigre , et l'aigle, et la tortue ?

« L'Éternel qui fixa l'axe du monde entier ,

« Y sait du feu vital maintenir le foyer.

« Les êtres dont le sein respire plus de flamme

« Ont de rapides jours mesurés par leur ame :

« Les êtres amollis d'humides pesanteurs,

« De leur ame à leurs ans mesurent les lenteurs.

« Ainsi tout se compense , et la loi de la vie

« Suit l'ordre à qui sa marche est partout asservie.

   « Mais, Néon , tourne-toi vers les nymphes du jour,

« Qui de nouveaux secrets vont t'instruire à leur tour ».

   Il dit : car du soleil les filles immortelles

Précipitaient sur eux leurs rayonnantes ailes ,

Et venaient à Néon , de leur beauté surpris,

Révéler leur doctrine et luire en ses esprits.

---

[1] La chaleur du sang de l'homme et du sang des animaux se
tient presque invariablement au même nombre de degrés , malgré les températures diverses du fluide dans lequel ils vivent.

FIN DU DEUXIÈME CHANT.

CHANT TROISIÈME.

SOMMAIRE.

LA déesse **Lampélie**, *qui verse la lumière, et sa sœur* **Pyrophyse**, *le calorique, apparaissent à* **Néon**, *et lui reprochent de s'élancer jusqu'aux astres avant même d'avoir étudié les élémens de la clarté qui le guide : elles lui apprennent qu'elles sont filles du Soleil. Discours de* **Lampélie** *sur le fluide lumineux : discours de* **Pyrophyse** *qui échauffe et brûle par d'autres rayons que ceux qui éclairent.* **Lampélie** *envoie* **Néon** *dans une caverne, où le génie* **Métrogée** *lui donne un prisme pour lui révéler comment se colorent les corps : présence du spectre solaire qui veut lui échapper, et que le prisme arrête et décompose magiquement. Le spectre répond à la curiosité de son interrogateur, et lui dit que chaque rayon est une réunion de sept jets qui se teignent diversement, et qui ayant tous leur réflexion et leur réfraction particulières, revêtent de leurs couleurs toutes les choses : selon que l'un d'eux est renvoyé, ou transmis, ou mêlé avec un autre, la coloration change. Le spectre solaire lui démontre que le monde entier n'est qu'un prisme multiplié à l'infini, où la lumière varie la combinaison de ses jets : il ajoute qu'elle est repoussée à une distance imperceptible de la surface des corps.* **Néon** *est instruit des causes intimes de ces effets par la nymphe* **Syngénie**, *qui lui expose les lois générales de l'affinité chimique d'où naissent toutes les productions de l'univers.*

*** Néon** *sort de la grotte où il étudiait la lumière, et se sent ébloui par l'éclat du jour qu'il revoit. Autre ins-*

truction de **Lampélie** sur la nature qu'elle embellit, et sur l'organisation merveilleuse de l'œil humain. Illusions produites par les réfractions lumineuses. Leçon de **Métrogée** sur l'utilité des sciences : il lui raconte la naissance de **Lampélie**, qui seule révéla l'espace et le temps, qui partagea le monde avec la déesse de l'ombre, et qui fournit le moyen de comparer le temps et l'espace, et de mesurer l'univers. **Métrogée** remet à son disciple le télescope et le microscope, qui lui découvrent l'infiniment grand et l'infiniment petit. Étonnement de **Néon** à la vue de tant de créations. Mais **Lampélie** quitte sa sœur à l'arrivée de la Nuit. Tableau de la nuit. **Lampélie**, plaignant **Néon** égaré dans les ténèbres, trace sur l'eau une image de la lune. Théorie du miroir. Preuves de la vitesse de la lumière par l'apparition d'un satellite de Jupiter. Dernière leçon de la nymphe de la lumière.

Cependant **Hesper**, frère d'**Atlas**, se présente aux **Symphytes** : il leur propose de se rendre, et de consacrer la divinité de sa famille fabuleuse. Noble réponse d'**Hypérandre**, affermi contre les prestiges de la théogonie mythologique par les vérités universelles. La trêve se rompt, et l'on se prépare aux combats. Le guerrier **Mégathyme** vient chez **Hypérandre** solliciter **Kallémète** d'envoyer son fils dans les rangs des défenseurs de la patrie : il avait amené sur ses pas **Célie**, sa fille unique, aimée de **Néon** dès l'enfance : les deux pères consacrent les accords du mariage des deux jeunes gens, qu'ils promettent d'unir l'un à l'autre au retour de la bataille qui s'apprête. Cette espérance enhardit le jeune homme, et rassure sa mère éplorée.

Bione, déesse de la vie, préside au serment de l'hymen projeté. Néon s'arme et part avec son père.

Mégathyme, irrité contre les Atlantes, chercha contre eux le secours des feux célestes : il invoque Electrone, divinité de la foudre. Celle-ci charge son époux Pyrotone, dieu du feu fulminant, d'aller dans les demeures de Syngénie, qui préside aux affinités, emprunter à cette déesse un tonnerre maniable. Pyrotone s'empresse et conduit le guerrier chez Syngénie, qui lui remet, à la recommandation d'Électrone, les principes des détonations, et qui, lui forgeant des armes, fait sortir de ses moules souterrains des monstres de métal prêts à vomir la flamme et la mort. Mégathyme quitte la déité, et entraîne en partant sa redoutable escorte.

L'ATLANTIADE,

OU

LA THÉOGONIE NEWTONIENNE.

CHANT TROISIÈME.

Hunc igitur terrorem animi tenebrasque necesse est,
Non radii solis, neque lucida tela diei
Discutiant, sed naturæ species ratioque.

Muse ! qui vis des cieux la clarté réfléchie
Dévoiler Pyrophyse et sa sœur Lampélie,
Chante ces déités exposant toutes deux
Leur corps ceint de rayons brûlans et lumineux.
Néon est ébloui de leur double présence :
Et d'elle et de sa sœur lui révélant l'essence,
Lampelie aussitot frappa de ce discours
Le disciple éclairé par le flambeau des jours.

« Homme ignorant encore, et dont l'impatience
« Poursuit au firmament le vol de la science,
« Sais-tu comment ta vue, atteignant aussi loin,
« Du spectacle des cieux t'a rendu le témoin ?
« Tu vois ; et la lumière, à tes yeux parvenue,
« De ton esprit obscur n'est pas même connue !

« Tu vois, et sans songer comment de toutes parts
« Sa source intarissable arrive à tes regards !
« Et tu n'admires pas l'admirable artifice
« Qui du monde en ton œil peint le vaste édifice !
« Et tu n'es pas surpris que de lucides jets
« Colorant les contours des mobiles objets,
« Rassemblent au miroir, caché sous tes prunelles,
« De l'univers entier les images fidèles !
« La lumière partout charme les yeux épris :
« Le monde n'est qu'un prisme à son mouvant iris,
« Qui change des aspects la nuance imprévue
« D'autant qu'il la reflète ou l'absorbe à la vue,
« Qui peint de leur émail les fleurs, l'herbe et les fruits,
« Reluit au front des jours, scintille au front des nuits,
« Corps de qui dans les cieux la vitesse lancée
« Echappe à tout regard, et presque à la pensée.
    « Connais quelle je suis ; et de tous les tableaux
« Apprends que mes rayons sont les brillans pinceaux,
« Depuis l'astre enflammé d'où ma source commence,
« Jusqu'aux globes lointains fuyant dans l'ombre immense ».

    Elle dit ; et Néon, jeune fils d'un héros,
Charmé de son aspect, l'interroge en ces mots :
« Qu'es-tu, Divinité dont ma vue est éprise ?

    « —Lampélie est mon nom : ma sœur est Pyrophyse :
« Nous sortons du soleil ; et, sans trop nous quitter,
« A la fois toutes deux nous traversons l'éther.

    « — Daignez, reprend Néon, ô puissances fécondes,
« Qui dispensez les feux et les clartés aux mondes !

« Daignez à mes esprits, de science altérés,
« Dire par quels effets mes yeux sont éclairés,
« Et comment se transforme, au sein de la matière,
« La lumière en chaleur, la chaleur en lumière ».

Il parlait ; et non loin, rayonnant sans couleur,
Pyrophyse aussitôt, nymphe de la chaleur, [1]
Ajoutant aux leçons de sa sœur Lampélie,
Lui vint dire quel nœud l'une à l'autre les lie.

« Reconnais la chaleur, dont les rayons secrets
« Partout de la lumière accompagnent les traits :
« Sans moi, par intervalle, elle se rend visible ;
« Sans elle, plus souvent, moi, je me rends sensible.
« Je consume les corps par des rayons obscurs :
« Elle, sans échauffer, éclate en rayons purs :
« Et la désunion de notre double essence
« De deux êtres en nous distingue la présence. [2]
« Mais quand un seul foyer joint nos faisceaux épars,
« Une brillante ardeur éblouit les regards ;

---

[1] L'émission de la lumière est accompagnée du calorique, qui, comme elle, rayonne et se réfléchit sur les surfaces polies. Je n'admets que ce soit deux fluides différens que comme une hypothèse reçue, mais très-problématique.

[2] On croyait qu'un verre transmettait les rayons lumineux que lui envoyait un corps enflammé réfléchi entre deux miroirs métalliques, et interceptait les rayons calorifiques, qui n'échauffaient d'abord qu'au-delà du contour du verre. On induisait de cela l'existence de deux fluides ; mais il est reconnu que le verre laisse aussi passer les rayons du calorique.

« Et d'instans en instans notre force agrandie
« Brûlerait l'univers par un vaste incendie,
« Si le divin moteur nous laissait à la fois,
« En mêlant tous nos traits, épuiser nos carquois.

« Mais tu prétends savoir d'où naît dans la matière
« D'une chaleur sans flamme une ardente lumière :
« Sache qu'en se brûlant les corps, plus agités
« Par l'amas de mes traits sur eux précipités,
« Se remplissent d'un feu dont l'excès s'y déploie ;
« La lumière s'y presse et leur sein la renvoie ;
« Et ses rayons, sortis plus prompts et plus nombreux,
« Joignent, en s'échappant, leur éclat à mes feux, [1]
« Ainsi, par la chaleur suivie ou devancée,
« On voit de toutes parts la lumière lancée ».

Néon charmé l'écoute ; et, honteux d'ignorer
Comment tous les objets se peuvent colorer,
Si les corps ont en eux leurs nuances empreintes,
Ou si des feux du jour leurs surfaces sont peintes,
Il interroge encor les filles du Soleil.

« Va, lui dit Lampélie au front pur et vermeil,
« Va dans un antre obscur méditer ce mystère ; [2]
« Détourne l'un des traits dont je frappe la terre ;

---

[1] Le calorique lui seul, par son accumulation et par la vitesse accélérée de son émission, peut produire les effets lumineux, sans que la lumière et la chaleur résultent de deux fluides.

[2] Dans une chambre bien close, on ne laisse parvenir qu'un

« Et, maître de le suivre en ses inflexions,
« Tu verras les couleurs naître de mes rayons ».

Elle dit : à l'écart s'ouvre une grotte sombre,
Voûte d'épais rochers, séjour profond de l'ombre,
Souterraine prison dont il ferme le seuil :
Là, tout objet s'efface en un immense deuil ;
Cette obscure caverne est telle qu'une tombe ;
D'un seul point qui la perce un trait du jour y tombe :
Au regard de Néon, dans ces nocturnes lieux,
Apparaît du soleil le spectre radieux.
De l'astre pur des jours cette éclatante image
Termine le rayon qui traça son passage.
Le divin Métrogée, à Néon étonné,
Prête un cristal limpide en angles façonné :

« Arme-toi de ce prisme ; et dans sa transparence
« Vois, dit-il, se briser le rayon qui s'élance,
« Et manie avec moi le disque étincelant
« Sur le plan immobile au hasard s'envolant ».

Le disciple obéit ; et le cristal magique
Fait au spectre agrandi prendre une fuite oblique.

---

rayon du jour, qui peint sur le mur opposé à l'ouverture par
laquelle il entre une image colorée qu'on nomme *spectre solaire*.
Le prisme, en décomposant ce rayon, allonge l'image de haut
en bas, et la teint de sept couleurs primitives. De là suit la
théorie de l'arc-en-ciel.

De sept vives couleurs aussitôt décoré,
Ses pieds sont violets, et son front est pourpré : [1]
L'azur et l'émeraude, et l'opale et l'orange,
De leurs iris en cercle étalent chaque frange ;
Et, suivant qu'il se joue, et se rapproche ou fuit,
De plus ou moins d'éclat son vêtement reluit.
Sous l'atteinte du prisme, il bondit, vole, plonge ;
Indocile Protée, il décroît, il s'allonge,
Se renverse, et mouvant de sa tête à ses piés,
Ses nimbes, ses anneaux, ses croissans variés,
Au regard ébloui du feu qui les colore,
Par son agilité long-temps échappe encore.
Mais le prisme l'enchaîne, et le spectre brillant
À son vainqueur enfin répond en vacillant :

« O curieux mortel ! en vain à ta poursuite
« J'ai cru me dérober par ma rapide fuite.
« Eh bien ! de la lumière apprends donc les secrets.
    « Tout rayon est formé d'un faisceau de sept traits :
« Nulle couleur sans eux ne revêt nulle chose.
« Rejaillis à la fois, la blancheur s'en compose ;
« Séparés en tombant, leurs diverses lueurs
« Habillent chaque objet de leurs propres couleurs :
« Ensemble confondus, ils mêlent leur nuance,
« Et les corps sont noircis par leur entière absence.

---

[1] Une expérience d'Herschell a révélé que les rayons calorifiques accompagnent et surmontent les rayons rouges du spectre
solaire, et n'en accompagnent pas les rayons violets. Une re-
marque analogue a été faite ci-dessus au sujet des aigrettes
rouges et violettes des deux courans d'électricité.

« Mais chacun des sept jets , sorti d'un seul rayon ,

« D'un chemin écarté poursuit l'inclinaison ;

« Il y porte sa teinte ; et sa route prévue

« Ou plus près ou plus loin se détourne à la vue.

« Les différens objets , dans son passage atteints ,

« Non colorés sans lui , de sa couleur sont teints.

« Des élémens des corps la finesse cachée

« Ou repousse ou reçoit le trait qui l'a touchée.

« Sur un atome épais rayonne un rouge pur ;

« Et l'atome plus fin luit d'un céleste azur.

    « La pluie et la rosée en ses perles recelle

« Tous les angles brillans dont un prisme étincelle.

    « Vois d'un folâtre enfant le chalumeau gonfler

« En une bulle humide un léger globe d'air ; [1]

« Colorée un moment , sa transparente sphère ,

« Ouvrage de son souffle , est rivale du verre ;

« Et le nombre des jets s'y croisant tour à tour ,

« Nuance en tous ses points son mobile contour.

« L'univers tout entier reproduit ce miracle.

« L'arc pluvieux du ciel , magnifique spectacle ,

« De goutte en goutte au loin , par un effet pareil ,

« Renvoie en ses couleurs les rayons du soleil ,

« Et leur triple reflet , de nuage en nuage ,

« Couronne l'horizon , théâtre de l'orage.

« Ainsi l'aurore éclate humide de ses pleurs :

« Ainsi brille l'émail dont se parent les fleurs :

---

[1] Les bulles de savon varient de nuances suivant que leurs parois sont plus ou moins minces ; on y voit passer successivement toutes les couleurs prismatiques.

« Les prés et les forêts n'empruntent leur verdure
« Que des jets non transmis de la lumière pure.
« Chaque fil des rayons, en se réunissant,
« Blanchit aux yeux le lin, l'albâtre éblouissant.
« Chaque fil séparé sur l'onde au loin mobile
« Y passe en chaque flot comme en un prisme agile,
« De la vague anguleuse ouvre la profondeur,
« Et de feux colorés fait jaillir la splendeur.
« Le papillon, l'oiseau, dont l'aile et le plumage
« De cent traits mélangés réfléchit le passage,
« Doit son luxe au tissu mouvant et délié
« Où le fil des rayons en tous sens est plié.
    « Admire une autre loi qui leur est imposée :
« La face d'un cristal, ou bombante, ou creusée,
« Dilatant, resserrant leurs mobiles couleurs,
« Des objets et des lieux altère les grandeurs,
« Rend les cieux moins profonds, rend un atome immense,
« Et des deux infinis rapproche la distance,
« Corrigeant le regard trop long ou trop borné,
« Et changeant des aspects le point déterminé. [1]
    « Ces jeux de leurs reflets, prestiges si rapides,
« Répétés aux flambeaux en des miroirs limpides,
« Font, sous les hauts lambris, luire au sein des palais
« L'or et les diamans des rois et de leurs dais :
« Ote-leur la clarté, tout n'est que deuil et cendre.
« Mais ce luxe borné, qui craint de se répandre,

---

[1] Les verres concaves ou convexes changent la convergence ou
la divergence des rayons lumineux, et dans les lunettes, dis-
posent le point de vue convenablement à la structure des yeux
myopes ou presbytes.

« Qu'est-il près de l'éclat des spectacles divers
« Que prodigue un soleil , foyer de l'univers ,
« Qui remplit des torrens de ses clartés fécondes
« L'Océan , et la terre , et les derniers des mondes ? »

Telle fut la leçon du spectre lumineux.

Néon , étudiant ses innombrables jeux,
Ignore quel pouvoir dans sa prompte carrière
Près du toucher des corps écarte la lumière.
Le spectre interrogé ne lui répondait plus ;
Lorsque , lui dévoilant ses traits d'abord confus,
Prête à l'instruire encor, la nymphe Syngénie ,
Qui par d'intimes nœuds tient la matière unie ,
Que les doctes mortels nomment Affinité,
Révéla les secrets de sa divinité.

« Ecoute, et connois-moi : fille de Nomogène ,
« Sœur du grand Barythée et du grand Proballène ;
« Mes frères , seuls moteurs de toute impulsion ,
« Ne me surpassent point en constante action.
« Aux mains de Proballène , aux mains de Barythée ,
« Des mondes en deux sens la masse est emportée.
« Dans l'étendue immense agissent leurs ressorts :
« Moi , je n'agis qu'au sein et qu'au toucher des corps , [1]

---

[1] En supposant le diamètre de chaque molécule moindre que
celui de l'espace qui l'entoure , la loi de l'affinité se ramène à
celle de l'attraction , mais s'exerçant près du point de contact de
toutes les molécules des corps. De cette même force résulte
leur cohésion ou leur écartement, en raison des faces que ces
molécules se présentent entre elles. Leur sphere d'activité se
compose de distances inappréciables.

« Et borne à la distance où chaque point s'attache
« L'étroite sphère active où ma vertu se cache.

« Affermis ta raison : tâche de t'élever
« Jusqu'à ces vérités que je vais te prouver.
« Laisse au vulgaire aveugle, à sa débile enfance,
« Les langueurs de l'esprit que berce l'ignorance,
« Et parcours sans fatigue un aride sentier
« Qui plonge aux profondeurs de l'univers entier.

« Les corps, en s'unissant, modifiés sans cesse,
« Ont des pores dont l'œil ignore la finesse ;
« Vide, où leur moindre atome, aux approches d'un point,
« Repousse un autre atome, ou l'attire et s'y joint.
« Nul corps n'est si solide à ton œil qui s'abuse,
« Qu'un frottement, un choc, ou l'âge enfin ne l'use. [1]
« Vois se ronger le soc dans les sillons vieilli,
« Se polir les rochers d'où les eaux ont jailli,
« Se creuser le granit, et les marbres antiques,
« Sous les pieds des mortels assiégeant les portiques ;
« Et le temps, chez les rois, dévorer même encor
« Leurs barrières d'airain et leurs couronnes d'or.
« La rose du printemps, parure virginale,
« Remplit l'air d'alentour des parfums qu'elle exhale,
« Et des flots odorans versés de toutes parts
« Le nombre inépuisable échappe à tes regards.

---

[1] Lucrèce a développé en beaux vers comment les corps les plus durs ne s'usent qu'en perdant peu à peu les particules qui les forment. Les odeurs ne sont que de continuelles émanations de molécules imperceptibles qui affectent le nerf olfactif.

« Ces atomes, ravis aux choses peu durables,
« Se forment d'un amas de points impénétrables,
« Qui, simples, éternels, sont mus à tous momens,
« Et ces points sont des corps les plus fins élémens.
« Leur étroit intervalle, imperceptibles sphères,
« Où ma cohésion recèle ses mystères,
« Sert de route secrète aux atomes flottans,
« Dans les plus durs des corps passagers en tout temps.
« Ainsi l'éther léger, diaphane matière,
« A travers l'air et l'eau glisse avec la lumière;
« Et l'eau, l'air, à ton œil, corps eux-mêmes trompeurs,
« Naissent par le concours d'invisibles vapeurs. [1]
« Il n'est point de substance exempte de mélange :
« Un double ou triple hymen l'une en l'autre les change;
« Le lumineux fluide, actif à s'épancher,
« Au sein même des corps passe sans les toucher.

« Juge quelle est pourtant, ô merveille suprême!
« Du fil de ses rayons la petitesse extrême,
« Si, lancés en tous sens, dans leurs routes croisés,
« Ils ne s'arrêtent pas l'un à l'autre opposés,
« Et si leurs points distans gardent un libre espace
« Où, sans se détourner, leur rapidité passe.
« Cependant, au plus loin, quel concours de soleils,
« Que de mondes brillans à ta sphère pareils,

---

[1] Les gaz, ou corps aériformes, et les liquides agissent plus facilement dans les autres corps en raison de leur subtilité; et leur mélange, ou leur superposition, ou leur combinaison, font varier sans cesse l'aspect et les propriétés de ceux-ci.

« Que d'orbes de splendeur, de zônes radieuses,
« Traversent en leur vol les flèches lumineuses !
« O finesse infinie à l'esprit comme aux yeux
« Du fluide éclairant qui s'élance des cieux ! »
 Syngénie en ces mots parle au fils d'Hypérandre.
Il médite, surpris de ce qu'il vient d'entendre :
La nymphe en traits profonds laisse en lui se graver
Ce qu'un premier regard put lui faire observer :
Bientôt elle ajouta : « Dans l'antique matière,
« La chaleur me seconde, ainsi que la lumière :
« De ces divines sœurs la première en tous lieux
« Semble de l'univers l'agent impérieux.
« La chaleur circulante est le fluide immense
« Qui m'aide à transformer les corps par sa présence :
« Par elle tout se meut, sans elle rien ne vit ;
« Et vivre est un état qu'elle prête et ravit.
« Par le feu répandu, l'atmosphère qui vole
« Du pôle à l'équateur, de l'équateur au pôle,
« Enfante tous les vents qui, du sud jusqu'au nord,
« Des pressions de l'air balancent le ressort. [1]
« Partout le mouvement que la chaleur excite,
« Évapore, et dissout, et fixe, et précipite ;
« Du foyer du soleil, centre qui les conduit,
« Prodigue à tous les corps la force qui le fuit ;
« Et dans l'éther, s'ouvrant aux sphères vagabondes,
« La chaleur épandue est motrice des mondes.

-----

[1] L'air est un fluide pesant et élastique qui se resserre par la pression et par le froid, et qui se dilate dans le vide et par la chaleur.

« De la chaleur moi-même empruntant mon pouvoir,
« Qui se borne à des points que l'œil ne saurait voir,
« Je dois à Pyrophyse, autant qu'à Lampélie,
« Tous ces hymens secrets d'atomes que j'allie
« Entre peu d'élémens qui, changeant d'union,
« Éternisent le cours de la création ».

Ainsi parlait la nymphe : et l'élève s'assure
Que, pareille en tous lieux, la puissante nature,
Par les plus simples lois, sans principes nombreux,
Féconde l'univers aux torrens de ses feux,
Et qu'un même rapport d'attractions rivales,
Au moindre espace agit comme aux grands intervalles.

Lorsqu'au brillant zénith l'astre du jour reluit,
Le jeune homme, sortant de son obscur réduit,
Fut tout à coup frappé des traits de Lampélie :
Sa vue, à tant d'éclat d'abord trop éblouie,
S'éteignit dans ses yeux, qui rouverts par degrés,
Évitaient du midi les rayons éthérés :
Enfin d'un regard pur il revoit la déesse,
Qui s'explique en ces mots à sa docte jeunesse.

« O toi, qui veux des jours méditer le flambeau,
« Assez de mes rayons maniant un faisceau,
« Tu divisas ses jets et leur nuance pure,
« Revois-moi tout entière au sein de la nature :
« Et, plein de mes clartés, retire ton esprit
« D'un examen aride où ton œil se flétrit.
« Tout élément n'est rien, si la doctrine vaine
« A l'ordre du grand tout soudain ne le ramène ;

« Et la désunion des principes épars,

« Altérant leurs effets, abuse les regards.

« Toi donc, qui de mes traits as sondé le passage,

« Admire des rayons l'éclatant assemblage :

« Ma source de splendeur ne peut s'apercevoir,

« Et tes calculs sans fin bornent là leur pouvoir.

« Du plus profond abîme à la voûte étoilée,

« La nature aux humains semble à demi-voilée.

« Aux flambeaux du savoir sitôt évanouis

« Ne t'égare donc plus ; mais contemple et jouis.

« Regarde un océan de lumière féconde

« Qui de nappes d'azur couvre le sein du monde,

« Dont l'abondant éclat verse l'or dans les airs,

« Sous un mobile argent blanchit le dos des mers,

« Et des feux du rubis ou de la riche opale

« Couronne au loin des monts la face orientale,

« Aux vallons émaillés prodigue la couleur,

« Et répand en leurs flancs la vie et la chaleur.

« Mais quoi ! de ton esprit fixe l'inquiétude,

« Sur un moins vaste objet, digne de ton étude,

« Considère, non moins que mes traits radieux,

« L'instrument de ta vue, organe merveilleux,

« L'œil, qui de ton auteur est le sublime ouvrage,

« Sphère obscure et mobile où se peint chaque image.

« La blancheur d'un tissu transparent, fin et pur,

« Protége de l'iris ou l'ébène, ou l'azur,

« Teintes dont s'embellit la prunelle sensible :

« Une eau claire y reçoit chaque rayon flexible :

« La pupille qui s'ouvre est leur vivant canal :

« Et du milieu d'un corps, lentille de cristal,
« Ils vont peindre, à travers la liqueur diaphane,
« Sur un voile pourpré tapissant tout l'organe,
« Où l'objet renversé qu'un nerf porte au cerveau
« S'y redresse à l'instant par un effet nouveau :
« Car, en ta vision, mystère de la vie,
« Du trait qui part de l'œil la ligne poursuivie
« Revole droit au but, où des corps différens
« Tu saisis sans erreur les dehors apparens. ¹
« La rétine fidèle avertit la pensée,
« Qui sous chaque figure, ou mouvante, ou fixée,
« Discerne les contours, les grandeurs et les lieux,
« Rapports que le toucher règle encore à tes yeux.
  « Le tact est conducteur de la vue éblouie :
« Les sons marquent l'espace aperçu de l'ouie :
« L'éloignement d'un but révèle sa grandeur,
« Que le cerveau pensant juge en sa profondeur.
« Les sens de l'homme, ainsi rectifiés sans cesse,
« D'un avis mutuel empruntent leur justesse,
« Et la raison, instruite à leurs communs accords,
« Est le flambeau vital dont s'éclaire le corps.
  « C'est en elle, en ton ame, en son intelligence,
« Que toute impression des traits que le jour lance,
« Rappelle un souvenir, suscite un jugement,
« Qui, du sein de la terre au sein du firmament,

---

¹ On sent par cette description que je n'admets pas que l'objet, peint en sens inverse dans l'œil, soit vu renversé, puisque la vision ne s'effectue pas de l'objet à l'œil, mais de l'œil à l'objet sur le rayon qui la conduit.

« Compare les objets dont se montre la face
« Dans l'optique menteur du plus lointain espace ;
« Et ses illusions , naissant de toutes parts ,
« N'ont plus d'enchantemens qui trompent les regards.

« Admire donc quel soin a pris l'auteur suprème
« D'un globe si fragile et plein d'éclat extrème ,
« D'où s'échappe en éclairs le feu précipité
« Qu'allume le desir, l'amour, la volupté ;
« Miroir qui réfléchit la joie ou les alarmes ,
« Et qui s'embellit même en se voilant de larmes !
« Ah ! faut-il que parfois un organe si doux,
« Terrible , ait à lancer tous les traits du courroux !
« Les sourcilleux chagrins , la haine meurtrière ,
« Y peignent les transports de l'ame humaine entière.
« Bravant l'œil du méchant , l'œil du juste irrité
« Menace , atteint , foudroie ; et sa prompte clarté ,
« Perçant des fronts menteurs l'hypocrite nuage ,
« Voit aux cœurs les plus noirs leur plus secret orage.

« Quelle savante main put donc former cet œil ?
« Celle qui , du savoir confondant tout l'orgueil ,
« Donna la vie aux sens , la vie , essence pure ,
« Qui plus que mes rayons anime la nature !
« D'un Dieu , ton créateur , l'évidence y reluit ,
« Et mieux que le soleil son flambeau te conduit.
« Ne crois pas néanmoins lever jamais les voiles
« Où je semai les feux d'innombrables étoiles :
« Des bornes de la terre un trait soudain chassé
« En des cieux infinis fuirait toujours lancé.
« Qu'importe donc le rang où le destin te place ?

« Sur toi, sous toi, partout, s'étend le même espace :
« Et la lumière ainsi, du haut des vastes cieux,
« Frappe encor ta raison en éclairant tes yeux ».

En achevant ces mots, la vive Lampélie
De sa source brillante et partout rejaillie
Déploie aux yeux charmés l'écoulement si pur :
Tantôt, en un beau lac plein du céleste azur,
Se renversent les bras, les têtes ondoyantes,
Des hauts arbres voisins des plages verdoyantes ;
Tandis que, vers ses bords, son lit et ses poissons
Semblent se soulever sur les flottans rayons :
Tantôt vers les confins des liquides abîmes
Les îles s'exhaussant planent comme des cimes ;
Et d'un vaisseau qui fuit sous le niveau des mers
Le mirage éloigné peint le vol dans les airs. [1]
Là, sous un bois touffu, séjour de paix et d'ombre,
Qui paraît de l'amour le sanctuaire sombre,
Un trait de Lampélie, en de tendres berceaux,
Emaille un frais gazon, colore un nid d'oiseaux,
Fait briller sur des fleurs un papillon qu'il dore,
Ou du ver lumineux reluire le phosphore. [2]
Rival du crépuscule, un jour plein de douceur
Ouvre un bocage, et glisse en sa verte épaisseur.
Ici, l'ardent soleil, sur une chaude arène,
Embrase les regards éblouis dans la plaine ;

---

[1] Ces divers effets se produisent par les réfractions différentes
que subit la lumière dans les milieux différens qu'elle traverse.
On a donné au dernier phénomène que je décris le nom de mirage.
[2] Le ver luisant.

Et des hautes cités les murs étincelans
Réfléchissent du ciel les feux les plus brûlans.

Lampélie, en marchant, force l'ombre hâtive,
Qui marque sur le sol sa trace fugitive,
A compter les instans, ailés et prompts vautours,
En leur vol passager dévorant tous nos jours. [1]
Elle aide à comparer, sous les nocturnes voiles,
Le mouvement du globe aux écarts des étoiles,
Dont l'apparence errante atteste, au haut des cieux,
Les pas que font la terre et les jets radieux.

Ce spectacle éblouit l'œil du fils d'Hypérandre :
Mais Pyrophyse encor sut lui faire comprendre
Que des traits du soleil, tombés pareils entre eux,
Les foyers sous un verre unissaient tous leurs feux. [2]
A leur secours depuis, seul rempart de son île,
Un docte géomètre a défendu sa ville.
Fuyant la cour des rois, ses superbes parens,
Livrant à leurs mépris son dédain pour les rangs,
Oubliant sous son toit un peuple qui l'oublie,
Il cultive à l'écart la science anoblie :
Mais, ô trouble ! quels chocs de navires armés….!
Les ports autour de lui, les murs sont enflammés :
Syracuse assiégée est sans force et sans aide ;
Elle tremble : non, non, l'invincible Archimède

---

[1] Le gnomon, le cadran solaire.

[2] Les rayons parallèles de la lumière, en passant au travers d'une lentille, ou en se réfléchissant sur un miroir concave elliptique, se concentrent à une certaine distance en un point qu'on nomme foyer, capable de fondre les corps combustibles.

La transforme en géant, en monstre à mille bras ;
Et l'armant de miroirs qu'a voûtés son compas,
Des rayons dirigés sur les flottes en poudre
Rassemble les foyers plus brûlans que la foudre.
C'est ainsi que, dit-on, aux dieux vengeurs pareil,
Puisant des traits de flamme au carquois du soleil,
Il frappa l'assiégeant de sa ville enhardie
Par la fatale ardeur d'un magique incendie.
    Néon, qui devança ce héros du savoir,
Déjà sait des rayons concentrer le pouvoir ;
Et du vieux Métrogée, explorateur du monde,
Ainsi lui parle enfin la science profonde :

    « Laisse à l'erreur barbare, à l'ignorant orgueil,
« Dédaigner les clartés que recherche notre œil.
« Ne croit pas que l'étude en un souci frivole
« Consume tes loisirs et le temps qui s'envole.
« Aux régions des cieux il faut savoir planer,
« Pour connaître la sphère où tu dois cheminer :
« Ces contemplations, au vulgaire inconnues,
« N'égarent point l'esprit sur les hauteurs des nues,
« Mais le font, tel qu'un roi de la terre et des eaux,
« Descendre en conducteur des arts et des vaisseaux.
« Jaloux d'ôter son voile à la nature entière,
« Consulte donc partout la divine lumière.
    « C'est elle dont l'aspect, à mes yeux parvenu,
« Me décela le monde, avant elle inconnu.
« Quel pouvoir eut jamais, sans l'éclat de sa trace,
« Découvert l'un par l'autre et le temps et l'espace ?
« De ce récit, Néon, recueille un dernier fruit.

« Avant que Lampélie eût repoussé la Nuit,
« Les trésors du chaos dormaient dans l'ombre immense:
« Nul mouvement au corps, nul terme à la distance,
« N'aidait à mesurer les ténèbres sans fin
« Du monde enseveli cachant son noir destin.
« Fils de l'éternité, le Temps ne put paraître;
« Enfant de l'infini, l'Espace ne put naître
« Qu'à l'éclat imprévu qui jaillit au moment
« Où Théose imprima le premier mouvement.
« La Lumière, à sa voix, sortit éblouissante;
« Tout resplendit par elle; et la Nuit pâlissante,
« Reculant aux rayons qui percèrent son deuil,
« Leur céda l'univers qu'usurpait son orgueil.
  « D'abord l'antique Nuit fuyante, et détrônée,
« Se crut de là les cieux à jamais confinée:
« Lampélie éclaira tout l'Olympe enchanté:
« L'Espace alors naquit; le Temps fut enfanté:[1]
« De leurs jeux différens apparut le spectacle,
« Et des créations s'expliqua le miracle.

  « —Ah! s'écria la Nuit, ces êtres fraternels,
« Sous mes voiles obscurs que je crus éternels,
« N'ai-je pas avec soin préparé leur naissance?
« Ne puis-je donc aussi jouir de leur présence?
« La lumière partout me va-t-elle investir?
« Grand Dieu, qui me créas, veux-tu m'anéantir?

---

[1] Sans la lumière, nous ne connaîtrions point l'espace; sans lui point de temps, puisque l'un se mesure par l'autre, et réciproquement.

« Elle dit ; et Théose écoutant sa prière ,
« Partagea l'étendue entre elle et la Lumière.
« Elle obtint que le Temps , ministre de ses lois ,
« Sur la moitié du monde en étendrait les droits ,
« Que l'Espace , aux instans de ses retours funèbres ,
« Dépouillant la splendeur se ceindrait de ténèbres.
« Lampélie et la Nuit reçurent ces décrets.
« Contraintes tour à tour à se cacher leurs traits ,
« L'une toujours fuit l'autre ; et la lumière et l'ombre
« De leurs pas comparés m'ont révélé le nombre.
    « Cependant Hélion , père de la clarté ,
« Pour consoler le Temps et l'Espace attristé ,
« Sous le dais de la Nuit veut qu'une sphère brille :
« Vers elle avec mystère il envoya sa fille
« Au doux front de Ménie attacher un bandeau ,
« Diadème argenté , reflet de son flambeau.
« Rendant grace au soleil de sa lueur récente ,
« La Lune maria la Lumière innocente
« Au Temps , dieu fugitif ; et leurs nombreux enfans
« Sont les Heures , les Jours , les Saisons et les Ans ,
« Dont le cercle égayé dansant avec les Ages ,
« Fait sourire , en passant , ses deux sombres visages.
« La Nuit même a dès-lors de feux étincelé :
« L'hymen de Lampélie et du vieillard ailé
« Fut consacré , dit-on , par ce concours d'étoiles
« Qui sema de points d'or tous les célestes voiles.
    « Reçois , pour les mieux voir , ce tube , œuvre de l'art,
« Sous un double cristal prolongeant le regard ». [1]

____

[1] Le télescope.

Il dit , et le remet à N'on qui l'écoute :
Son œil alors du ciel voit s'abaisser la voûte,
Atteint au dernier astre où s'affaiblit le jour,
Des constellations traverse le séjour,
Touche aux bornes des cieux où d'autres cieux s'étendent,
Et franchit leur abîme où sans fin se répandent
Ces étoiles, soleils qui dans l'éloignement
Cachent leur multitude à son ravissement,
Et qui, fixes au haut d'un ciel inaccessible,
Concentrent en un point leur orbite insensible.
Leur nébuleux amas, leur nombre illimité,
Epouvante Néon devant l'immensité :
Il rejette, éperdu , le cristal qui l'éclaire,
Et retombe accusant son regard téméraire.
　　Mais où de l'infini se pourra-il sauver ?
En lui, dans l'air, dans l'onde il va le retrouver...
Oui, sous d'autres cristaux déjà s'accroît sa vue :[1]
Aussitôt de serpens une foule imprévue
Féconde devant lui la poussière et les eaux :
Il transforme en dragons de subtils vermisseaux.
Là, nage en des liqueurs leur nation entière,
Atomes animés, grossis par la lumière.
Les bulles des vapeurs, les moindres grains poudreux,
Sont des globes peuplés de ces monstres nombreux :
Tout point recèle un monde ; et des perles liquides
Sont autant d'océans pleins de races avides,
Êtres doués de cœurs, de tubes intestins,
Qui semblent de la vie habiter les confins,

---

[1] Le microscope.

Et sous qui la lumière au regard fait éclore
D'autres êtres moins vus , familles qu'on ignore. [1]

« Recule , se dit-il ; où m'osé-je engager ?
« En quel autre univers mon œil va-t-il plonger ?
« Recule ! de tes sens la limite est passée :
« L'œil du corps te suffit ; crains l'œil de ta pensée,
« Dont la vue inquiète égarerait tes pas
« En un vaste horizon que tu n'atteindrais pas.
« Atome submergé dans ces flots d'existence
« Qu'es-tu toi-même au sein d'un double monde immense ?
« Là, s'ouvre l'infini des insectes vivans ;
« Là, s'étend l'infini des colosses mouvans :
« Les viscères, l'instinct de la mouche subtile ,
« Te sont-ils moins cachés que le dernier reptile ?
« Les organes humains, leurs fibres, leurs tissus ,
« En leurs plus fins rameaux sont-ils mieux aperçus ?
« Tes entrailles, ton cœur, et le sang qui t'anime ,
« Ton cerveau pour toi-même est encore un abîme.
« La lumière à tes yeux s'éteindra pour toujours.....
« Elle te luit, profite; apprends par ses secours
« A reconnaître un Dieu dont l'essence ignorée
« A voilé de splendeur son être et sa durée ».

Ainsi Néon se parle ; et ce jeune mortel
Sut voir du Créateur l'édifice éternel.

---

[1] Consultez les observations profondes de Réaumur et de
Spallanzani sur les animalcules.

L'étude affermissait son ame heureuse et libre:
Il se confie au dieu qui régla l'équilibre:
La nature l'enchante; il l'admire en tous lieux.
Quel palais sous le ciel n'est étroit à ses yeux?
Quels dômes, quels lambris, quel faste de peinture
Sont plus majestueux que ces arcs de verdure,
Que ces troncs des hauts pins en colonnes formés,
Èt que des grands vallons les tableaux animés?
Quoi de plus beau que l'onde où se mire l'aurore?
Quel prélude ne cède à la voix plus sonore
De l'oiseau dont la nuit semble écouter le chant?
Quel luxe effacerait la pourpre du couchant?
Son ame est en tous lieux émue, intéressée:
Le front d'or d'un insecte éblouit sa pensée;
Et des instincts divers méditant la leçon,
Leurs merveilles sans nombre étonnent sa raison.

Déjà s'étendait l'ombre; et sur l'île obscurcie
Pyrophyse était prête à quitter Lampélie:
Cependant cette sœur, vers l'occident encor,
Près d'elle sur son char, tenait son carquois d'or:
Mais, lui dit Pyrophyse : « Adieu ! je me retire.
« La nuit aux vents glacés rend le céleste empire.
« Sur un autre hémisphère Hélion m'appelant
« Veut que sur ses degrés monte ton char volant :
« Ma sœur, je t'abandonne en ces froides demeures;
« Séparons-nous : revèts le deuil des sombres heures;
« Dépouille tes saphirs et ton riche appareil,
« Et laisse-moi ton char plein des feux du soleil ». [1]

---

[1] Le départ de la chaleur au coucher du soleil, et la lumière.

Elle part à ces mots; et soudain l'atmosphère,
Se comprimant partout, s'abaisse et se resserre :
L'air, inconstant milieu, brise sur l'horizon [1]
Les traits du jour changés en leur inclinaison :
La chaleur, par sa fuite, altère en leurs nuances
Les reflets des rayons perdant ses influences;
L'opacité des corps, par elle variant,
Courbe les jets du prisme en leur sein se ployant :
Dans son trajet réglé, Lampélie elle-même
Se détourne, et voilant l'or de son diadème,
Cède à l'heure qui vient son lustre, ses rubis,
Et tous les diamans dont brillaient ses habits :
Sa robe ne retient de sa splendeur céleste
Que la perle et l'argent, pâle éclat qui lui reste;
Et ses traits retirés au fond de son carquois
Laissent l'antique Nuit noircir l'air et les bois.

« O Lune! amour des cieux! cria-t-elle à Ménie;
« Assieds-moi sur ta sphère : et l'une à l'autre unie,
« D'un reste de lueurs éclairons ce grand deuil,
« Sous qui tout l'univers semble un vaste cercueil ».

Elle dit; et près d'elle aussitôt elle monte.
Mais de son triste exil se rappelant la honte,

---

reflétée dans la nuit, sans que le calorique soit sensible, présentent une juste allégorie du problème des deux fluides qui semblent agir parfois séparément.

[1] Par la loi de la réfraction, les rayons se brisent et se projettent autrement dans l'air que dans l'eau, dans les gaz et dans les corps solides et diaphanes : ils suivent toutes les variations que la chaleur fait éprouver aux distances des molécules des corps entre elles.

La formidable Nuit, jalouse des clartés,[1]
Étend un crêpe affreux sur ces divinités.
En nuages pesans s'avancent autour d'elles
Les vapeurs d'un orage amassé dans ses ailes:
Pyrophise trop loin ne put les dissiper:
Et l'horreur de la nuit vint tout envelopper;
Tout semblait replongé dans la noire étendue
Où son ombre éternelle autrefois descendue
Régnait sur le chaos, et des astres absens
N'avait pas encor fui les chars resplendissans.

Néon errait au loin; l'ombre accourt le surprendre:
Écarté de son toit, il ne peut plus s'y rendre:
De Pyrophise alors cherchant les dards fumans,
Il n'y saurait du feu trouver les alimens.
Dans l'espace effacé nul objet n'est visible:
Le monde sans flambeau n'est qu'un néant terrible.
O Nuit! comment Néon aurait-il évité
Ton souffle sépulcral, ta noire humidité?

Il s'égare, et son sort alarme Lampélie:
La lune encor sous l'ombre était ensevelie;
Mais d'un lointain nuage un rayon s'élançant
Peint son disque dans l'onde en s'y réfléchissant.[1]
Simulacre mouvant de la tendre Ménie,
Le fantôme argenté perçant l'ombre infinie,

---

[1] L'image de la lune dans l'eau me sert à expliquer la théorie
du miroir par un phénomène naturel, et lui-même tout poétique.

Soudain guide Néon, averti du secours
De la divinité, mère auguste des jours.

« Image de la lune! ô lueur conductrice!
« Combien, s'écria-t-il, tu m'es ici propice!
« Ce doux astre flottant, qui dans l'onde sourit,
« En dirigeant mes pas, éclaire mon esprit.
« Si des points radieux la lumière envoyée
« Sur les corps à l'instant n'était pas reployée,
« Tout objet sans image, et privé de miroir,
« N'aurait pu hors de lui se saisir et se voir. [1]
« L'homme, sans se connaître, aveugle et triste ouvrage,
« Eût ignoré les traits de son propre visage :
« Mais rejaillis dans l'air aux surfaces des corps,
« Les rayons réfléchis en marquent les dehors,
« Sur tous les plans unis en peignent la figure,
« Et dans l'œil qui les juge en doublent la peinture.
« Grace te soit rendue, ô toi, dont les humains
« Reçoivent les clartés qui tracent leurs chemins! »
Il dit : et son péril profite à sa pensée.

Mais Borée aussitôt d'une haleine glacée
De la nuit qui frissonne ouvre le vêtement :
Mille astres ont paru, splendeur du firmament,
Spectacle immense et beau, plus grand que le jour même.
Néon avait pensé que, de son point suprême,

---

[1] Le rayon d'un point radieux se réfléchit à l'œil sur la surface
des corps polis, en formant un angle de réflexion égal à celui
d'incidence. L'œil voit l'objet dans la direction du rayon réfléchi
qui le frappe.

L'éclat de la lumière était soudain reçu :
La déité combat l'erreur qui l'a déçu.

    « Ma lumière aux regards n'est pas soudain présente :
« Son apparition suit un moment d'attente :
« De son passage prompt, inaperçu des yeux,
« Les instans par l'esprit sont comptés dans les cieux ».
    Elle parlait : la Nuit en un long cône d'ombre
Plongeait de Jupiter un satellite sombre ;
La lumière le quitte, et, le laissant glisser
Derrière l'astre épais qui vient de l'éclipser,
Retourne sous la voûte où brillent les étoiles
Ressaisir le globule au sortir de ses voiles ;
Elle l'atteint, déjà le dispute à la Nuit,
L'éclaire, et redescend vers Néon qu'elle instruit. [1]

    « Depuis que de si haut vers toi mon vol s'élance,
« Seize degrés d'une heure ont marqué mon absence ;
« Dit-elle ; et ma clarté reparue ici bas
« En son émission te révèle mes pas.
« J'ai relui de ce point d'où je suis descendue
« Avant qu'à ton regard je fusse encor rendue.
« Calcule à mon retour, en comptant mes retards,
« Le peu de temps prescrit au trajet de mes dards.

---

[1] Les occultations des satellites de Jupiter, et les temps calculés de leur retour à la clarté, ont prouvé que la lumière n'en arrivait à l'œil que seize minutes après leur sortie de l'ombre, lorsque le soleil est entre la terre et le satellite observé. L'espace parcouru en ce peu de temps par la lumière est de plus de 66,000,000 de lieues.

« Mais, ô rapidité de ce vol qui m'entraîne !
« Du soleil à tes yeux que bientôt il m'amène !
« Eh ! que d'astres au loin, par-delà Sirius,
« Ont lui pourtant un siècle avant qu'on les ait vus !
« Au-dessus d'eux peut-être éclatent des étoiles
« Qui de tes nuits encor n'ont pas percé les voiles :
« Leurs feux, dans tout le cours des âges observés,
« Peut-être encore à toi ne sont pas arrivés :
« Juge, par ma vitesse et leur distance extrême,
« L'immensité du monde, œuvre d'un dieu suprême,
« Si, nés au premier jour de la création,
« Ils n'ont pu te toucher de leur premier rayon !
    « Cependant, épuisés de leur clarté dernière,
« D'autres, évanouis en leur longue carrière,
« Te frappant de l'éclat qu'ils lançaient autrefois,
« Dès long-temps ne sont plus aux lieux où tu les vois. ¹
« Tel un nocher qui meurt, trop lointaine victime,
« Quand son cri te parvient, est perdu dans l'abîme ».

    Elle dit ; et ce fut la dernière leçon
De la fille du ciel révélée à Néon.
    Tel que du sein de l'ombre et de la solitude,
Le philosophe, épris d'une tranquille étude,
Prévoit, en méditant l'origine des lois,
Les splendeurs des États et les foudres des rois ;

---

¹ Cette considération sublime est indiquée dans les lettres
d'Euler : évidente preuve que les spéculations des sciences four-
nissent à l'imagination des moyens plus grands que tous ceux
qu'elle pourrait se créer.

Tel Néon, au milieu d'un ténébreux silence,
Du fond des élémens, source de toute essence,
Remonte vers le cours des plus grands mouvemens,
Suit le feu, la lumière, et leurs embrasemens,
Des volcans sulfureux voit les bases secrètes,
Et pèse les soleils enflammant les comètes :
Mais en ces profondeurs qu'il vient de traverser,
Rien ne l'étonne autant que le don de penser.

Dans l'île cependant, sur la foi de la trêve,
Le jeune Hesper, à l'heure où son astre se lève,
Sous les murs du Symphyte expose avec fierté
Ses attributs de gloire et d'immortalité.
Son char ouvre en courant la foule curieuse
Qu'attire l'appareil de sa suite orgueilleuse :
Il s'arrête au milieu d'un nombre d'habitans :
En cercle autour de lui se pressent tous les rangs.
A dompter les chevaux dix Numides habiles [1]
Devancèrent son vol en centaures agiles :
Leur zèle précurseur l'annonçant en tout lieu,
On vient prêter l'oreille à la voix du faux dieu ;
Et l'espoir de la paix séduisant Hypérandre,
Lui-même à l'écouter l'invite à condescendre.

Mais du haut de son char, que surmonte un flambeau,
En ces mots parle Hesper, ceint d'un divin bandeau.

« Hommes encor sans dieux, dont la vieille Cybèle
« Cachait la nation aveuglément rebelle,
« Aux lieux où de Neptune et des Tritons marins

---

[1] Je désigne sous les noms de Numides et d'Ibéres les habi-
tnas de l'Afrique et de l'Espagne, quoique ces peuples soient
postérieurs à l'époque imaginaire de l'Atlantiade.

« Sont les derniers palais du Tartare voisins ! [1]

« Si Phébus, chaque jour, en son char de lumière,

« Par-delà vos confins prolonge sa carrière,

« Et vers un occident à l'Europe voilé,

« N'entre au sein de Téthys qu'en un lit reculé ;

« Ce dieu, que dans le ciel je suis ou je devance,

« Me découvrit votre île ; et, sous mon influence

« Veut à mon frère Atlas assujettir ses bords.

« Atlas, déjà vainqueur, commande dans vos ports :

« Et de ses zélateurs les dernières alarmes

« N'altèrent point son titre appuyé par les armes.

« Déjà ses messagers ont au loin à vingt rois

« Révélé cette plage où se fondent nos droits :

« Déjà votre île Eugée, où sa force réside,

« Est du nom de mon frère appelée Atlantide : [2]

« Ainsi, quand autrefois, en nos débats jaloux,

« Astrée eut partagé l'univers entre nous,

« Mes peuples dans l'exil, cherchant une patrie,

« Étendirent mon nom sur la double Hespérie :

« Elle fut ma conquête ; et ma sérénité

« Y fit germer les biens de la fécondité.

« J'y semai ces beaux fruits qu'en mon jardin céleste

« Put seul ravir Hercule, aux monstres si funeste,

« Qui de son pied vainqueur foula le noir dragon

« Dont la gueule exhalait la flamme et le poison,

« Faible obstacle au larcin de ce héros suprême !

« Mais, tremblantes d'effroi, les Hespérides même

---

[1] Voyez la Théogonie d'Hésiode.

[2] Platon et Diodore de Sicile ont parlé de l'île Atlantide, et ce dernier particulièrement des Atlas.

« En portèrent leur plainte aux enfans d'Uranus,
« Et Pallas suscita la robe de Nessus.

   « Si mes filles en pleurs firent punir Alcide,
« Mortels! sachez nous craindre, et que ma voix vous guide.
« C'est Hesper qui vous parle ; et, sous des traits humains,
« Daignant vous accorder des auspices sereins,
« Je descends de l'Olympe où resplendit mon trône.
« Je jure, avec la paix, que Flore et que Pomone
« Couronneront cette île, et qu'à ses dons encor
« Vertumne ajoutera l'éclat de mes fruits d'or,
« Si votre nation, sous mon regard prospère,
« Brûle un encens pieux au grand Atlas, mon frère ».

   Il dit : mais tel qu'un flot promène sa rumeur,
Tel au loin un long rire insulte au dieu menteur.

   « Insensés ! reprit-il, qui, m'osant méconnaître,
« Raillez les dieux du monde, et Jupiter leur maître !
« Des Cyclopes hideux l'aveugle impiété
« N'égalait point la vôtre en sa brutalité.
« Ces monstres, dont le front n'eut qu'un seul œil horrible,
« Étaient mieux éclairés : Vulcain leur fut visible.
« Ah ! redoutez du ciel les divins habitans
« Dont le foudre irrité dévora les Titans.
« Leur vengeance, écrasant sous le poids des tempêtes
« Encelade aux vingt bras, et Mimas aux dix têtes,
« Enchaîne avec Typhon leurs rugissans efforts
« En des gouffres plus noirs que l'empire des morts. [1]

---

[1] Voyez la Théogonie d'Hésiode.

« Un jour, aux triples voix de l'aboyant Cerbère,
« Introduits sans retour chez Pluton en colère,
« Vous saurez, de Sisyphe, impie audacieux,
« Quels tourmens aux enfers vengent les rois des cieux ».

Il dit ; et de son cœur l'orgueilleuse furie
Est pour lui le vautour qui dévore Titye.

Mais Hypérandre apaise, en élevant sa main,
Du peuple murmurant l'ironique dédain.
Alors à son esprit la haute Psycholie
Rappelle l'univers et l'ordre qui le lie ;
Mais, invisible à tous, elle ne se fait voir
Qu'à ce sage éclairé par un profond savoir :
Comme en celui que frappe une double pensée,
L'une au-dehors de lui paraît intéressée,
Attentive aux discours répond à des témoins ;
L'autre, au-dedans de lui l'agitant d'autres soins,
Tandis qu'il semble froid, seule en secret l'enflamme,
Et mûrit un conseil dans le fond de son ame :
Telle au cœur du héros prodiguant ses clartés,
Psycholie est présente ; et ces mots sont dictés :

« Atome ! oses-tu dire, en commandant l'hommage,
« Que d'un être immortel un mortel est l'image,
« Et que, des traits humains à nos yeux revêtu,
« Des cieux pour nous instruire un astre est descendu ?
« La vérité dément votre fausse Uranie,
« Posant un ciel voûté sur la terre aplanie,

« Se formant un Olympe, où d'un palais vermeil
« Quatre fougueux coursiers entraînent le soleil,
« Qui des mers d'orient se lève après l'aurore,
« Et dans les flots au loin va se coucher encore.
« Où les yeux l'ont-ils vu cet époux matinal
« Rejoindre de Téthys le lit occidental ?
« Voguez, suivez le tour de l'orbe de la terre ;
« De degrés en degrés vous connaîtrez la sphère
« Que domine ce centre, astre éloigné de nous,
« Des mondes seul moteur, et seul fixe entre tous.

    « Voilà, voilà des jours le flambeau véritable
« Sur qui des mouvemens la course variable
« Roule, au gré des saisons dont se suivent les pas,
« Le globe tour à tour lui montrant ses climats.

    « Hesper, si tes splendeurs n'étaient pas des chimères,
« Au-dessus du soleil, tu saurais ces mystères :
« Ton mépris se rirait des luttes des géans,
« Peintures des combats de la terre et des vents.
« Existent-ils ces dieux dont les foudres brûlantes
« Ont percé de Typhon les cent gueules hurlantes,
« Et les multiples fronts de ces Titans affreux
« Qu'enferme sous le Styx un antre ténébreux ?
« Dans les flancs de la terre est-il un noir royaume
« Où puisse de Pluton nous glacer le fantôme ?
« Tes enfers n'y sont pas : mais l'horreur et le bruit
« Des sulfureux torrens, des mers et de la nuit.

    « Effraie un autre peuple à tes difformes songes :
« Va, pour nous la nature est vide de mensonges :
« Ses principes secrets, parlant à nos esprits,
« Sont les seuls demi-dieux annoncés à nos fils :

« Partout notre œil les cherche, et nos voix les appellent:
« A nos sens attentifs leurs forces se révèlent ;
« Mais des physiques lois ces agens merveilleux
« N'ont point à notre culte un droit mystérieux :
« Notre religion n'encense que Théose,
« Qui, dieu de tous nos dieux, universelle cause,
« Réglant l'ordre pompeux des constellations,
« Créa l'homme ébloui de ses créations ;
« Dieu par qui la vertu se sent récompensée,
« Dieu dont l'éternité plane dans la pensée.
  « Sous les lambris des murs nous n'osons resserrer
« Les traits de sa grandeur qu'on ne peut mesurer,
« Et de son infini, que notre ame contemple,
« L'édifice du monde est pour nous le seul temple.

  « Juge, dût un autel l'honorer en tout lieu,
« Si nul homme jamais peut nous sembler un dieu ».

  Il dit ; aux yeux d'Hesper la vengeance étincelle :
Sa voix jure au Symphyte une guerre cruelle ;
Il part ; et son flambeau, loin du peuple qu'il fuit,
Devant ses prompts coursiers fend l'ombre de la nuit.
Tel, s'évanouissant, un léger météore
Perce les sombres airs qu'en passant il colore.

  Sur l'astre d'Hélion renouvelant son tour,
Déjà dix fois le globe a rendu l'île au jour ;
Déjà l'errante nuit, sur ce triste hémisphère,
Dix fois a suspendu les travaux de la guerre.

Les camps rivaux hâtaient leurs efforts meurtriers :
L'approche des combats troublait tous les foyers.
De tous côtés Atlas menace la contrée :
Au loin même elle a vu sur la mer azurée
D'un renfort de vaisseaux s'élever les agrès ;
Mais ses chefs sont élus, et ses héros sont prêts :
Mégathyme en leurs rangs ne sait rien qui l'arrête ;
Hypérandre avec lui défira la tempête :
L'honneur a réclamé les enfans du pays,
Et lui-même à les suivre a dévoué son fils.

Contre une mère en pleurs le zélé Mégathyme,
En noble ami, soutient un père magnanime.
Tous deux ont de l'hymen chéri les douces lois :
D'une épouse, en ses bras expirée autrefois,
Mégathyme reçut une fille admirée,
Que de seize printemps les fleurs avaient parée ;
Vierge timide et pure, et de qui la beauté
S'accrut devant Néon dans l'ingénuité.
En des nœuds fraternels, leur chaste adolescence
Long-temps parut se plaire aux jeux de leur enfance ;
Mais l'âge à leur insçu les troublant tour à tour,
Ils évitaient ces jeux, préludes de l'amour ;
Et de leurs doux regards la flamme plus furtive
Agitait de leurs cœurs l'innocence pensive :
Néon d'un feu nouveau rougissait à ses yeux ;
Célie en le quittant rêvait à ses adieux.

Chez Hypérandre alors son père entre et l'amène :
Jetant sur lui des yeux où s'exprimait sa peine,
Kallémèle pressent qu'on lui vient demander
Un enfant qu'au pays son amour doit céder.

D'un trop fatal arrêt sa crainte est le présage.
Ainsi, de l'écliptique approchant le passage,
La lune, dont le front est près de s'obscurcir,
Sous l'orbe de la terre avant que de noircir,
Rougissant aux vapeurs de la pénombre épaisse,
Semble voiler ses traits d'une morne tristesse :
Tel, à l'abord d'un chef qui hâte son malheur,
Le front de Kallémète est sombre de douleur.

Déjà se sont revus et Néon et Célie ;
Déjà les a troublés le charme qui les lie :
Ce couple aimable et doux, muet d'enchantement,
Confond de ses regards le tendre empressement :
D'un amour qu'il ignore il palpite en silence.
Hypérandre attristé se tait en leur présence ;
Mais, à regret domptant sa profonde pitié,
De Mégathyme enfin parle ainsi l'amitié :
« Kallémète, je viens chercher en votre asile
« Un généreux exemple aux enfans de notre île.
« Associez un fils à nos vaillans travaux,
« Et qu'il soit un modèle à ses jeunes rivaux.
« Toi, Néon, à ta main je cède mon épée :
« Du noir sang des Atlas rapporte-la trempée.
« Il faut partir ». Il dit ; et, les yeux attendris,
Il ceint son propre fer au jeune homme surpris,
Qui, fier d'en être armé sous les yeux d'une amante,
Jure que d'un vil sang sa main sera fumante.

____

1 Pénombre, obscurcissement vague de la lumière à l'approche de l'ombre.

Célie, en s'inclinant, laisse tomber des pleurs :
Telle on voit la rosée, humectant mille fleurs,
En perles s'écouler dans le sein de l'aurore.
    Mais soudain répandant plus de larmes encore,
La mère de Néon fait entendre ces mots,
Qu'interrompent vingt fois et brisent les sanglots :

    « O mon fils ! mon époux ! en vos ames cruelles,
« Accusez donc tous deux mes plaintes maternelles !
« De votre affreux devoir malgré moi je frémis :
« Allez donc ! laissez-moi bientôt veuve et sans fils !
« Ne t'ai-je avec douleur porté dans mes entrailles
« Que pour voir, cher enfant, tes promptes funérailles ?
« Ton sexe te prescrit un honneur dangereux...
    « Mégathyme ! ô des lois organe rigoureux !
« Père favorisé, tu gardes une fille,
« Espoir de ta maison, trésor de ta famille ;
« Ses jours en tes foyers s'écouleront en paix...
« Que dis-je ? ah ! crains pour elle... ah ! plains-la si jamais
« La naissance d'un fils, réservé pour la guerre,
« L'accable comme moi du malheur d'être mère ».
Ainsi s'exhale en pleurs son désespoir profond.
Le noble Mégathyme en ces mots lui répond :

    « Pourquoi de l'avenir une image si noire ?
« A nos justes succès, Kallémète, osez croire.
« Faut-il vous confirmer mon espoir glorieux
« De vous rendre Néon bientôt victorieux ?
« Apprenez qu'à dessein devant vous amenée,
« Au fils de mon ami ma fille est destinée ;

« Scellons par leurs accords un pur et saint amour
« Qui présage à Néon son fortuné retour.
« Sensible Kallémète, et toi, digne Hypérandre,
« Soyez de nos enfans l'exemple auguste et tendre,
« Et qu'un jour de leur lit naisse encor un soldat
« Non moins prompt que son père à s'armer pour l'Etat ».

  Il dit ; et dans les cœurs son offre généreuse
Efface du départ l'image douloureuse.
Un long embrassement rapproche en de saints nœuds,
Deux amis, une mère, et leurs enfans heureux.
Hypérandre, qui lève une main paternelle,
Bénit du couple amant l'union solennelle :

  « Puissance de la vie ! ô toi, qui chaque jour
« Rajeunis la nature au flambeau de l'amour !
« Bione ! ô déité, qui, nous ayant fait naître,
« Transmets de fils en fils l'héritage de l'être,
« Et d'un cours éternel, à ton souffle animé,
« Repeuples l'univers sans cesse reformé !
« Ton pouvoir reproduit les races moissonnées,
« Et rien n'est immortel que par tes hyménées :
« Dans l'onde, au sein des airs, tout aime ; et tes ardeurs
« Enflamment dans les champs les amoureuses fleurs.
« Souris donc, et promets à ce couple qui s'aime
« Des fruits en qui long-temps je survive à moi-même.
« L'existence, qui fuit avec rapidité,
« Échappe à son néant par ta fécondité ».

  Il dit : et de nos sens la nymphe souveraine
Qui prodigue à l'amour le feu dont elle est pleine,

Des deux adolescens relève les attraits,
Allume l'incarnat qui colore leurs traits,
Et, voltigeant sur eux, sa flamme active et pure
Étincelle, et circule, en favorable augure.
    Les deux futurs époux, l'un vers l'autre penchés,
Sont d'un baiser timide à jamais attachés :
Célie, à ce garant des flammes nuptiales,
Sent rougir de son teint les roses virginales ;
Et Néon, transporté de troubles ravissans,
La tenant en ses bras amoureux et pressans,
Cède au torrent d'un feu de qui l'ardeur première
De ses yeux aveuglés égare la lumière.
Un serment a lié ce couple gracieux :
Leur joie est épanchée en pleurs délicieux :
Doux momens ! plaisirs purs ! enivrantes prémices
D'un hymen que l'amour flatte d'heureux auspices !
L'espérance adoucit leurs adieux consolés ;
Et leurs contentemens à leurs larmes mêlés
Achèvent d'émouvoir la famille attendrie
Du jeune défenseur qu'appelle sa patrie.

    Depuis le jour témoin de ses premiers sermens,
Le beau Néon, en proie à des feux consumans,
Au cirque, où des combats il fait l'apprentissage,
D'une amante en son cœur porte la vive image :
D'un desir inquiet l'aiguillon le poursuit :
Brûlant le jour pour elle, il la revoit la nuit :
Son ame se dévore à ses traits abusée :
Par des songes ardens sa couche est embrasée :
Tout effroi de la guerre est absent de son cœur,

Et du prix de sa gloire il presse la lenteur.

A l'ombre, loin de lui, sa maîtresse chérie,
Promenant une vague et tendre rêverie,
Soupire, et la langueur de ses pensers distraits
S'attache à l'avenir d'un amant plein d'attraits.
Riante jusqu'alors, sa jeunesse agitée
S'étonne des soucis dont elle est attristée :
Le seul nom de l'hymen, qu'elle ne connaît pas,
A troublé la pudeur de ses naissans appas.
Néon, jadis enfant, embrassait son enfance :
Leurs caresses sur eux n'avaient nulle puissance :
Un baiser de Néon, désormais son époux,
Fait courir en ses sens un feu subtil et doux.
De ses périls prochains elle palpite et tremble :
S'il meurt, elle mourra : leurs cœurs vivent ensemble.
Le départ d'un amant, ses armes, son danger,
Tout l'épouvante : elle ose à peine interroger,
Celui qui prépara le bonheur qu'elle espère,
Son père..... mais hélas ! que lui dirait son père ?

Plein du soin des combats, qu'il hâte en ce moment,
Partout à la vengeance il cherche un instrument.
Pour châtier Atlas, et voir ses camps en poudre,
Il voudrait que le ciel l'eût armé de sa foudre :
Les javelots, le glaive, à son gré sont trop lents
A punir d'un faux dieu les soldats insolens ;
Et contre eux Mégathyme invoque en sa colère
L'ardente déité qui produit le tonnerre.

« O rapide Électrone ! où donc nous caches-tu
« De ton fluide igné la subtile vertu ?

« En tout, partout présente, en tout, partout sensible, [1]
« Tu pénètres, tu ceins d'une force invisible
« Et la terre et le ciel tressaillant à tes coups :
« Quand l'air plein de vapeurs les amasse en courroux,
« Ton éclair fulminant déchaîne leurs orages : [2]
« C'est peu que d'allumer les foudres des nuages,
« Ta vive ardeur circule aux veines des métaux ;
« Tu t'enflammes au sein des tendres végétaux ;
« Tu meus chaque animal à ta prompte influence,
« Et peut-être qu'en nous la vie est ta puissance. [3]
« Protége donc nos jours qu'attaquent de faux dieux,
« Et prête le tonnerre à mon bras furieux ».

Il dit : la nymphe ignée, esprit impondérable,
Balançant dans les airs d'une aile variable
Son corps, qui, tout subtil, semble immatériel,
Électrone, au héros répond du haut du ciel :
« Reconnais l'équilibre à qui ma double essence
« A soumis les torrens de sa vive effluence.
« Partout où la chaleur, à ses termes divers, [4]
« En gaz incolorés dissout l'eau dans les airs,

---

[1] L'électricité, considérée comme un double fluide, est un corps qui ne peut se peser, mais dont le moindre frottement signale partout la présence dans les corps nommés bons conducteurs.

[2] Le tonnerre n'est que le prompt rétablissement de l'équilibre des deux courans électriques d'où résulte dégagement de calorique.

[3] Les expériences de Galvani, et surtout de Volta, ont fait penser que l'électricité et le fluide nerveux sont identiques.

[4] Théorie des orages.

« Sur ses deux élémens mon aigrette étincelle,

« Et l'onde qui se forme en orages ruisselle.

« Des principes disjoins la chaude expansion,

« Que resserre à l'instant leur liquide union,

« Ouvre un immense vide ; il se ferme ; et la terre

« Entend à ce grand choc l'affreux bruit du tonnerre.

   « Ainsi le nitre éclate ; ainsi dans mille corps

« De la combustion fulminent les discords.

« Mon carquois électrique, aux cieux que je sillonne,

« Arme un dieu, mon époux ; ce dieu, c'est Pyrotonne,

« Qui, né de Pyrophyse, avec bruit et clarté,

« Hâte de la chaleur le cours précipité :[1]

« Tantôt aériforme au sein de l'eau qui fume ;

« Tantôt, sous les volcans enflammant le bitume ;

« Et parfois s'exhalant en foudres, en éclairs,

« Qui lancent les métaux et les rocs dans les airs.

   « Sors, mon terrible époux, de la matière active ;

« Et dégage en tonnant ta pression captive.

« Viens servir d'un guerrier le belliqueux dessein ;

« Du fond des minéraux, en des prisons d'airain,

« Qu'il déchaîne ta foudre et qu'il en soit le maître :

« Prodigue à sa fureur le soufre et le salpêtre :

« Son œil verra ton vol le devancer au loin,

« Et des coups de la mort ne sera pas témoin.

« Va des affinités contraindre la déesse

« A forger son tonnerre ; et, non moins vengeresse,

« Moi-même des combats aidant le choc affreux,

« Je joindrai mes éclairs à tes traits sulfureux ».

---

[1] Pyrotonne, le calorique rendu libre en grande quantité.

Électrone a parlé : soudain vers Syngénie,
Qui des corps transformés change ou rompt l'harmonie,
Pyrotone s'élance ; et d'un pied fulminant
Au seuil de ses palais passe en les sillonnant.
Là , du monde abordant l'éternelle ouvrière,
Le dieu courbe sa tête étincelante et fière.

Syngénie , à l'écart , sur des lits de métaux
De ses liquides sels formait de durs cristaux ;
Ouvrage qu'elle achève en ses sombres demeures ,
Accompli dans le calme et par de lentes heures ;
Comme d'un noble esprit les fruits les plus parfaits
Sont mûris par le temps , le loisir et la paix :
Qu'ils soient troublés d'un choc, ses travaux s'interrompent.
Tels des cristaux nageans tous les accords se rompent.

« Dieu turbulent , dit-elle , en mes noirs arsenaux
« Qui t'amène ? Viens-tu chercher des traits nouveaux ?
« Assez , au haut des airs , de foudres envoyées
« Dissolvent les vapeurs par les vents déployées :
« Ne te suffit-il pas , pour calmer ton courroux ,
« De voir l'orage en pluie écoulé sous tes coups ?
« Jaloux de ressaisir tes flèches toujours prêtes ,
« Veux-tu renouveler l'aliment des tempêtes ?
« Dans l'air tumultueux n'aimes-tu qu'à lutter ?
« Et n'es-tu sous le ciel que pour l'épouvanter ?
« — Non , répliqua le dieu , murmurant de colère :
« Une loi , je le sais , régla mon ministère.
« Électrone , avec moi , sous mon dais nébuleux ,
« N'entrouvre l'épaisseur des brouillards orageux
« Que pour verser les flots dont l'utile abondance

« Des moissons et des fruits féconde l'espérance.
« Ainsi l'ordre établi, régnant sur l'univers,
« Limita le pouvoir de ses agens divers :
« Je sais mes attributs ; nos lois me sont connues,
« Et j'ai des traits assez pour épurer les nues.
« Mais Électrone ici, contre un indigne autel,
« D'un foudre égal au mien veut armer un mortel.
« Prête donc le tonnerre au fils de la nature,
« Et fais le triompher des dieux de l'imposture.
« Qu'il doive à ton pouvoir ce secours important :
« Mon épouse de toi le réclame et l'attend ».
    Il dit : et la déesse, éloignant Pyrotonne,
S'empresse d'obéir aux ordres d Électrone. [1]

    Déjà sa voix, au fond d'un antre ténébreux,
De ses travaux secrets atelier caverneux,
Appelle à ses labeurs le hardi Mégathyme.
    Il ravit le phosphore au creux d'un noir abîme,
Y joint un minéral, qu'elle eut soin de mêler
A l'acide marin imbu du feu de l'air ;
Infernal union, expansives poussières,
Prêtes à s'élancer en foudres meurtrières : [2]

---

[1] On reconnaît en cet épisode que les phénomènes observés
par les modernes ne se convertissent pas moins vivement en fictions que ceux qui furent représentés par les fables anciennes.
Syngénie obéit à Electrone en forgeant des armes à Mégathyme,
comme Vulcain obéit aux déesses qui lui font forger avec ses
cyclopes les armes de Mars, d'Achille et d'Enée.

[2] Poudre fulminante, composée de trois parties de muriate
suroxigéné de potasse, et d'une de phosphore.

Ailleurs, associant un esprit volatil
Au sel nitreux d'argent qu'a brûlé l'air subtil,
Syngénie en prépare une poudre rapide ;
Mais de qui s'en saisit dangereuse homicide. [1]
Mégathyme à l'écart recule épouvanté.
Au soufre, au charbon pur le salpêtre ajouté,
Mélange maniable, et du moins plus fidèle,
Du feu pour s'embraser attendra l'étincelle : [2]
Il choisit la vertu de ses grains foudroyans.

Des entrailles du globe ô dépôts effrayans !
Tandis que sa surface et tranquille, et riante,
Étale des gazons la robe verdoyante,
Et les nappes des eaux, et les sables dorés,
Et ce charme des yeux, l'émail fleuri des prés,
Syngénie en ses flancs cache, de gouffre en gouffre,
Le fossile calcaire et les esprits du soufre,
Qui, des feux souterrains rapides élémens,
Dilatant la tempête, en sont les alimens.
Combien, dans la nature, est soudain et terrible
L'élastique ressort d'une bulle invisible !

Bientôt, dans les creusets crépitant à grand bruit, [3]
Mêlé de calamine, un cuivre ardent reluit,
Bouillonne avec l'étain en rougissante écume,

---

[1] Autre poudre fulminante, composée d'oxide d'argent et d'ammoniaque.
[2] Composition ordinaire de la poudre à canon.
[3] Alliage de la fonte des pièces d'artillerie.

Et coule, d'un brasier que Pyrophyse allume,
En des canaux d'argile, où leurs corps refroidis,
En hydres, en dragons et fondus et roidis,
Sortent tout menaçans des moules de la terre.
Leur gosier engloutit les amas du tonnerre,
Et leur gueule béante, avec un bruit d'horreur,
Vomira les rochers, la flamme, et la terreur.

    D'autres monstres d'airain, sur une aile hardie,
De leur essor dans l'air briseront la furie.

    Le guerrier les entraîne, et sort des arsenaux
Où la nymphe attisa ses magiques fourneaux.
De ses serpens de bronze escortant sa vaillance,
Il les montre à son île, annonce leur puissance,
Et, contre les faux dieux de colère animé,
Soudain marche en héros, par la nature armé.

FIN DU TROISIÈME CHANT.

CHANT QUATRIÈME.

SOMMAIRE.

LE dieu Phoné, *qui préside aux lois du son propagé dans l'air, fait entendre dans l'île Eugée les bruits d'un volcan souterrain : la muse du poète lui révèle la cause de ce retentissement. Une nymphe, nommée* Sulphydre, *dont le corps est formé de soufre et de gaz inflammable, règne dans un palais caverneux, sur lequel les fondemens de l'île sont assis au milieu de la mer. Le dieu* Pyrotonne, *épris de cette nymphe, veut pénétrer dans sa demeure. L'Océan, irrité, le repousse, et menace de renverser l'empire de* Sulphydre. *Celle-ci, dans son effroi, appelle sa mère* Syngénie, *déesse des affinités. Description du palais de* Sulphydre *et de ses richesses minérales.* Syngénie *avertit sa fille de ses dangers, et lui conseille de fuir le dieu fulminant qui la recherche, de peur d'attirer sur son domaine l'invasion du dieu des mers. Elle lui raconte les fureurs de l'Océan contre les géans* Abyla *et* Calpé, *qui voulaient fermer jadis la route des continens à la Méditerranée, sa fille, promise à l'amour de l'Euxin par un oracle antique. Episode de la rupture du détroit qui sépara l'Afrique de l'Europe.* Syngénie *quitte sa fille, et va rejoindre une autre nymphe des volcans.*

Marche de l'armée d' Atlas *et de celle des* Symphytes ; *bataille livrée entre elles, à laquelle préside le dieu* Pyrotonne. *Ses dragons fulminans que dirige* Mégathyme *foudroient les troupes des Atlantes. Le dieu* Phoné, *propagateur des sons, répand au loin les clameurs du combat.* Kallémète, *femme d'* Hypérandre, *se réfugie* en une grotte reculée pour ne pas entendre le tumulte des armes ; mais l'Echo, fils de Phoné, l'épouvante dans ce lieu voûté, où les rayonnemens du son ré-fléchi, comme la lumière, en un foyer commun, lui apportent les cris des mourans et des blessés. Cependant, au milieu du carnage, Bione, déesse de la vie, exhale ses douleurs et élève ses plaintes contre les discordes meurtrières. Les Atlantes se rallient : le guerrier Mégathyme est percé d'une flèche par Hesper, frère d'Atlas : il meurt. Les bouches des dragons d'airain, que lui seul savait animer et conduire, cessent de vomir les feux. Les Symphytes, privés de leur secours par sa mort, sont accablés sous le nombre : la victoire reste aux Atlantes.

Le jeune Néon est blessé dans la déroute par un trait empoisonné : son père Hypérandre le transporte expirant dans ses foyers : pleurs de sa mère et de sa maîtresse. Hypérandre va chercher des remèdes salutaires dans le temple de la Médecine, dont Zoophile est l'augure.

Épisode des amours de Zoophile pour la déesse Bione, qui préside à la vie : les métamorphoses de cette divinité la dérobent à ses regards sous toutes les formes des animaux et des végétaux : enfin elle récompense son zèle et les efforts qu'il fit pour la connaître, en le douant de l'art de guérir les hommes ; et, lui développant la succession de ses phénomènes, elle lui déclare que le mystère de la vie ne sera jamais pénétré. Le médecin Zoophile renonce à démêler la cause de la vitalité, et se consacre à la science de ses effets. Il est conduit par Hypérandre au lit de Néon : son habileté le guérit, et le rend à sa famille, qui bénit le retour de Bione et la Médecine.

L'ATLANTIADE,

OU

LA THÉOGONIE NEWTONIENNE.

CHANT QUATRIÈME.

Avia Pieridum peragro loca, nullius antè
Trita solo; juvat integros accedere fontes,
Atque haurire; juvatque novos decerpere flores, etc.

Phoné, toi qui, de l'air agitant le fluide, [1]
Sur des cônes vibrans portes la voix rapide,
Toi, père des Échos, dieu du bruit et des sons
Réfléchis dans l'espace, oscillans en rayons,
Toi, qui frappes au loin les oreilles charmées
Des modulations à nos chants imprimées,
Et qui, multipliant la parole en ton cours,
Au rocher de l'ouïe introduis nos discours,
Sans toi, dans le sommeil, roulerait en silence
Le monde triste et sourd qu'éveilla ta puissance;

---

[1] Phoné, du mot grec Φωνη voix, son; le son se propage par
les oscillations de l'air qui est mis en mouvement, et dont l'agitation prolonge ses rayonnemens en une suite de petits cônes
successifs.

Les vastes cieux sans bruit, les bocages sans voix,
Les animaux, les vents, muets au fond des bois,
Des chansons du hameau l'allégresse bannie,
Tout l'univers perdrait sa vivante harmonie :
On n'eût plus entendu les sources murmurer,
Les résonnans zéphyrs dans les champs soupirer ;
Le génie eût manqué d'éloquens interprètes ;
Et jamais, sous nos murs, la lyre des poëtes
A ces accords touchans dont les dieux sont épris,
N'eût secondé l'essor des sublimes esprits :
Soutiens, divin Phoné ! d'un ton pur et sonore,
Des récits qu'aucun luth ne fit entendre encore ;
Et puissent, dans mes vers, être immortalisés
Des physiques vertus les traits divinisés !

    Mais de quels chocs affreux, sous la terre tremblante,
As-tu fait tressaillir le Symphyte et l'Atlante ?
Quel combat intestin entre les élémens
De l'île épouvantée émeut les fondemens ?
Un Etna s'est ouvert ; de sa gorge profonde
En des feux bouillonnans Phoné s'élance, gronde,
Rugit, tonne, et les airs qu'il heurte avec fracas
Sont d'échos en échos frappés de mille éclats.
L'habitant, effrayé de ces horreurs soudaines,
Cherche d'un si grand bruit les causes souterraines :
Et non moins alarmé, l'Atlante dans ses camps,
Prêtant un noir augure aux bouches des volcans,
Les croit des dieux d'enfer les terribles organes
Qui l'appellent déjà dans l'empire des mânes.

    O Muse ! qui, perçant les mystères des dieux,
M'expliques la nature en vers mélodieux,

Des lois des immortels confidente sublime,
Qui du plus haut Olympe au plus profond abîme,
Vois, entends, saisis tout, et transmets tous les bruits
En hymnes solennels par ta voix reproduits ;
Toi seule démêlas les accens de colère
Que Phoné, résonnant au faîte d'un cratère,
Du sein d'un gouffre humide apporta jusqu'à toi :
Ces menaces d'un dieu, Muse, redis-les moi ;
Et que Phoné, docile à ta lyre d'ivoire,
Les fasse en purs accords vibrer dans la mémoire.

Au lit sombre et caché des gouffres écumans,
L'île plongeait sa base, antiques fondemens
Sur le centre du globe affermissant leur masse :
Ceint d'énormes rochers, leur caverneux espace
A la mer opposait ses môles, vieux remparts,
Que les flots en grondant pressaient de toutes parts.
Là, d'un palais voûté l'obscure souveraine,
Sous l'auspice du Temps qui créa son domaine,
Dérobant ses trésors à l'avare Océan,
Fille du dieu du fer, règne auprès d'un volcan.
De l'onde, double essence, un principe inflammable,
Et le soufre lui-même au feu trop attirable,
Pétrirent sa substance et formèrent son corps,
Et son nom même en elle exprimait leurs accords :
On l'appelait Sulphydre : au dieu du fer unie, [1]
D'un adultère amour l'enfanta Syngénie.

---

[1] Sulphydre, soufre et hydrogène ou gaz inflammable, l'un
des deux principes de l'eau.

Hôte souvent fatal du volcan son voisin,
Pyrotonne cherchait des foudres dans son sein;
Il perce des sentiers de nitre et de bitume,
Il voit de loin la nymphe, et son desir s'allume.
Messager de la voix, le rapide Phoné
Lui porte de ses vœux l'accent désordonné,
Rend au dieu sa réponse; et le nocturne abîme
L'envoie à mille Échos que l'air mobile anime.

Pyrotonne déjà, par la nymphe appelé,
Tente vers sa demeure un sombre défilé :
Sous les rochers qu'il mine il élargit sa route,
Les secoue, et les rompt; mais, comprimant leur voûte,
Océan, qu'ont ému ses pas retentissans,
Le force à reculer devant ses flots pressans,
Et vers le haut des airs le chassant en furie,
Sur son lit agité ce roi des eaux s'écrie :

« Remonte épouvanter, d'un foudroyant essor,
« Et la cîme des pins, et l'aigle aux ailes d'or;
« Mais ne redescends pas, avide Pyrotonne,
« En mon liquide empire où ta trace bouillonne.
« Ton trône est sous les cieux, le mien est dans les flots.
« Je saurai de Sulphydre étouffer les complots.
« Ton épouse Electrone, à qui tu fais injure,
« Saura par quel caprice, infidèle, parjure,
« Seule l'abandonnant dans les plaines des airs,
« Tu poursuis sa rivale au sein voilé des mers.
« Qu'espère en obtenir ta flamme tortueuse ?
« Bientôt votre union folle, tumultueuse,

« Troublant de mon corail les paisibles berceaux,
« Et le peuple émaillé qui nage dans mes eaux,
« Et ces fucus voguans en îles apparentes,
« Réseaux de fleurs, de mousse, et de touffes errantes,
« Abris où, se jouant dans mes vagues plongés,
« Se cachent au soleil mes dauphins ombragés ;
« Tous deux, dis-je, soufflant les discordes profondes
« Qu'irriteraient sans cesse et vos feux et mes ondes,
« Tous deux roulant sur moi les rocs déracinés,
« Reculant la limite où mes flots sont bornés,
« Vous tenteriez (déjà Sulphydre le desire)
« De retrécir l'espace acquis à mon empire.
« Ah ! ta nymphe plutôt doit redouter qu'un jour
« Mes coups de ses remparts n'ébranlent le contour,
« Que la base des monts, piliers de l'île Eugée,
« Ne s'écroule avec elle en mes eaux submergée,
« Et ne noie, au milieu de ses débris flottans,
« De mes bords disparus les milliers d'habitans.
   « Que m'importe le sort de ces races humaines,
« Usant leur courte vie en d'implacables haines,
« Qui toutes, s'immolant à leurs divers orgueils,
« Pour s'apporter la mort traversent mes écueils,
« Et que de tous mes flots divisant leurs contrées,
« La barrière écumante en vain a séparées ?
« Qu'importe si mon gouffre engloutit dans son sein
« Ces durs nochers, ces cœurs armés d'un triple airain,
« Qui, sur un frêle bois se fiant aux abîmes,
« Par-delà mes torrens poursuivent des victimes ?
« J'éleverai sur eux mes formidables bras ;
« Et du moins, en mourant, vengés du fier Atlas,

« Les Symphytes verront, soustraits à l'esclavage,
« Sa conquête échouer dans leur vaste naufrage ».

Ainsi l'Océan gronde, et d'un ton irrité
Menace les mortels qui l'avaient affronté :
Son sourcil, qu'il rehausse en maître des orages,
Fait trembler tout l'abîme, et les ports, et les plages.

Aux secousses du dieu bouillonnant de fureur,
Sulphydre en son asile a frémi de terreur :
Alarmée, éperdue, elle appelle sa mère,
Et de loin : « Entends-tu ce dieu de l'onde amère,
« Me menacer, dit-elle, et heurter mes remparts,
« Divine Syngénie ! ah ! cache à ses regards
« Ma retraite sacrée et ta fille elle-même ? »

La nymphe entend les cris de Sulphydre qu'elle aime:
Dans les veines du globe elle s'ouvre l'accès
Du séjour de sa fille, admirable palais,
Qu'ont revêtu d'éclat ses chimiques prodiges.
Là, les cristaux jaspés recèlent leurs prestiges :
De leurs pans réguliers la magique union
Que change en les groupant sa fine attraction,
Figurée en étoile, en double pyramide,
Cube, ou spirale, ou cône, aiguille ou rhomboïde,
Angles entre eux égaux dans leurs plans variés,
Des mobiles couleurs prismes multipliés,
Y reluit aux lambris de son vaste édifice, [1]

---

[1] Tous les sels cristallisent diversement en affectant des formes

Richesses qu'à la nuit confia son caprice,
Et que par intervalle éclaire à sa pâleur
Des sulfureuses eaux l'inflammable vapeur.
Tel un hibou nocturne, au creux d'un roc sauvage,
Cache, effacé dans l'ombre, un éclatant plumage ;
Mais qu'un brillant éclair fende le ciel obscur,
Soudain l'oiseau paré luit d'opale et d'azur :
Ou telle des poissons la radieuse écaille,
Éteinte au fond des mers, aux traits du jour s'émaille :
Ainsi, d'un luxe immense invisible trésor,
Prêt à s'illuminer d'argent, de chrôme, et d'or,
Ce palais doit son faste aux jeux de la nature.
Les métaux alliés façonnent sa structure :
La topaze et l'onyx, et les rubis pourprés, [1]
Et l'agathe enlaçant ses filets colorés,
Et le spath lamelleux, transparente matière,
Y croisent leurs iris en gerbes de lumière :
Le pur charbon y pointe en feux de diamant ; [2]
Et le granit assied ce vitreux monument. [3]

    Aux faces de ses murs, aux voûtes, aux pilastres,
Tableaux qui de la mort déguisent les désastres,

---

régulières, souvent très-variées : lisez l'élégant ouvrage de M. Haüy, savant minéralogiste.

[1] Les pierres précieuses ne sont que des combinaisons de terres colorées par des oxides metalliques.

[2] Le diamant est un charbon très-dense : les seules lois de la réfraction de la lumière révélèrent à Newton sa combustibilité, qui depuis fut prouvée par les expériences chimiques.

[3] La terre est pleine de matières vitrifiées par le feu.

Dans les moules du temps, les siècles pour toujours
Ont des formes de l'être arrêté les contours;
La plante, en minéral ici ramifiée,
En feuillage argileux s'étend pétrifiée:
Au miroir du mercure, ailleurs un sel nageant
En tige festonnée, ouvre des bras d'argent;
Rival de l'argent même, émule de la plante,
En souples rejetons le plomb germe et serpente;
Arbustes, qu'aux faux dieux de la nuit et du temps
La fable a consacrés sous deux noms éclatans.[1]
Non loin du végétal qui roidit sa verdure,
L'animal expiré, mais gardant sa figure,
Incruste dans les blocs ses crayeux ossemens,
Où la vie imprima ses derniers mouvemens.[2]

Homme! de ces lambris ta dépouille est absente:
Descends, plonge en ce lieu; que ton front s'y présente:
Quoi! de gemmes et d'or n'es-tu pas altéré?
Spoliateur avide! à ce réduit sacré
Arrache le dépôt de ses mines fécondes,
Ces biens, qu'au prix du sang tu ravis aux deux mondes,
Le prodigue hasard sème et foule à ses piés
Ces métaux, vils amas, par ta rage enviés.
Dans ce gouffre enrichi l'avarice t'appelle:
Viens, viens... des airs épais la mort abattant l'aile,
Sous leurs poids homicide étouffant ta fureur,
A tes traits conservés retiendra leur horreur:

---

[1] Végétations métalliques, nommées par les chimistes arbres de Diane et de Saturne.
[2] Pétrifications animales.

L'œil sur un vain trésor, statue affreuse et blême,
En ton cadavre abject la cupidité même
Y paraîtra, debout, survivre au châtiment
Ou de ton souffle éteint s'exhala le tourment.
Mais la nuit nous ferma ces lieux impénétrables :
Nous ne puisons notre or qu'au sang de nos semblables!
Ce palais minéral est de l'homme ignoré ;
Ton seul regard, ô Muse! en son ombre est entré.

C'est là que vers Sulphydre, émue et pâle encore,
Descendit Syngénie aux lueurs du phosphore.
La pourpre du cinnabre, étalée en tapis,
Couvre un trône où se joint le pyrite au lapis : [1]
Sous un dais de saphir un double siége y brille :
La déité s'y place en embrassant sa fille.

« O Sulphydre! dit-elle, un juste objet d'effroi
« Nous trouble l'une et l'autre, et m'amène vers toi.
« Crains le grand Océan, dévorateur immense,
« Qui de tant de débris fait sa triste opulence!
« N'attire point chez toi son ennemi fougueux,
« Ce Pyrotonne ardent, terrible, impétueux,
« Qui, fier de le combattre au milieu de l'abîme,
« Susciterait des chocs dont tu mourrais victime.
« De tes penchans secrets pour un si fol amant
« L'invasion des eaux serait le châtiment :

---

[1] Cinnabre, sulfure de mercure : il est d'un rouge très-vif.
Pyrites, sulfure de fer, matières très-répandues dans le sein de
la terre, et qu'on trouve parmi les produits volcaniques.

« A son parjure époux Électrone cruelle
« Punirait en vous deux cette amour criminelle.
　« Apprends de ta naissance, exemple malheureux,
« A ne jamais former d'illégitimes nœuds.
« Le dieu du fer s'éprit des attraits de ta mère;
« Sider plut à mes yeux, et je fus adultère :
« Hélas! il me fallut au plus profond séjour,
« Cacher tes sœurs et toi, fruits d'un impur amour.
« Hélion, mon époux, qui vous eût poursuivies,
« A mes embrassemens vous eût trop tôt ravies :
« Car, tu naquis mortelle, et dois tes élémens
« Aux transformations prescrites par le temps,
« Qui m'oblige sans cesse à mêler les substances
« En qui l'affinité combat les adhérences. [1]
　« Les filles d'Hélion, la chaleur, la clarté,
« Seules tinrent de moi leur immortalité :
« Dans l'orbe du soleil mon hymen les fit naître,
« Et de notre union a rejailli leur être.
« Mais toi, Sulphydre, hélas! destinée à périr,
« Nymphe obscure du globe, où j'ai su t'acquérir
« Des richesses encor du soleil ignorées,
« Des lambris de porphyre, et des voûtes dorées,
« Reine, à l'insçu du jour, d'un palais précieux,
« Réprime en ses desirs ton cœur ambitieux;
« Cache et ferme ton lit à l'époux d'Électrone

---

[1] Les molécules sont réunies par deux forces, l'affinité et la cohésion : la première agit sur celles qui sont d'une nature différente la seconde sur celles qui sont de même nature. Tantôt elles agissent dans le même sens, tantôt en sens contraire.

« Qui, séduit aux métaux dont l'éclat t'environne,
« Allumant en leur sein ses feux resplendissans,
« Liquéfirait tes murs en fleuves rougissans,
« Et qui, fier d'agrandir tes demeures profondes,
« Ouvrirait leur enceinte au fatal roi des ondes.
« Peux-tu de l'Océan te nier le pouvoir ?
« Sache quelle terreur j'eus lieu d'en concevoir.

« Tu vois jusqu'où s'étend la Méditerranée ;
« Cette mer est sa fille : un auguste hyménée,
« Prescrit dans les décrets de l'éternel destin,
« La devait en Asie allier à l'Euxin :
« Ce dieu la réclamait de l'Océan, son père.
« Avant qu'elle s'ouvrît le milieu de la terre,
« L'Ibère et le Numide, ignorant les vaisseaux,
« L'un vers l'autre marchaient sans traverser les eaux ;
« Seul vaste continent, un même sol antique
« Associait l'Europe à la brûlante Afrique :
« Entre elles nul détroit n'avait été coupé.
« Le géant Abyla, le sauvage Calpé, ¹
« Des bords de l'Océan sentinelles rigides,
« Le front aux cieux, les pieds dans les gouffres liquides,
« Debout, flanc contre flanc, joignant leurs fortes mains,
« Des continens unis fermaient tous les chemins.
« Ces deux Titans altiers, en invincibles frères,
« Du dieu des eaux ensemble avaient bravé les guerres :

---

¹ Calpé, Abyla, noms de deux promontoires opposés, l'un
en Europe, l'autre en Afrique, sur les deux côtés du détroit de
Gibraltar.

« Long-temps sous leur remparts il se vit repousser ;
« A lui céder passage il ne put les forcer ;
« Et l'Euxin, isolé sur sa lointaine rive,
« Lui demandait sa fille encor triste et captive.
« Sa plainte amère enfin s'exhala dans ces mots :

   « Eh quoi ! tu n'es donc plus le monarque des flots,
« Vieil Océan ? tu dors ; ta force est indolente.
« Les terrestres Titans, en leur ligue insolente,
« Peuvent-ils à leur gré limiter nos Etats,
« Et fixer où leur plaît une borne à tes pas ?
« Ne sais-tu plus briser les rochers qu'ils t'opposent ?
« Les renverser, franchir les barrières qu'ils posent ?
« Laisseras-tu ployer ton sceptre souverain ?
« Sape les fondemens de leurs remparts d'airain.
« De Calpé, d'Abyla, romps l'union rebelle :
« A ton serment divin, Océan, sois fidèle ;
« Et conquiers à ta fille un empire étendu,
« Dont l'accès trop long-temps par eux est défendu.
« Lien de nos deux mers, son hymen que j'implore,
« Et qu'aux rives du Pont a prédit le Bosphore,
« Enrichira l'Afrique et l'Europe à la fois
« Des trésors dont l'Asie accumula le poids.
« Un jour même, illustrant ses plages embaumées,
« L'Orient t'enverra des flottes renommées,
« Qui, fières de toucher au terme où sont tes bords,
« Diront à l'Occident la gloire de ses ports.
« Remplis donc mes souhaits, et que rien ne t'arrête.
« Désunis ces géans, ou, passant sur leur tête,
« Elance-toi, triomphe, et prouve à l'univers
« Que le globe est soumis au dieu puissant des mers.

« Il dit : les deux Titans se resserrent, s'embrassent,
« Et leur orgueil se rit des coups qui les menacent.
« De leur palais de rocs le portique affermi,
« En vain battu des flots, n'avait jamais frémi :
« Ils en gardent le seuil, clôture impénétrable.
  « Mais tout à coup, le dieu rugissant, implacable,
« S'élance, écume, crie, évoque les combats,
« Amoncèle ses flots, appesantit ses bras,
« Mine aux pieds des géans les môles qui s'écroulent :
« Ses vagues à grand bruit montent, retombent, roulent,
« Battent leurs flancs, leur tête ; et, prêts à chanceler,
« Les deux frères déjà se sentent ébranler.
« Furieux, l'Océan heurte le grand portique
« Qui, courbant ses arceaux, joint l'Europe à l'Afrique,
« Le renverse ; Abyla, s'arrachant à Calpé,
« Sur les éclats fendus d'un rocher escarpé
« Recule... Il les sépare, et se fraie une voie
« Où sa fille aussitôt, le sein gonflé de joie,
« Superbe, et proclamant ses flots victorieux,
« Précipite sa course en s'élevant aux cieux.
« De ses monstres suivie, elle passe, elle inonde
« Les continens creusés que submerge son onde....
« O désastre ! ô terreur ! que de larges pays
« Ouverts à ses torrens périrent envahis !
« L'oubli roula sur eux. A peine à ses conquêtes
« Quelques îles au loin dérobèrent leurs têtes :
« Leur sein, que d'habitans dépeuplèrent ses eaux,
« De sa retraite encore essuya les fléaux.
  « Ta plus puissante sœur, par les flots opprimée,
« Dressant son corps de fer et sa crète enflammée,

« Vit un lac orageux noyer les champs d'Enna,
« Et cacha son horreur sous le grondant Etna.
  « La prompte mer, d'un pas franchissant mille stades,
« Saisit Lemnos éteinte, et fit fuir les Cyclades ;
« En vastes monts roulans, ses flots pleins de débris
« Promenaient le ravage, étouffaient tous les cris :
« Long-temps elle égara ses vagues indomptées ;
« L'Égypte et la Syrie en furent surmontées :
« Le globe en tressaillit ; mais du Bosphore enfin
« La mugissante voix l'appela vers l'Euxin.
  « Sur une conque d'or par mes mains façonnée,
« Elle revint s'offrir au riant hyménée,
« Qui la coucha sur l'algue en un lit de corail.
« La perle au coquillage y mêlait son émail ;
« Les ondes l'ombrageaient d'un long rideau bleuâtre ;
« Et des Amours nageans le cortége folâtre,
« Voila, dans le berceau du mystère jaloux,
« Les humides baisers de l'immortel époux.
  « De là sortit ton nom, de là ta gloire est née,
« Fille de l'Océan, ô Méditerranée !
« De qui l'invasion sur tant de bords détruits
« A d'un déluge entier porté si loin les bruits.
  « Tels se sont entr'ouverts sur la face du globe,
« En ces grands chocs passés que le temps nous dérobe,
« Les golfes, les détroits, où, des eaux dévorés,
« Mille Etats populeux sont dans l'abîme entrés.
« Tels s'ouvriront encor, sous les villes peut-être,
« Les gouffres des volcans où tes sœurs ont pu naître,
« Et des hommes épars, reste des nations,
« En seront les Noés et les Deucalions.

« O Sulphydre! crains donc Océan qui s'irrite.

« Par un oracle affreux ta chute m'est prédite,

« Si ta faiblesse accueille un dangereux amant :

« Retarde, si tu peux, son accomplissement ».

A sa fille en ces mots a parlé l'immortelle :

Un baiser adoucit sa leçon maternelle.

Leur tendre émotion prolonge leurs adieux.

Mais les hôtes ailés de ces nocturnes lieux

Escortent Syngénie au-dehors de l'enceinte,

Dont la turquoise, l'or, l'opale, l'hyacinthe,

La nacre et l'améthyste, en cailloux cristallins,

Sèment tous les lambris, pavent tous les chemins.

Ces vaporeux démons des cavernes obscures,

Aux lampes, où brûlaient la poix et les sulfures,

Allument le bismuth, dont l'éclat verdoyant

Se mêle au feu vermeil d'un carbure ondoyant :

Leurs torches, que de l'air agitaient les haleines,

Éclairaient en passant les routes souterraines :

Syngénie aperçoit ces jardins spacieux

Où, sous des rocs arqués en ponts mystérieux,

Courent vers des bassins les fontaines empreintes

De vingt sels colorans dont leurs urnes sont teintes. [1]

Là, les poisons du cuivre azurent les ruisseaux ;

Là, le nickel épand l'émeraude en leurs eaux :

Le liquide cobalt en un lit qu'il arrose

S'écoule nuancé des couleurs de la rose,

Ailleurs, peint de safran, rayé du blanc des lis,

Un torrent qui serpente, entraînant dans ses plis

---

[1] Colorations diverses des dissolutions métalliques.

L'homicide arsenic, et l'ocre, et le titane,
S'irise en s'alliant le platine et l'urane;
Méandre qui, traçant de sinueux détours,
Enlace ou désunit les splendeurs de son cours,
Et reflète l'éclat renvoyé des nuages
Dont les gaz exhalés rougissent ses rivages.
De ce lieu, vers Thulé, la nymphe revola
Trouver une autre fille aux flancs du mont Hécla. [1]

Cependant, Pyrotonne aux peuples atlantiques,
Fait partout ressentir ses fureurs volcaniques:
Hesper, Atlas lui-même, en étaient agités:
Leurs zélateurs doutaient de leurs divinités:
Leurs prêtres n'osaient plus lire en leurs vains présages.
Du trouble de leur camp instruit par des messages,
Mégathyme, lui seul, méprisant les terreurs,
Au profit des combats veut tourner ces horreurs.
Il se hâte; et de l'île assemblant la jeunesse:

« Défendons notre terre auguste et vengeresse,
« De qui le sein s'entr'ouvre afin de rejeter
« Ces peuples que la mer vomit pour l'insulter.
« Elle prète à ma main ses foudres dévorantes:
« Lançons-les : profitons de l'effroi des Atlantes.
« Par la nature et l'homme expulsés de ces lieux,
« Qu'ils aillent dans les flots sanctifier leurs dieux ».

---

[1] Thulé, île que quelques anciens ont située dans l'Islande, terre sujette à des tremblemens et aux irruptions d'un volcan redoutable, dont l'Hécla est le siége.

Il dit : les rangs pressés marchent sous sa conduite.
En terrible appareil, Pyrotonne à sa suite,
Traîne, muets encor, tous ses monstres d'airain
Prêts à lancer la mort enfermée en leur sein,
Du bruit et de la guerre organes homicides :
Hypérandre et Néon en sont les nobles guides.
Pyrotonne en sa main tient l'éclair enflammé
D'où jaillira le feu dans leurs flancs allumé.
Il s'avance avec eux, fier et plus redoutable
Que Bellonne, que Mars, dieux sanglans de la fable,
Dont l'Atlante en ses camps invoquait les signaux,
Et dont flottait l'image empreinte en ses drapeaux.

Déjà par la discorde et l'audace animées,
Au devant des périls fondent les deux armées.
Tels qu'on voit les torrens, précipités des monts,
L'un vers l'autre rouler en de larges vallons,
Et confondre leurs eaux à grand bruit épandues :
Ou tel qu'aux champs de l'air, le vaste amas des nues
Se mêle en s'élançant des deux côtés des cieux
Que dispute Borée à l'Autan furieux :
Ainsi des deux partis les troupes déchaînées
Se heurtent en courroux par leurs chefs entraînées.

Là, derrière un rempart de ses plus fiers soldats,
Sur un char étoilé brille et domine Atlas.
Son armée, aigle immense, ouvre de vastes ailes :
Elle croit déchirer en ses serres cruelles
Une timide proie : aussitôt l'ennemi,
Opposant sa phalange en triangle affermi,

Plonge une tête aiguë au centre des Atlantes,
Qu'il divise en deux parts déjà toutes sanglantes.

Alors, tel qu'un serpent, dont le corps sinueux
Fut coupé par la hache en deux troncs tortueux,
S'efforce à se rejoindre, et se tord, et s'agite,
Et cherche en circulant sa moitié qui le quitte ;
Le corps tronqué se courbe, et cerne en deux croissans
Le triangle animé qui combat en tous sens.

La troupe de héros que le dieu Métrogée,
Dans un ordre anguleux lui-même avait rangée,
Et dont son art certain, sous un juste compas,
Aligna les trois fronts, et mesura les pas,
Forme, en rompant sa masse, une triple colonne :
Dans l'espace qu'elle ouvre est le noir Pyrotonne ;
Sa main abaisse un jonc d'où part l'éclair fatal
Sur les dragons de bronze émus à son signal :
Leur sein vomit la flamme, et leurs gueules tonnantes
Soufflent en grêle affreuse, en flèches sillonnantes,
Les rocs, l'acier, le plomb, le bitume et la mort.
Tout se brise, tout tombe et cède à leur effort.
A travers l'épaisseur d'une noire fumée,
De lourds oiseaux d'airain, sur une aile enflammée,
A l'Atlante qui fuit portent au loin leurs coups.
Le dieu qui fait rouler tous les astres sur nous,
Curgyre, les saisit en leur vol circulaire,
Trace leur parabole et conduit leur colère.
Partout s'étend le bruit, le ravage et l'horreur.
Mégathyme à son gré promène la fureur
Des monstres foudroyans qu'échauffe Pyrotonne.

Déjà le fier Atlas, que son revers étonne,

Voit, au sein de ses rangs percés de toutes parts,
Reculer, s'écraser hommes, coursiers et chars :
Lui-même est repoussé dans le désordre immense ;
Et pâle, et rugissant de sa triste impuissance,
Il s'écrie à son frère éperdu comme lui :

« Notre Mars est vaincu, notre Bellone a fui.
« Ah ! le grand Jupiter, jaloux de notre race,
« De Prométhée encor sur moi punit l'audace :
« Sans doute contre nous sa fureur déchaîna
« Des antres de Lemnos, ou des forges d'Etna,
« Leur dieu Vulcain, son fils, qui, pour garder cette île,
« Des Calybes fumans y transporta l'asile !
« De nos corps de guerriers vois les remparts vivans
« Démolis par son foudre ailé comme les vents.
« Fuyons, fuyons un peuple armé de son tonnerre ».

Il dit ; mais sa terreur n'ébranle point son frère ;
Et, comme il détournait, d'un bras déjà troublé,
Les rênes de son char vers son camp reculé :
« Arrête ! dit Hesper, et crains une retraite
« Qui peut à l'insulaire annoncer ta défaite.
« Il a pour lui la flamme, et nous avons le fer.
« Si nous sommes des dieux, nous devons triompher.
« Hercule, ravisseur de l'or des Hespérides,
« Terrassa leur dragon par ses coups intrépides :
« Surpassons-le : fondons vers ces hydres d'airain.
« Sur leur nombre éloigné jetant un œil certain,
« J'ai vu, j'ai reconnu que le seul Mégathyme
« Alimente en leurs flancs le feu qui les anime :

« Il en nourrit la vie; et si la mort l'atteint ,
« Leur foudre se taira dans la poussière éteint ».

Il dit ; et s'entourant d'une élite aguerrie ,
A travers mille feux hasarde sa furie.
Les tonnerres , les dards , volent en jets croisés ;
Les vainqueurs, les vaincus ne sont plus divisés ;
Lié par la fureur, leur horrible assemblage
Se noie au gré du meurtre en des flots de carnage ;
Et l'air, les champs , les monts, qui hurlent à la fois,
Fatiguent de Phoné les innombrables voix.

Fils de ce dieu des sons, un Echo solitaire,
Hôte d'un roc lointain, son obscur sanctuaire,
Se plaisait dans les bois à l'abri des clameurs.
Des ruisseaux , des zéphyrs les légères rumeurs ,
Le doux chant de l'oiseau qui dans la nuit soupire,
Formaient les seuls concerts que sa voix pût redire :
Des chocs tumultueux il ignorait le bruit.
Alors, cherchant le calme en son profond réduit,
La triste Kallémète, épouse d'Hypérandre,
Evitait les horreurs qu'elle avait craint d'entendre ;
Mais Phoné dans les airs accourt l'épouvanter
Des cris qu'en vain l'Echo gémit de répéter.
Il porte à son oreille, en plaintes expirantes,
Des blessés, des mourans les douleurs déchirantes ,
Et cent fois lui présage, en lamentable son,
La chute d'Hypérandre et la mort de Néon.
Les longs éclats tonnans ébranlent sa retraite.
Kallémète, à ces bruits palpitante, muette,

Le col tendu , l'œil fixe , écoute avec effroi.
Telle qu'en un foyer , se reployant sur soi ,
Sous un miroir voûté la lumière rayonne ;
Tels au loin , des accens de l'Écho qui résonne
Tous les rayons épars au sein des airs franchis ,
Convergent sous la grotte en un point réfléchis :
Là , le bruit moins confus se démêle à l'oreille ; [1]
C'est là que de Phoné la sonore merveille
Attire Kallémète , et distingue à son cœur
Des accens du vaincu les accens du vainqueur.
Fuis , malheureuse ! fuis ces sinistres nouvelles
Que recueille l'Écho sous ses vibrantes ailes !
Ne sens-tu pas frémir au bruit du choc fatal ,
Et tes flancs maternels , et ton sein conjugal ?
L'effroi , la pitié crie au fond de tes entrailles.

Hélas ! en ce moment , accusant les batailles ,
La nymphe de la vie , échevelée , en pleurs ,
La divine Bione exprimait ses douleurs :

« Aveugles ennemis ! ô vous , s'écriait-elle ,
« Hommes , que dut lier une amour fraternelle ,
« Vous , êtres animés les plus chéris de moi ,
« Vous , au même berceau nés d'une même loi ,

---

[1] L'écho est l'effet de la répercussion du son sur les surfaces
solides ; et de même que les rayons lumineux , en tombant pa-
rallélement sur un miroir concave elliptique , se réfléchissent en
un point , les rayons sonores sont réfléchis en un foyer où le son
arrive distinctement : ceux des rayons qui n'y aboutissent pas
disséminent vaguement le son dans l'air.

« O vous tous, mes enfans égaux dans la nature,
« Vous, en qui je soufflai ma flamme la plus pure,
« Pourquoi d'un fer cruel vous percez-vous le sein ?
« Pourquoi, rivaux jaloux, l'un de l'autre assassin,
« Vous hâtez-vous sitôt de rendre à la poussière
« De vos corps respirans la fragile matière ?
« Haïssez-vous la vie au point de vous liguer
« Pour vous détruire ensemble et mieux me prodiguer ?
« N'ai-je point de douceurs qui vous soient aussi chères
« Que celle de périr en égorgeant vos frères ?
« Cruels ! surmontez-vous sans un horrible effort
« L'aversion du meurtre et la peur de la mort ?
« Quoi ! vos cœurs sont-ils sourds aux cris, aux tristes plaintes ?
« Votre orgueil prévaut-il sur les frissons des craintes ?
« Mes instincts naturels, en vos ames tracés,
« Par l'aveugle Discorde en sont-ils effacés ?
« Où tend de vos esprits l'ivresse meurtrière ?...
« Jeune soldat, arrête !... en pleurs dans ta chaumière
« Un vieux père t'attend ; et ton sang va laver
« Les champs que sous ses yeux tu devais cultiver...
« Et toi, naissant héros, qu'exalte un feu de gloire !
« Roules-tu sans frémir le char de la victoire
« Sur les membres sanglans de tes amis blessés ?
« Vois-tu leurs traits pâlis, leurs cheveux hérissés ?...
« Mais quel bras te décoche une atteinte mortelle ?
« Adieu donc !... Vainement ta plainte me rappelle :
« Tes jours trop dédaignés s'envolent à jamais :
« En tes derniers soupirs étouffe tes regrets.
« Fallait-il oublier, fol amant de la guerre,
« Tous les maux qu'a coûté ta naissance à ta mère ?

« Les soins qui de ton âge ont élevé la fleur ?
« Fallait-il en aveugle exhaler la chaleur
« De ce sang nourricier dont j'ai rempli tes veines,
« Pour transmettre mes dons à des races prochaines ?
« Du moins l'amour encor ne t'avait pas lié :
« Tu n'abandonnes point une tendre moitié,
« Qui seule, et de tes traits sans cesse poursuivie,
« N'eût pu traîner sans toi le reste de sa vie.
« Ton belliqueux émule est plus cruel que toi...
« Où court cet insensé?... L'hymen reçut sa foi ;
« L'hymen a fécondé le sein de son épouse :
« Demain, demain la mort, de son bonheur jalouse,
« Désolant ses enfans, sa veuve qui pâlit,
« Chez lui ne renverra que son ombre en son lit.
« Ah ! barbares mortels ! vos ames effrénées
« Par aucun de mes nœuds ne sont donc enchaînées?
« Ni ma voix, ni l'amour, ni la fraternité,
« Ni le sang, ni les biens de la paternité,
« Rien ne peut désarmer votre haine homicide.
« La mort à vous frapper n'est pas assez rapide :
« Il fallait à vos mains, pour mieux trancher vos jours,
« Les ongles des lions, des tigres et des ours :
« Leur instinct est plus doux que votre affreux génie.
« De glaives et de dards votre rage est munie...
« Eh bien ! en vil fumier abattus sous les traits,
« Vous vous releverez en gerbes des guérets :
« Passagère en vous tous, la vie est immortelle,
« Et vous fuit pour reprendre une forme nouvelle ».
   Ainsi, du sang humain déplorant tous les flots,
La sensible Bione exhalait ses sanglots.

Sa lumière à regret quitte chaque victime.
Long-temps elle enhardit le vaillant Mégathyme;
Long-temps soutient son bras à l'île précieux,
Et d'une noble ardeur enflamme encor ses yeux.

Il tournait contre Hesper son escorte terrible;
Mais lui, de ses dragons trompant la bouche horrible,
D'un arc plus diligent, lui lance un dard vainqueur
Qui, lui perçant le foie, entre jusqu'en son cœur.
Le héros sous la flèche en ses os attachée
Tombe, et dans un sang noir son ame est épanchée.

O Symphytes, tremblez : sa chute vous détruit :
Son tonnerre se tait : Pyrotonne s'enfuit.
Vos troupes de ses feux ne sont plus soutenues :
A tout autre guerrier ses foudres inconnues
Ont assoupi leur rage; et ses monstres d'airain,
Vides des alimens qu'avait pétris sa main,
Ne feront plus gronder leurs voix anéanties.

Ces hydres de la mort, des abîmes sorties,
En silence auraient dû, s'y cachant pour toujours,
Refuser aux humains leurs fulminans secours.
Plût au dieu de la paix que, dans l'art du carnage,
Les peuples de nos temps, mieux instruits d'âge en âge,
N'eussent pas retrouvé ces monstres destructeurs
Qui, des cités au loin bruyans dévastateurs,
Et fléaux des guerriers au milieu des batailles,
Sapent des rangs épais les vivantes murailles;
Instrumens des hasards frappant des mêmes coups
Le lâche et le héros que confond leur courroux!

Alors, victorieux, Hesper se précipite

Dans le triple chemin ouvert par le Symphyte :
La mort rappelle Atlas ; la mort plane partout.
Mais Néon lutte encore, Hypérandre est debout :
Le fils couvre son père au fort du vaste orage.
Bione encore en eux respire le courage.
Dans les airs tout à coup siffle un trait dentelé,
Et déjà de Néon le beau sang a coulé :
L'acier tranchant mordit son col flexible et tendre.....
O douleur!.... abattu dans les bras d'Hypérandre,
Il soupire, son œil roule à demi-fermé,
Et son épée échappe à son bras désarmé.
Telle alors que la faux dans les moissons chemine,
La fleur qu'elle toucha sur sa tige s'incline,
Et courbe vers le sol un front décoloré ;
Tel, abaissant sa main et son col déchiré,
Le jeune rejeton d'une race brillante
Penche au sein paternel sa tête défaillante.

« Déesse de la vie! ah! vas-tu le quitter?
« Ah, Bione! en son cœur veuille encor t'arrêter! »
« S'écriait Hypérandre : Exauce un triste père!
« N'abandonne que moi! rends un fils à sa mère!
« Je promis son retour à ses embrassemens....
« S'il meurt, j'unis ma mort à ses derniers momens.
« Son sein palpite encor... sa légère blessure
« Permet que ta présence un instant me rassure.
« Ma main suspend le cours de son sang précieux.
« Reste, reste, Bione! et rouvre encor ses yeux! »
Il dit : et de témoins un concours secourable
Pleure et l'aide à traîner le fardeau qui l'accable.

La vie épouvantée, et perdant tout appui
Cherche loin des vainqueurs un refuge avec lui,
Et délaisse en fuyant le reste des victimes.
Ainsi, quand des forêts l'automne bat les cimes,
On voit les creux vallons de leurs feuilles jonchés ;
Tels s'étendent les morts dans les plaines couchés.

O Muse ! consacrée à chanter la nature,
De tout ce qui l'outrage écarte la peinture !
Voile ces lacs de sang où nagent les débris
Des vaincus dont la mort fit cesser tous les cris :
Ces meurtres des captifs, honte de la victoire,
Ces noirs forfaits, tu dois les taire à la mémoire.
Tais de combien d'horreurs qui souillèrent ce lieu
Le dur Atlas paya le faux renom de dieu :
Tais un peuple innocent que l'esclavage opprime ;
Tais ses derniers efforts contre l'orgueil du crime,
Qui, si tu maudissais l'imposture et les fers,
Traiterait d'attentat la vertu de tes vers.
N'évoque point des cœurs l'humanité profonde
Qu'une ligue éternelle étouffe au sein du monde :
Et, de leçons avare, abandonne l'erreur
De guérir des méchans l'incurable fureur.
Rejoins, rejoins plutôt l'errante Kallémète :
En de tristes accords que ta lyre répète
Les longs gémissemens qu'à cette mère en pleurs
Du fils qu'on lui ramène arrachent les douleurs.
Néon rouvre un moment sa paupière affaiblie ;
Il voit sa mère ; il voit son amante Célie ;
L'infortunée, hélas ! orpheline aujourd'hui,

Près de Néon mourant est plus pâle que lui :
De tes parens, Néon, c'est la nouvelle fille ;
Son désespoir se mêle aux pleurs de ta famille ;
Elle concourt aux soins qui prolongent tes jours ;
Et ses bras empressés, faible et tendre secours,
Allégent le fardeau de ta tête pesante.....
Mais il ne voit plus rien, son ame est comme absente :
Le dard qui le blessa, trempé d'un suc brûlant,
Sous sa dent vénéneuse enfle son col sanglant.

« O mon fils ! s'écriait Kallémète éplorée,
« La fleur de tes beaux jours, par la mort dévorée,
« Va donc à mes regards pour jamais se flétrir ! »
Kallémète pleurait ; Néon allait mourir.

Hypérandre, à ces mots, le cœur plein d'épouvante,
Sur le lit de son fils voit la mort triomphante
Qui le saisit déjà, froid, pâle, inanimé.
Un mal subtil et prompt, serpent envenimé,
Se glissant dans son sein, empoisonnait ses veines.
Le père malheureux tait sa crainte et ses peines ;
Muet, et plus glacé qu'une image d'airain,
Il montre à sa compagne un front encor serein.

« Abreuvons, lui dit-il, l'hydre qui le dévore
« Du suc des végétaux que le sol fait éclore :
« A ces libations, tributs à la santé,
« Bione, de la vie aimable déité,
« Cessera de le fuir, et, d'une ardeur nouvelle,
« Terrassera cette hydre à notre enfant mortelle. »

Il dit ; et de Bione invoque les secours.
La nymphe de la vie, en mille obscurs détours,
Hâtait loin de Néon sa fatale retraite.
Le père alors, chargé de sa douleur muette,
Sort, et court en un lieu, temple des guérisons,
Contre l'affreux serpent chercher de sûrs poisons.

Bione au sein de l'île avait un sanctuaire ;
Zoophile en devint l'augure salutaire,
Docte ami des humains, il lui voua ses jours :
Et la changeante nymphe, objet de ses amours,
Payant enfin ses vœux, ses offrandes, ses veilles,
Lui laissa pénétrer ses secrètes merveilles ;
Et d'un culte assidu favorisant l'effort,
Lui donna le pouvoir de repousser la mort.
L'agile déité qui préside à la vie
Par cet adorateur fut long-temps poursuivie,
Depuis que, s'éclairant au flambeau du savoir,
A demi-dévoilée il eut cru l'entrevoir ;
Mais une vaine image, en l'égarant sans cesse,
Lui déguisait partout la vitale déesse.
En vain, pour la fléchir, ce curieux mortel
De victimes sans nombre entourait son autel :
En mille effets présente, invisible en leurs causes,
Elle se dérobait par ses métamorphoses,
Et, toujours s'échappant, sans qu'il vît ses ressorts,
A ses regards trompés elle cachait son corps.

Souvent, jeune, brillante, et sous la forme humaine,
Bione paraissait à sa vue incertaine

Emprunter la chaleur de son sang coloré
D'un élément de l'air par elle respiré, [1]
En ses rameaux nerveux s'imprégner du fluide
Qui dans le ciel tonnant verse un feu si rapide,
Et qui, dans leurs canaux subtilisant son cours,
De ses sens variés animait le concours. [2]
Sur la terre, il voyait l'agissante Bione,
Pleine du double feu de l'air et d'Electrone,
Croître en s'assimilant des sucs réparateurs,
Se féconder au sein des amours producteurs,
Affermir par les sens sa raison exercée,
Et régler ses vertus par la noble pensée.

    Sous ces traits, Zoophile, au gré de son desir,
Se figurait la vie, et croyait la saisir :
Mais, changeant d'attributs, et de cornes armée,
La nymphe mugissait en taureau transformée ;
Ou, remplissant d'instinct un colosse mouvant,
Développait sa trompe en subtil éléphant ;
En coursier aux longs crins, hennissante et sauvage,
Soufflait par ses naseaux tout le feu du courage ;
Dans les sables brûlés se voûtait en chameau ;
Dans les pacages frais paissait en doux agneau ;
Ou, lion hérissé d'une affreuse crinière,
Immolait un bercail à sa faim meurtrière ;
Ou, timide chevreuil, d'un autre instinct poussé,
Fuyait comme le trait par le chasseur lancé ;

---

[1] L'oxigène de l'air se combine avec le sang dans l'acte de la respiration.

[2] Le fluide des nerfs semble être celui de l'électricité, modifié dans ses propriétés par l'action vitale.

Plus loin, glissait sous l'herbe en couleuvre rampante :
Partout, soit qu'elle marche, ou bondisse, ou serpente,
Zoophile la suit ; partout, d'un soin pareil,
Il rompt des corps vivans le divers appareil :
Son œil savant la cherche aux fibres palpitantes
Des victimes en vain dans son temple expirantes :
Elle fuit leur dépouille, et disparaît encor.

Habitante des airs, Bione, en son essor,
Aigle féroce, plane au-dessus du tonnerre,
Et déchire sa proie en sa tranchante serre :
Là, corbeau messager des hivers et du sort,
S'alimente aux débris étalés par la mort ;
Là, variant sa taille et son aile emplumée,
Suspend un nid mobile à la verte ramée ;
Voyageuse hirondelle, arrive, en sa saison,
De ses fils sous les toits cimenter la maison ;
Ici, huppe élégante, une plumeuse crète
En coq doré des bois enorgueillit sa tête ;
Sous les buissons touffus, taciturne bouvreuil,
Montre un col empourpré sous un front ceint de deuil ;
Au loin, vers l'horizon, en vagabonde grue,
Elle entraîne sa troupe au milieu de la nue ;
Tantôt, ramier paisible, elle appelle l'amour ;
Et tantôt au carnage elle fond en vautour.
Zoophile en tous lieux de ses rets l'environne :
Sous des abris de fer son zèle l'emprisonne ;
Mais un mystère obscur la lui soustrait toujours.

De la nymphe éclipsée ô rapides détours !

O prodige où sa vue est encore abusée !
En mollusques jaunis la voilà déguisée :
Sans ailes pour voler, et sans pieds pour courir,
Vide du sang rougi qui semblait la nourrir,
Traînant des corps glacés, imbus de froide lymphe,
En immondes replis s'achemine la nymphe.
Ces monstres, allongeant leurs cylindres muqueux,
De leurs yeux élancés sur deux tubes visqueux,
Eclairent les lenteurs de leurs rampantes masses :
Les uns, versant leur glue en leurs humides traces,
Sans antennes, sans yeux, de leurs fronts animés
Consultent les sentiers ou libres ou fermés ;
Les autres, sous leurs toits, fossilleux hermitages,
Traînent en les portant leurs souples cartilages :
Bione, en chacun d'eux apparente à la fois,
Change d'aspects, d'instincts, sous d'uniformes lois,
Et, partout régulière en sa face bizarre,
En œufs tantôt féconde, et tantôt vivipare,
Echappe à Zoophile et confond ses esprits.

Il l'interroge encor ; mais, à ses yeux surpris,
Peuplant des animaux les entrailles ouvertes,
En fumant holocauste à son autel offertes,
Elle éclate et fourmille en minces vermisseaux !
Ces larves tout à coup recourbant leurs anneaux,
Attestant de ses jeux l'insaisissable cause,
Au miracle évident de la métempsycose,
Ont frappé Zoophile, ému d'étonnement. [1]

---

[1] La chimie prouve que tous les élémens de la matière

C'est là qu'il croit l'atteindre : ô nouveau changement !
L'insecte sinueux , fève un temps indolente ,
S'assoupit dans le deuil d'une mort apparente :
Sa crysalide s'ouvre... Ah ! de quel prompt essor ,
Le front brillant d'éclairs , la nymphe aux ailes d'or
Vole étaler sa robe azurée ou vermeille !
Telle , au tombeau d'un ver , l'industrieuse abeille
Médita ses travaux , ses politiques lois ,
La cire et le nectar qu'elle cueille à son choix ,
Ses palais celluleux , fruits de l'art des Euclides.
Tel sort d'un noir cercueil l'éclat des cantharides.
Ainsi le scarabée emprunte au larve impur
Son corselet bronzé , ses cuirasses d'azur.
Autour de Zoophile étincelle et bourdonne
Sous d'autres corps ailés l'innombrable Bione ,
Et mille papillons , promenant leurs couleurs ,
Semblent peupler les airs de voltigeantes fleurs.

    Mais lui , dont l'examen à la nymphe s'attache ;
Jaloux de soulever le voile qui la cache ,
Et la sentant partout remplir la terre et l'air ,
Jette l'œil sur un fleuve épanché dans la mer.

    Non moins fugace alors , la déité féconde

---

inorganique et organisée se transmuent l'un en l'autre sans se
perdre, pour former continuellement de nouveaux êtres. Les meilleurs esprits ont pensé que la vie, résultante des dispositions ma-
térielles , que l'intelligence ou ame des corps qui en sont doués ,
suivaient en eux le cours de ces mêmes changemens successifs.
De là le système pythagoricien , sur la transmission universelle ,
système qu'on a ridiculisé faute de le bien comprendre , et parce
que la suite des temps l'a obscurci de chimères.

Reparaît, nage, plonge, et pullule dans l'onde.

Le paon, qui de sa roue a déployé l'iris,
Les superbes aras, les brillans colibris,
Dans le luxe qu'au jour leur beau plumage étale,
Reluisent de moins d'or, de turquoise et d'opale,
Que les corps écaillés sous les eaux circulans
Qui parsèment d'éclat les flots étincelans,
Et qu'aux yeux du mortel dont elle est poursuivie,
Pour le mieux éblouir, a revêtu la vie.

Il la voit, bondissant sur le gouffre azuré,
Monstrueux cétacée au corps démesuré, [1]
Se placer dans les rangs des races maternelles
Dont s'allaitent les fils pendans à leurs mamelles.

Sous le harpon mordant Zoophile l'atteint :
Mais à se dévoiler nul art ne la contraint,
La forme que non loin elle a déja subie
Marche et nage à la fois, hurle en chien amphibie.
Qui, du castor terrestre ingénieux rival,
Signalant par ses mœurs son instinct social,
Guide, loge, alimente, et chérit sa famille,
Et s'amuse aux éclairs d'Électrone qui brille. [2]

Bione se propage en ces hôtes des mers
Par l'amoureuse loi de deux sexes divers.
Là, d'écailles vêtue ou de peaux onctueuses,
Poissons à triple rame, anguilles tortueuses,

---

[1] Grands animaux marins, mammifères.

[2] Les naturalistes ont remarqué que les phoques, les chiens
de mer, ont des mœurs sociales, se rassemblent par troupes, et
dans les temps orageux semblent se réjouir sur les bords de la
mer à regarder les feux lointains de la tempête.

Un germe, au loin frayé, baigne les œufs épars
Que, mère, elle abandonne aux paternels regards :
L'air la nourrit dans l'onde ; et ses molles trachées
L'aspirent en vapeurs à l'eau même arrachées.

De ses diversités Zoophile éperdu,
La touche, et reçoit d'elle un coup inattendu :
Plein de joie, il s'écrie : « Ah ! trompeuse Électrone,
« C'est toi qui m'abusais sous le nom de Bione !
« Au choc dont j'ai senti tous mes membres trembler,
« La Torpille à mes yeux vient de te déceler ». [1]
Il dit : mais la déesse, habile à se soustraire :

« Homme ! tiens en suspens ton esprit téméraire.
« D'Électrone et de l'air, mon éternel secours,
« Tout être qui respire emprunte le concours :
« Mais je les modifie à ma flamme immortelle ;
« Je m'allie Électrone, et je ne suis point elle.
« La matière, à mon gré, s'anime sous mes mains
« En zoophite abject comme en nobles humains. [2]
« A ton intelligence un dieu m'a-t-il bornée ?
« La moindre de mes lois, dis, l'as-tu devinée ?
« Là, tu vois, par l'hymen l'un vers l'autre attirés,
« Mes deux sexes féconds naître en moi séparés :
« Ailleurs mon double sexe, amoureux androgyne,
« Fait sortir tous mes fils d'une seule origine.

---

[1] La torpille, poisson électrique.

[2] On appelle zoophytes, les êtres qui participent de l'animali-
sation et de la végétation.

« De la chaîne de l'être, en mille ans de travaux,
« Crois-tu, pour m'entrevoir, saisir tous les anneaux ?
« Arrête ! ou crains qu'enfin la raison ne te quitte :
« Et si tu hais l'erreur, doute, observe, et médite.
    « Toi, qui ne peux d'un sel définir le cristal,
« Renonce à démêler mon attribut vital ».

Elle dit, et s'éclipse ; et laisse Zoophile,
Qu'enchaîne au bord des eaux sa stupeur immobile,
Triste, et désespérant de jamais découvrir
La nymphe que ses soins espéraient conquérir.
    A ses zélés transports l'abattement succède :
Muet, il se détourne, et son courage cède.
L'animal qu'observait son esprit curieux,
Mécanisme ignoré, fatigue alors ses yeux :
L'image de la vie irrite sa pensée.
Tel, aigri des refus dont son ame est blessée,
D'une beauté superbe un amant trop épris,
Détestant ses rigueurs, redoutant ses mépris,
Fuit l'objet dangereux de sa mélancolie,
S'efforce à l'oublier, et jamais ne l'oublie :
Ou, tel ambitieux, à qui le noir destin
Ferma loin de son but son oblique chemin,
Évitant le théâtre où naquit sa chimère,
Va de l'aspect des champs amuser sa misère :
Ainsi, trop agité de ses chagrins rêveurs,
Il distrait ses regards au spectacle des fleurs,
Et charme à leurs parfums sa tristesse adoucie.

    Une d'elles, la tendre et modeste Acacie,

Tente à son beau tapis et ses yeux et sa main : [1]
Sa fleur chaste et sensible, il la touche… et soudain
A ce léger affront, sa pudeur fugitive
Se cache, se reploie en sa feuille craintive,
Recule sur sa tige, et de son sein troublé
Au doigt profanateur le trésor s'est voilé :
Telle, sous l'œil impur qui blesse une vestale,
Tressaille, en l'évitant, sa honte virginale.
Il la cueille, et sa main ose encor la flétrir :
Elle s'émeut, s'agite, et se sentant périr,
En ses derniers tourmens, hélas ! elle lui crie :
« Bione m'animait ! tu m'arraches la vie » !....
La triste plante expire ; et l'homme audacieux
Que viennent d'humecter ses pleurs mystérieux,
Dans cette autre victime à la vie enlevée,
A senti fuir Bione en elle retrouvée.

Alors, tels que l'amant et l'intrigant des cours
Revolent à l'objet de leurs trompeurs amours,
Rappelés à subir des disgraces nouvelles
Par le moindre sourire et des rois et des belles ;
Tel encor Zoophile au sein des végétaux
Recherche l'Immortelle en leurs esprits vitaux :
Son cœur s'y sacrifie, et pour jamais se voue
A la divinité qui de ses vœux se joue.

Mais, éludant l'amour qu'il porte à ses attraits,
Se revêtant d'écorce, elle verdit ses traits :

---

[1] Plante dont la fleur est bleue, connue vulgairement sous le nom de sensitive.

Le sol trempe ses pieds et leurs fibres poreuses ; [1]
Sa tête dans le ciel boit les eaux vaporeuses ; [2]
Ses vastes bras touffus pompent dans l'air natal
Le lumineux fluide et l'aliment vital ;
Le liber membraneux est la double tunique
De son corps où circule un nectar lymphatique ; [3]
Et ce lait onctueux au sein d'un tendre aubier [4]
Porte de veine en veine un tribut nourricier.
Elle fut un vil gland caché sous la poussière ;
Et sa taille bientôt démesurée, altière,
Et de son large tronc les vigoureux rameaux
Égalent la hauteur des cèdres, ses rivaux,
Des mélèzes, des pins, et des ombreux platanes,
Nés Titans des forêts par leurs puissans organes,
Qui tous, hardis vainqueurs des orages des cieux,
Prêtant leur dais auguste à l'aigle impérieux,
Et des champs éthérés se partageant l'empire,
Balancent leurs sommets, où Bione respire.
   Plus humble, elle s'abaisse en modeste arbrisseau ;
Et ploie au gré des airs en flexible roseau :

---

[1] Sève ascendante, qui monte par la force de succion des racines et des vaisseaux de l'arbre.

[2] Sève descendante, qui est aspirée par les vaisseaux absorbans du parenchyme et des feuilles de l'arbre.

[3] Liber, enveloppe fine et corticale du corps de l'arbre, recouverte par le tissu extérieur de l'écorce.

[4] Aubier, couches cellulaires et tubulaires d'un tissu lâche et pulpeux qui se forment concentriquement sous l'écorce et sur le bois. Le cambium est un suc qui produit et nourrit les fibres ligneuses et les membranes des arbres.

Lierre , elle embrasse un orme entre ses plis dociles :
La plante a ses géans comme elle a ses reptiles.

Diverse en ses effets , Bione , au moindre vent ,
Frissonne sous le tremble en ses feuilles d'argent ;
Tandis qu'à ses côtés elle roidit la tête
De l'if , qui des hivers méprise la tempête.
Elle arme un houx luisant en piquant hérisson :
Sur le chaume elle appuie une riche moisson :
Là , de tiges avare , et prodigue en ombrage ;
Ici , féconde en tige , et stérile en feuillage ;
Tantôt aimant les champs arides ou trempés ,
Tantôt de rejetons que le fer a coupés
Renouvelant sa race ; ou provignant sa sève ,
Ou greffant en son sein d'autres fils qu'elle élève :
Et quand, sous une feuille égale quelquefois
En sa verte longueur à nos plus vastes toits ,
Les fruits du cocotier , et ses sucs délectables
S'enferment à l'abri de globes comparables
A ces œufs que l'autruche , oiseau dénaturé ,
Livre au sable inconstant qui les roule à son gré ;
Une graine germante , en sa coque fragile ,
Contient de tout l'érable une image fertile. [1]

Des jeux de la déesse étudiant le cours ,
Qui l'eût cru ? Zoophile a surpris ses amours :
Oui, ces fleurs dont l'éclat pare les bois superbes ,
Revêt les arbrisseaux , et reluit sur les herbes ,

---

[1] On a cru voir dans le radicule et la plumule de l'érable un appendice du tronc et des branches de l'arbre tout entier.

Sont en Bione ici les tendres attributs
Des sexes divisés, unis, ou confondus :
Leur corolle recèle en ses formes divines
Des pistils fécondés au feu des étamines. [1]
L'aurore a déjà vu leurs pétales s'ouvrir,
Et l'épouse à l'époux s'empressant de s'offrir,
Rendant le jour témoin de ses chastes délices,
A bu la volupté dans ses charmans calices.

En d'autres lieux, craignant le soleil qu'elle fuit,
N'osant fier son sein qu'à l'ombre de la nuit,
La vierge, que captive une pudeur timide,
Attend qu'à ses plaisirs le mystère préside. [2]

Si des rameaux lointains séparent les amans,
Zéphyre, favorable à leurs épanchemens,
Leur transmet le baiser qu'il porte sur ses ailes. [3]

Mais, ô surprise ! on voit, en légères nacelles,
Se mirant dans le fleuve et sur ses flots nageant,
Des fleurs de qui le sein brille d'or et d'argent.

Bione de son pied touchait le fond des ondes; [4]
Par l'amour éveillée au lit des eaux profondes,
Sur sa tige en spirale elle élève son corps,
Et monte de l'hymen goûter les doux transports.

---

[1] Pistils, parties femelles de la fleur ; étamines, parties mâles ;
pétales, parties colorées de la fleur.

[2] Nombre de fleurs ne s'ouvrent et ne se fécondent qu'après le
coucher du soleil. La sensitive est de cette espèce.

[3] Le vent porte les semences et la poudre fécondante des an-
tères aux fleurs femelles qui sont éloignées des fleurs mâles.

[4] La vallisneria spiralis.

Elle accueille un époux dans l'humide cortège
Des amans couronnés dont le nombre l'assiége,
Et qui tous, de leurs lits voguant vers ses appas,
Se groupent autour d'elle en allongeant leurs bras.
Dès que l'attrait charmant du lien qui l'engage
De sa fécondité lui confirma le gage,
Elle descend, et rentre au liquide séjour,
Pleine d'un germe heureux et fermée à l'amour.

Mais dans les champs, Bione à l'amour entraînée,
D'aigrettes, de boutons, d'ombelles couronnée,
En tulipe, en œillet, lève son front jaspé,
En lis majestueux éblouit l'œil frappé,
Se rougit en pavôt, en jonquille se dore,
S'ouvre en rose, et plus loin, errante passiflore,
A l'aide de ses mains grimpe en de longs circuits,
Où pend en espalier l'incarnat de ses fruits : [1]
Androgyne soumise au printemps qui l'agite,
Elle féconde en soi sa fleur hermaphrodite,
Et, prodiguant partout ses formes, ses hymens,
Souffle les légers fruits des bois et des gramens.
Le parasite oiseau, l'insecte qui fourmille,
Les transplantent au loin, et sèment leur famille.
Leurs germes, hérissés de crocs et d'aiguillons,
Ailés et chevelus, volent en papillons :
Ceux-ci sont dans l'orage à l'abri sous des tentes ;

----

[1] La grenadille, fleur mâle et femelle à laquelle j'ai préféré
donner son autre nom de passiflora, comme étant plus propre à
l'euphonie des vers.

Ceux-là voguent poussés par des voiles flottantes ,
Et du varech nageant la verdure et l'émail[1]
Tapisse au loin l'abîme où naquit le corail.

  Là , Bionc , affectant de gigantesques formes ,
Dont la grandeur vingt fois passe les plus hauts ormes,
En immense fucus , au dernier lit des eaux , [2]
De sa racine torse enfonce les rameaux :
Et quand de la clarté dans les flots pénétrante
La moitié de sa tige est dans le gouffre absente,
L'autre part , sur les joncs de lumière imprégnés ,
Épanouit au jour ses calices baignés.

Zoophile , effrayé de son corps sans mesure ,
Perd jusques à l'espoir de juger sa stature :
Il la voit reparaître , anémone des mers ,
Dans sa coupe rosée humant les flots amers : [3]
Simulacres trompeurs , ses vivantes pétales ,
Du renaissant Polype innombrables rivales ,
Aux vertus de leur être étonnent ses regards :
Leur vie entière encor dans leurs fragmens épars ,
Sous mille coups tranchans prompte à se reproduire ,
Semble l'hydre animé que rien ne peut détruire.

---

[1] Varech , végétation marine de diverses sortes.

[2] Fucus , plante marine dont les fleurs sont nombreuses et de
couleur pourprée ; on en connaît de plusieurs espèces , et je ne
décris que le plus extraordinaire , celui qui a sept ou huit cents
brasses de longueur , et qui , s'enracinant au fond de la mer ,
s'élève et se déploie à sa surface.

[3] Plante marine qui semble vivre en toutes ses parties , même
après leur section absolue , et participer à l'organisation animale.

Dès-lors, en son esprit, dont la confuse erreur
Lie et le madrépore, et l'insecte, et la fleur,
L'animal végétant, et la plante animale,
Confondent les degrés de l'échelle vitale.

L'aveuglement l'arrête ; et, courbant son respect,
Sous la divinité dont se voile l'aspect :
« Pardonne, lui dit-il , ô déesse invisible !
« Si je crus ton principe à mes yeux accessible.
« Né pour vivre et sentir, mais pour tout ignorer,
« L'homme en ton grand mystère est loin de pénétrer.
« Il doit de tes effets consulter la puissance,
« Et non pas de ta cause interroger l'essence.
« Terrasse un fol orgueil qui s'exhalte en géant,
« Et que sitôt la mort va rendre à son néant ».

Il achève, il soupire, et touche l'Immortelle,
Qui, réservant enfin un salaire à son zèle,
Et planant sous son voile encor mystérieux,
Console par ces mots son amant studieux.

« Essence de la vie, on ne peut me connaître ;
« D'organes primitifs le concours m'a fait naître ; [1]
« Fille des élémens, leur masse est mon trésor.
« Tout ce qui rampe ou nage, ou marche ou prend l'essor,
« En tient son germe actif, son instinct, ou son ame,
« Et l'être végétal a de ma propre flamme,

---

[1] La vie, impossible à définir, ne paraît être qu'un effet de l'organisation compliquée du système animal, comme le mouvement d'une mécanique est le résultat de l'ensemble des pièces dont toutes les parties sont soumises aux forces de l'équilibre.

« Emprunté la vertu d'y prendre et transformer
« L'aliment brut encor qui le doit animer.
« Par moi l'herbe des champs croît et se vivifie ;
« Les fleurs ont des amours, la plante fructifie ;
« Le fil veineux des bois, circulant appareil,
« Aspire l'air et l'onde et le feu du soleil ;
« La vie, obscure en eux, excite, échauffe, augmente
« Le ressort des vaisseaux où la séve fermente.
« Mais, pâture livrée à des êtres errans,
« Ne vois-tu pas qu'au sein d'animaux dévorans,
« Nourrissant de leurs corps les mouvans assemblages,
« Herbes, et fleurs, et fruits, bois, écorce, et feuillages,
« Revivent, ô miracle ! en des membres sentans, [1]
« En vifs canaux émus par des cœurs palpitans,
« En flots de sang rapide où ma chaleur abonde,
« En visqueuses humeurs dans le reptile immonde,
« En épaisse toison inhérente aux troupeaux,
« En plumage divers, substance des oiseaux.

  « Cette métamorphose, à ton esprit offerte,
« Suit-elle aussi les lois de la matière inerte ?
« Dis-moi par quel pouvoir, sans mystère vital,
« L'air, le limon, et l'eau montent en végétal ?
« Et comment il renaît en des chairs florissantes ?
« Et de quoi le cerveau tient des forces pensantes ?
  « C'est moi dont la vertu, modifiant les corps,
« Y change tout au gré de mes nouveaux accords.

---

[1] Transformation de la matière végétale en matière animalisée.

« Mes transmutations, les as-tu bien sondées ?
« Les rapports de tes sens, j'en forme des idées :
« Par eux à ton esprit le mal et le plaisir
« Signalent quels objets tu dois craindre ou choisir :
« Telles au front brillant des insectes fragiles
« Veillent pour leur salut deux antennes mobiles.
    « Du sentiment vital le rapide secours
« Aux loups ravit l'agneau, la colombe aux vautours :
« La prompte aversion, la vive sympathie,
« Soutient l'être qui meurt dès qu'elle est amortie.
« De là, sollicité d'un charme producteur,
« Je fomente en son sein l'amour générateur,
« Par qui, dans ses hymens, une source embrasée
« Propage de ses fils l'espèce éternisée ;
« Ardente volupté qui, peuplant l'univers,
« Emplit de moi les cieux, l'air, la terre et les mers.

    « De la vie en ta race examine l'image
« Telle que j'apparais aux degrés de chaque âge.
« Mon enfance chancelle, et mes impressions
« Devancent mon esprit, né des sensations.
« D'un sang laiteux et doux ma fraîcheur se colore :
« Tendre fleur, je frémis que l'air ne me dévore.
« L'adolescence accroît mon agile vigueur ;
« Plus belle un sang plus vif bouillonne dans mon cœur.
« Mes organes bientôt, robustes de jeunesse,
« Pleins de leur puberté, fermes avec souplesse,
« D'actives passions enflamment leur ardeur :
« Je brille entière alors de force et de splendeur.
« Bientôt le sang si prompt, vermeil en mes artères,

« Bruni de veine en veine, accable mes viscères :
« Mes pas , mes froids instincts, pesans et ralentis,
« Languissent par le flegme et le fiel investis ;
« Et la caducité, végétante, épuisée,
« Sous les rides du temps me traîne tout usée.

« L'homme qui me chérit, agité de regrets ,
« Rêve encor l'avenir, tient à mes nœuds secrets.
« A des êtres nouveaux il faut rendre son être :
« Il se plaint ; je le fuis : de la vie est-il maître ?
« Ses vieux ans ont vaincu la mort et les douleurs :
« Souvent un jour détruit les amans et les fleurs !
« Le hasard à mes vœux les laisse ou les arrache.
« Sur des lambeaux souffrans , là , je reste et m'attache ;
« Ou, d'un sang prodigué renouvelant les flots ,
« Des plus mortels combats je ramène un héros :
« Là , je quitte au bel âge une tendre nubile ,
« Qu'un souffle abbat, m'enlève en sa couche stérile.
   « Mais si l'art des mortels ne peut me dévoiler,
« Sache comment au moins il me peut rappeler ».

Le disciple, à ces mots, captive sa pensée
Qu'éclairent les leçons de la nymphe éclipsée :
Ainsi l'auteur divin des hommes et des cieux ,
En parlant à nos cœurs est absent de nos yeux.
Mais Bione poursuit : « Ta studieuse peine ,
« Source d'un art profond , n'aura pas été vaine.
   « Observe dans les corps à ton regard livrés
« Du double cours du sang les flots noirs ou pourprés ,[1]

---

[1] Le sang artériel rouge est plus oxigéné que le sang veineux ,
brun et chargé de carbone.

« Les routes de la lymphe, et de l'air que respire

« L'organe qui soumet la vie à son empire, [1]

« La voûte, appui du cœur, et les soulèvemens

« Du ressort musculeux, trépied des sentimens, [2]

« Les replis où du fiel l'amertume est empreinte, [3]

« Des siphons intestins le mouvant labyrinthe, [4]

« Et des sensibles nerfs l'irritable réseau

« Qui se perd aux circuits, dédale du cerveau.

   « Que l'horreur de la mort, ni son aspect livide,

« Ne glace ton esprit de mes secrets avide.

« Pour l'éloigner de tous, brave ses grands fléaux,

« Et d'elle-même apprends à détourner sa faux.

« Apprends comment des airs m'oppriment les haleines,

« Quel suc peut rajeunir le vieux sang de tes veines,

« Sous quels humides poids les sens sont endormis,

« Quelle aride pâleur suit les feux ennemis,

« D'où vient qu'aux animaux ma puissance est ravie,

« Comment tous leurs tissus ont leurs maux et leur vie, [5]

---

[1] Les poumons, où le sang reçoit de l'air le principe qui le colore et le vitalise, et où il se dégage du superflu des matériaux entrainés dans la circulation, qui le surchargent et le vicient.

[2] Le diaphragme, dont les agitations correspondent si vivement avec le plexus-solaire et avec l'épigastre.

[3] Le canal cystique, le cholédoque et le duodénum.

[4] Le canal intestinal, stimulé sans cesse d'un mouvement péristaltique, est partout pénétré de vaisseaux lymphatiques absorbans, dont les tuyaux capillaires sucent continuellement au passage les élémens des matières qui leur sont propres, et qu'ils séparent pour former le chyle dans le canal thoracique, qui le verse dans la veine sous-clavière gauche pour servir de là à la nutrition.

[5] Tous les organes sont composés de plusieurs tissus qui dif-

« Quel breuvage en chacun porte la guérison,
« Pour l'un est un remède, et pour l'autre un poison.
« Soumets les festins même aux lois de la doctrine
« Qui des hommes souffrans retarde la ruine.
« Jaloux de les ravir aux souffles empestés,
« Affronte les tombeaux et les lits infectés,
« Et des fruits vénéneux, et du sein des vipères,
« Exprime avec péril des baumes salutaires.

    « Bienfaiteur des humains, va, repoussant le deuil,
« Ranimer les mortels, transfuges du cercueil ;
« Et, d'un œil attentif guidant tes mains hardies,
« Combats l'invasion des pâles maladies.

    « De ralentir la mort je t'accorde le don :
« Que l'essai de ton art l'écarte de Néon ;
« Et, d'un père éploré réveillant l'espérance,
« Sois payé dans son cœur par la reconnaissance ».

    Soudain, manifestant ses effets animés
Au sein des eaux, des airs, des globes enflammés,
La nymphe, sous son voile, et revole, et s'exhale
Dans l'univers fécond par son ardeur vitale :
La nature par elle et tressaille et fleurit ;
Tout la sent, la desire, et l'appelle, et lui rit ;
Et, dans ses mouvemens, le feu dont elle brille
Réjouit des mortels l'immortelle famille.

---

fèrent tous en leur substance et en leur composition : un même
organe peut donc être affecté et périr en chacun de ses tissus
séparément, et ils ne se guérissent que par des médicamens
divers, adressés spécialement à chacun.

Zoophile, en son art par l'étude affermi,
Quitte son sanctuaire à la voix d'un ami :
Hypérandre l'appelle au lit du fils qu'il pleure :
Ils vont : hélas ! Néon touche à sa dernière heure !
Kallémète et Célie, en leur trouble indiscret,
Des yeux de Zoophile examinent l'arrêt :
Mais lui, leur opposant sa prudence glacée,
Calme et mystérieux, renferme sa pensée,
Et du symptôme obscur juste interrogateur,
Exprime enfin l'avis qu'il pèse avec lenteur.
« Mon art peut, rappelant Bione fugitive,
« En suspendre, dit-il, l'évasion furtive.
« Prends des sels alkalins les salubres cristaux,
« Et les esprits mordans exhalés des métaux :
« Préparons sur l'autel une offrande terrible,
« Favorable au retour de Bione invisible ».

A peine il a parlé, qu'Hypérandre à ses lois
Obéit ; et Bione est sensible à leur voix.
L'offrande présentée à l'active déesse
La rattache à Néon que soutient sa jeunesse :
Mais, sous l'épuisement de son sang écoulé,
En des frissons mortels il retombe accablé :
D'un trouble délirant les phases variables,
Usant de sa vigueur les restes secourables,
La fièvre au souffle ardent, aux transports inégaux,
N'annonce que la mort pour seul terme à ses maux.
Qu'osera Zoophile ? il soupire, il chancelle,
Et la victime échappe aux efforts de son zèle,
La vertu de son art n'est-elle qu'une erreur ?

Non, non, l'espoir lui reste et combat sa terreur.
D'un arbuste des monts la rougissante écorce
De son pouvoir salubre a décelé la force : [1]
Par l'antidote amer le monstre est détourné ;
Le mal fuit · de Néon le sang désordonné
En ses membres tremblans règle son cours plus libre,
Tous ses sens ont repris leur paisible équilibre,
Et, soulevant le faix qui surchargeait son front,
Il renaît, étonné d'un miracle si prompt.
De la vie aussitôt la déité propice
Revient, et chasse enfin l'hydre dévoratrice
Qui désole une mère et détruit son enfant.
Du monstre par degrés nuit et jour triomphant,
Son secours vers Néon, objet de tendres veilles,
Ramène la santé, nymphe aux couleurs vermeilles,
De roses couronnée accompagnant ses pas,
Mère du ris folâtre et brillante d'appas.
Dans les yeux du jeune homme un feu charmant pétille :
Zoophile le rend aux bras de sa famille.
O joie ! heureux transports par son art excités !
O doux regards sur lui tombant de tous côtés !
L'amante de Néon que son bienfait ranime,
Les parens consolés de la jeune victime,
Et leur fils, de la mort l'appelant le vainqueur,
De leurs contentemens font palpiter son cœur.
D'un pénible savoir ô noble récompense,
Que l'homme avec amour paie à la bienfaisance !

---

[1] Le quinquina, dont la vertu fébrifuge est si surprenante et
si éprouvée.

Quel glorieux salaire égalerait le prix
De ces tributs si chers aux généreux esprits !
Tous comblaient leur sauveur de vœux et de caresses :
Tous, ils lui consacraient leurs cœurs et leurs richesses :
Tous à l'envi louaient, en mots reconnaissans,
L'art de ces demi-dieux, esprits compatissans,
Qui prolongent en nous par un zèle honorable
La trame de la vie, aux yeux impénétrable.

FIN DU QUATRIÈME CHANT.

CHANT CINQUIÈME.

SOMMAIRE.

HYPÉRANDRE déplore la ruine de son pays et la mort de son ami Mégathyme. Psycholie, divinité de l'âme, tourne ses pensées vers la mort; Bione, nymphe de la vie, reproche à cette autre déesse de s'emparer seule de quelques hommes, et de rompre en eux l'équilibre entre les facultés conservatrices de l'âme et du corps, ce qui cause les maladies morales qui les tuent. Réponse de Psycholie. Cette déesse inspire à Hypérandre le projet de sauver les captifs symphytes. Il marche inconnu vers le lieu des sacrifices. Atlas ordonne aux prisonniers d'encenser son autel; ceux qui résistent sont livrés au glaive; Hypérandre se déclare au milieu d'eux, et conjure la colère du ciel contre les vainqueurs : au même instant, les ténébres se répandent sur la terre. Éclipse du soleil : la déesse Ménie (la lune) voile la face d'Hélion (le soleil). Mais Atlas et ses frères s'imaginent être en butte au courroux de l'infernale Hécate, et veulent hâter la mort des captifs pour l'apaiser par cet holocauste. Hypérandre promet aux Atlantes le prochain retour de la lumière, s'ils jurent d'accorder aux Symphytes enchaînés la liberté et la vie. Le serment est obtenu : aussitôt la divine Lampélie (la lumière) reparaît, dégage Hélion de l'ombre du char de Ménie, et, se précipitant du ciel, rompt les fers d'Hypérandre et de ses amis. Les Atlas, étonnés du savoir astronomique de ce Symphyte, projettent de se l'associer en le nommant demi-dieu, s'il donne l'exemple de les adorer aux habitans de l'île. On lui

porte la nouvelle de cette apothéose projetée ; mais la
mélancolie le possède ; et il se promet de ne point trahir
la religion naturelle de sa patrie. On l'appelle, il
s'avance parmi la foule et les pompes, seulement suivi
de son fils Néon, après avoir fait de tendres adieux à
sa femme Kallémète. Les Atlantes et les Symphytes
s'attendent à le voir déifier : il se prononce hautement
contre l'imposture des Atlas ; et, jaloux de servir de
modèle, non d'esclavage et d'idolâtrie, mais de magnanime fidélité aux lois de l'Etat, il s'immole de sa propre
main à ses principes devant l'autel des faux dieux.
Funèbre triomphe du héros, à qui l'on dresse une tombe
en secret. Kallémète et Néon viennent le pleurer. La
divine Psycholie les console, en leur apprenant que
son ame est glorieusement recueillie par elle, et que
Syngénie a repris par ses affinités les élémens matériels
de son corps. Elle leur commande d'obéir à ses dernières volontés en fuyant leur contrée assujettie aux
Africains. Elle prescrit à Néon d'épouser la fille de
l'ami de son père. Celui-ci va disposer les apprêts de sa
fuite. Le génie Métrogée lui donne des instructions sur
son voyage, et lui appareille une barque voilière : il
lui conseille de prendre pour guides, sur les mers, les
astres et la déesse épouse de Sider, dieu du fer, et
amante des Axigères, dieux des pôles. Il lui raconte
brièvement l'histoire de la nymphe Magnégyne, image
de l'aimant conducteur, et lui révèle que cette sœur
d'Électrone ouvrira, par la boussole, toutes les routes
à la navigation. Mariage de Néon et de Célie célébré
sous des auspices funéraires. Départ de ces époux,
accompagnés de Kallémète et du savant Zoophile ;

ami d'Hypérandre. Cependant l'île Atlantide qu'ils abandonnent est menacée d'un renversement.

Pyrotonne, dieu des détonations, retourne, par le chemin des volcans, vers l'empire souterrain de la nymphe Sulphydre. Théose, être suprême, a livré la terre criminelle aux convulsions de la matière, en punition de l'oubli des vraies divinités de la nature, à qui vont succéder dans le monde les fables sacriléges et les erreurs du culte mythologique.

L'ATLANTIADE,

ou

LA THÉOGONIE NEWTONIENNE.

CHANT CINQUIÈME.

Du joug pesant d'Atlas l'île partout chargée,
Perdait avec ses lois jusques au nom d'Eugée :
Il ne lui restait plus, depuis ses grands revers,
Que le nom d'Atlantide et la honte des fers.
Les enfans de Japet, en dieux de la contrée,
Voulaient qu'elle encensât leur image adorée ;
Et de ses habitans les refus généreux
S'expiaient sous les coups du glaive rigoureux.

Hypérandre pleurait son antique patrie,
Conquise par Atlas et de son nom flétrie :
Il pleurait Mégathyme aux champs d'honneur tombé :
A ses yeux pour jamais son ami dérobé
Laisse un vide profond dans son cœur solitaire ;
Le reste de son ame, accablé sur la terre ;

Ne tend qu'à se rejoindre à sa noble moitié,
Dont l'éternel regret pèse à son amitié.
Des tristes entretiens dédaignant l'assistance,
Son sein mâle se ferme à toute confidence :
Muet, sombre, il promène un fatal désespoir
Loin des lieux les plus chers qu'il s'afflige de voir.
En vain Néon guéri s'efforce à lui sourire ;
En vain de ses terreurs Kallémète respire ;
Leur calme renaissant ne peut le consoler.
Loin d'un fils, d'une épouse, il songe à s'exiler :
Mais de ses noirs chagrins où sera la retraite ?
Ah ! dans l'asile où dort le héros qu'il regrette.
Par de fidèles mains il sait qu'un lit creusé
Reçut son corps sanglant à l'ombre déposé :
Ses soins d'entre les morts et les débris des armes
Avaient fait retirer cet objet de ses larmes :
Du myrica brûlant les résineux rameaux [1]
Furent de son cercueil les funèbres flambeaux :
Et, le soir, Hypérandre, à l'écart des profanes,
Venait pleurer sa perte et saluer ses mânes.

Ce fut là qu'en son cœur, ennemi des Atlas,
Soufflant l'horreur de vivre et l'amour du trépas,
Psycholie aussitôt, divinité de l'ame,
Prête à le transporter sur ses ailes de flamme,
Mit la main sur son front, lui saisit les cheveux,

---

[1] Myrica, ou arbre à cire, duquel on recueille une gomme de
couleur brunâtre, qui, préparée, jaunit, et même blanchit à
l'égal de la cire des ruches à miel.

Et tourna vers la mort la fureur de ses vœux
Dès ce moment fatal , poussé par la déesse
Vers l'oubli de la terre où penchait sa tristesse,
Sans projets, sans espoir, sans desirs, sans amour,
Il rechercha la tombe et détesta le jour :
Lorsque, troublée enfin par sa mélancolie,
Bione, tout émue, accusa Psycholie.

  « Arrête ! que fais-tu , superbe déité ?
« Où conduis-tu sans frein ce mortel agité ?
« Veux-tu me le ravir au midi de son âge ?
« L'ai-je en vain par ma force enlevé du carnage ?
« Ai-je en vain de son fils , dévoré d'un poison,
« Rouvert les yeux mourans , hâté la guérison ?
» Son épouse à ses bras a-t-elle été ravie ?
« N'a-t-il plus de lien qui l'enchaîne à la vie ?
« Les fruits de mes bienfaits lui restent à cueillir,
« S'il n'est privé par toi des douceurs de vieillir.
  « Ni les contagions , ni les larges blessures,
« Ne portent aux mortels d'atteintes aussi sûres
« Que les chagrins rongeurs , si lents à se guérir,
« Qu'en ses sombres transports l'ame leur fait souffrir.¹
  « Des esprits des humains fière dominatrice,
« Tu sais que de leurs sens je suis la conductrice :
« Pourquoi violes-tu notre accord mesuré
« Qui des êtres maintient l'équilibre assuré ?

---

¹ Les tristesses continuelles, maladies cérébrales qui résultent d'une trop grande agitation d'esprit, ou d'un désordre dans l'organisation physique, sont plus souvent incurables que les maux corporels.

« Pourquoi désunis-tu notre égale influence
« Qui de l'ame et du corps tient la force en balance?
« A tes fougueux conseils l'homme trop incliné
« Échappe à mes attraits, dans la tombe entraîné :
« Penche-t-il vers toi seule, une héroïque ivresse,
« Avant l'âge séchant les fleurs de sa jeunesse,
« De mes biens abondans prompte à le dessaisir,
« De mes tendres amours détachant son desir,
« Tout entier le consume au feu de la pensée,
« Et n'en laisse trop tôt qu'une cendre glacée.

   « Mais, si, réglant en paix sa raison et ses sens,
« Nous le guidons ensemble au but de ses vieux ans,
« L'âge, de ses malheurs tempérant l'amertume,
« Prolonge en lui l'ardeur qu'en ses veines j'allume ;
« Et son heure l'atteint, rèvant à l'avenir,
« Aux bras de ses enfans dont il se voit bénir ».

   Ainsi la déité de la course vitale
Disputait sa victime à sa noble rivale :
Mais sur elle abaissant un regard de mépris :

   « Tes dons pour les grands cœurs sont-ils d'un si haut prix
Lui répond en courroux l'auguste Psycholie :
« Vante-les aux mortels dont la foule avilie
« Peut survivre aux regrets d'une pure amitié,
« Aux lois de la patrie où leur cœur s'est lié,
« Au spectacle cruel d'un commun esclavage,
« A la mort des héros qu'affranchit leur courage !
« Ces rampans animaux, qu'à tes grossiers appâts
« Captive l'aliment promis à leurs repas,

« Ni les fers d'un tyran , ni ses sanglans caprices,
« Ne pourront de leurs goûts altérer les délices,
« Si , contentant chacun leurs besoins assouvis ,
« Ils comptent de longs jours de plus longs jours suivis ;
« Dût même un lourd sommeil, en leur grasse abondance,
« Surcharger le déclin de leur caduque enfance.
  « Mais ces ames de feu , qui de tes vils ressorts
« Ne font qu'un instrument à mes nobles transports,
« Libres en leurs élans des lois de ta matière ,
« Te ravissent le droit d'allonger leur carrière ;
« Leur vertu , courageuse en ses vœux absolus ,
« Quand tu veux l'enchaîner, s'envole où tu n'es plus ,
« Et , cherchant hors de toi sa gloire incorporelle ,
« Remonte indépendante à ma source immortelle ».

  Elle dit ; et Bione a tressailli d'effroi
Pour le noble martyr qu'elle entraîne après soi,
Et que , dans la cité que l'Atlante humilie ,
Veut sous l'œil du vainqueur ramener Psycholie.

  Averti du péril des captifs rassemblés
Devant l'autel d'Atlas, tout près d'être immolés ,
Hypérandre en ses maux garde quelque espérance
De pouvoir, s'il paraît, tenter leur délivrance :
Dût sa tête payer son effort généreux ,
Ses frères le verront mourir au moins pour eux.
  Il marche à pas obscurs ; et pénétrant sans crainte
L'accès tumultueux de la sanglante enceinte ,
Déguise sous un calme utile à son dessein
Les sombres passions qui roulent dans son sein :

Sa pitié se comprime, et sans verser de larmes
Voit ses concitoyens enchaînés et sans armes.
　Tout se range : le chef des sacrificateurs
Annonce d'Uranus les neveux imposteurs.
Sur leur autel tous deux s'érigent en idoles :
Leur trépied fume ; Atlas profère ces paroles :

　« Cieux, obéissez-moi ! mers et terres, tremblez !
« Peuple, adore à genoux nos deux fronts constellés !
« Tu crus que de Vulcain les secours manifestes
« Triompheraient des coups de nos armes célestes :
« Ses feux se sont éteints sous les regards d'Hesper.
« Notre race est égale aux fils de Jupiter.
« Honorez donc ici , de fêtes solennelles ,
« Et d'Atlas, et d'Hesper les splendeurs fraternelles.
　« Tous ceux de nos captifs destinés à Pluton ,
« Qui brûleront l'encens en notre auguste nom ,
« Vivront soustraits par nous aux supplices des mânes :
« Mais aux noirs flots du Styx je plonge les profanes
« Qui , lents à consacrer nos divins attributs ,
« Balanceraient encore à m'offrir leurs tributs ».

　Il dit ; et des vaincus la triste défaillance
Pour éviter la mort se prosterne et l'encense ;
Mais, payant leur respect d'un surcroît de mépris,
Les soldats à leur honte insultent par des ris.
　Hypérandre les plaint : cependant sa noblesse
Dédaigne de prêter secours à leur faiblesse :
Il demeure immobile. Un reste de grands cœurs ,
Nés pour braver du sort les dernières rigueurs ,

Refuse de ployer : déjà brille le glaive :
Une part cède encore, et l'autre se soulève.
Atlas fronce en courroux un sourcil menaçant ;
Et la terre reçoit les prémices du sang.

Tout à coup, emporté d'un aveugle courage,
Hypérandre s'élance au milieu du carnage ;
« Et moi ! moi ! frappez-moi ! dit-il en son transport ;
« Les dieux donnent la vie , et vous donnez la mort !
« Eh bien ! en m'ajoutant à ces nobles victimes,
« Punissez nos vertus qui vous semblent des crimes ;
« Et que ces mêmes cieux où vous dites régner ,
« Couvrent d'horreur l'autel que mon sang va baigner »

Il dit ; un bruit confus s'élève dans l'arène.
Atlas suspend les cris de sa cour inhumaine :
Il arrète le meurtre, et fait charger de fers
Ce héros dont l'orgueil l'étonne en ses revers.
On le traîne à l'autel : Hesper , qui le contemple ,
Reconnaît Hypérandre et réclame un exemple.
Son dépit se souvient qu'il en fut méprisé :
Par le ressentiment son cœur est embrasé.
La haine des humains ne tend qu'à la vengeance ;
Et nul faux dieu jamais n'est un dieu de clémence.
Implacable , il s'adresse à son frère ébranlé ;
Et l'arrêt du héros de leur bouche a volé.
Mais , ô stupeur ! ce ciel , dont en accens funèbres
La victime irritée évoqua les ténèbres,
Ce ciel où rayonnait un soleil éclatant ,
Semble au vœu d'Hypérandre obéir à l'instant !

Retirant pas à pas sa clarté décroissante,
Son astre, en reculant, paraît fuir d'épouvante.
Enveloppé soudain du manteau de la nuit,
Le jour s'est étoilé; la mer s'enfle à grand bruit;
Les vents grondent; tout tremble : un cri presqu'unanime
Du meurtre des captifs retarde encor le crime.
    Hypérandre, lui seul, instruit par Hélion,
Voit des ombres sans peur la noire effusion.

    Curgyre, qui, traçant les orbites ovales, [1]
Tient des célestes chars les rênes sydérales,
Guidait Ménie alors devant l'astre enflammé
Qui souvent la rappelle au nœud qu'elle a formé; [2]
Et se sentant plus près d'Océan qu'elle attire,
La déesse, roulant au char du dieu Curgyre,
Dérobait au soleil le terrestre univers,
Pour qu'il ne la vît pas sourire au roi des mers.
Le mystère couvrait son passage écliptique,
A l'ardent Hélion cachait sa route oblique, [3]
Interrompait le jour, et d'un front ombragé
Voilait au dieu jaloux son rival protégé.
De ses pas clandestins l'approche ténébreuse

---

[1] On doit se rappeler que Curgyre désigne la puissance qui
dirige la courbe elliptique des astres, et que Ménie désigne la
lune.

[2] Le nœud est le point de section de l'orbite, ou chemin de
la lune, sur la ligne écliptique.

[3] On sait que la lune en conjonction, c'est-à-dire entre la
terre et le soleil, éclipse cet astre en passant devant lui. Les
éclipses de soleil sont quelquefois partielles; celle-ci est totale.

Agitait l'Océan, dont la fougue orageuse
Vers elle s'élançait avec de longs sanglots
Mêlés confusément aux cris de tous ses flots.
La lune rougissant parut toute sanglante :[1]
Et la Nuit, tout à coup, sur la terre tremblante
Avait d'un crêpe affreux en sa sombre épaisseur
Par-delà l'horizon déroulé la noirceur.

L'ignorance d'Atlas éperdue et glacée
Croyait voir dans les cieux la fille de Persée,
La triple Hécate offrir son visage effrayant,
Et de ses chiens hideux le cortége aboyant.
L'ame du jeune Hesper était épouvantée :
Lorsque élevant la voix, le fol Épiméthée,
Frère aussi des Atlas mais, entre ces faux dieux,
Des plus lâches conseils auteur pernicieux :
    « Vous le voyez, dit-il, la déesse infernale
« Accuse la lenteur de l'offrande lustrale ;
« Et vient vous annoncer qu'autour des sombres bords
« Sa vengeance cent ans repoussera nos morts,
« Si le sang ennemi, que proscrit son augure,
« N'honore au nom du Styx leur sainte sépulture.
    « Nous te satisferons, triple divinité,[2]
« Dont Cœlus vit fonder l'antique majesté ;
« Dont le front, tour à tour lumineux et nocturne,
« Fut aux cieux couronné dès l'âge de Saturne.

---

[1] L'irradiation de la lumière solaire rétrécit le disque de la lune, et lui donne quelquefois une teinte cendrée rougeâtre.

[2] Voyez la Théogonie d'Hésiode.

« Tu précédas son fils : son usurpation
« N'osa même attaquer ta domination :
« Du règne des Titans contemporaine illustre,
« Leur vainqueur conserva tes droits en tout leur lustre.
« Tu vis Hypérion créer l'astre du jour.
« On t'invoque trois fois en ton divers séjour ;
« Et sur la terre, au ciel, et dans la mer profonde,
« Le temps fait respecter tes trois faces au monde.
    « Quitte ce deuil sinistre ; et, changeant d'attributs,
« Ne romps plus les rayons de l'éclatant Phébus !
« Noire et terrible Hécate ! auguste vengeresse !
« De mon frère immortel dissipe la tristesse ;
« Et que ces vils captifs, en holocauste offerts,
« Escortent ton retour au palais des enfers ! »

Il achève ; et la mort plane sur Hypérandre :
Mais, d'un ton solennel qu'il ose faire entendre,
Lui, toujours calme et fier, ainsi parle aux Atlas :
    « Jurez à vos captifs qu'ils ne périront pas,
« Si de vous toutefois la lumière attendue,
« Prédite à peu d'instans, vous est bientôt rendue.
« Je l'annonce à vos yeux : prompts à vous détromper,
« Si ma voix vous mentit, vous pourrez me frapper ;
« Mais si dans un moment luit la clarté soudaine,
« Promettez-nous la vie, et rompez notre chaîne ».

Il dit ; et les Atlas, en leur frémissement,
Hésitaient pour leur gloire à souscrire au serment ;
Mais le concours nombreux dont l'effroi se déclare,
Les contraint d'attester leur Styx et leur Tartare.

A peine le serment leur est-il arraché,
Que de son nœud céleste aussitôt détaché,
Le disque où de la Nuit voyageait la courrière
Dégage en arc de feu l'aile de la lumière : [1]
La fille du soleil abat le voile obscur
Qui de son père auguste éclipsait le front pur ;
Des splendeurs d'Hélion, la mer, la terre emplie,
Tressaille d'allégresse ; et soudain Lampélie
Fendant le mol azur, et traversant les airs,
De son révélateur descend briser les fers.

« Je viens, j'accours, lui dit la nymphe éblouissante,
« Signaler les clartés de ta tête pensante,
« Dont l'oracle certain atteste quel pouvoir
« Sur l'inimitié même exerce un haut savoir ».
    Elle dit, et revole ; et la foule idolâtre
Qui la voit de ses dieux colorer le théâtre,
La prend pour cette Iris dont elle croit qu'aux yeux
L'écharpe se nuance en un ciel pluvieux.

    Tandis que sur son char Ménie, à pas rapides,
Roule au cercle allongé que bornent ses absides, [2]
Et court à d'autres nœuds que la terre à son tour
Doit voiler sous son ombre au dieu lointain du jour ;

---

[1] La lune, en poursuivant sa route, découvre d'abord un des côtés du disque du soleil, qui trace au-dehors d'elle un croissant tout lumineux ; ce croissant s'élargit rapidement, et l'orbe entier de l'astre reparaît.

[2] Absides, les deux points les plus éloignés du foyer des ellipses, ou traces ovalaires de la carrière des astres.

Des éclipses des cieux l'infaillible prophète
Avait de ses périls conjuré la tempête,
Et ranimé l'espoir d'un parti courageux ;
La mort fuit : tel, au sein des étés orageux,
Quand trop de feu chargeant l'atmosphère obscurcie
N'a fait d'un vaste ciel qu'une nue épaissie,
Les animaux, les bois, l'air, tout est comprimé ;
Mais lorsque d'Electrone un éclair allumé
Sur le nuage obscur lance ses traits lucides,
Les vapeurs s'écoulant tombent en flots liquides,
L'air, plus léger, reprend sa douce pureté,
Et l'homme sous les cieux respire en liberté.

    A leur trouble muet Hypérandre abandonne
Les vainqueurs et leur cour que son miracle étonne :
Il ramène avec lui ses amis délivrés.
Tout le bénit, l'adore, et ses pas sont sacrés.
Que de son nom divin Atlas se glorifie,
Ah ! mieux qu'un fol encens le savoir déifie,
Et, roi des élémens sans s'ériger d'autel,
Quand la vertu l'appuie, il rend l'homme immortel.

    La gloire du héros, dernier honneur de l'île,
Devança son retour au sein de son asile ;
Ce bruit de son triomphe, admiré des vainqueurs,
Vint charmer sa famille abandonnée aux pleurs.
Kallémète pourtant, au récit de sa gloire,
Mesurant ses écueils pâlit de sa victoire ;
Et son amour tremblant frémit d'encourager
Un époux trop enclin à l'oubli du danger ;
Son cœur à ses vertus n'applaudit qu'en silence.

Mais de son fils Néon la jeune véhémence
Palpitait, exaltait un mémorable honneur,
Dont sa valeur naissante enviait le bonheur.
Pour un laurier égal son ame enorgueillie
Eût sacrifié tout, hors la tendre Célie !
Célie est à ses yeux plus chère que le jour ;
Il quitterait la vie, et non un tel amour.
Cette triste orpheline, oubliant sa misère,
Éprouve encor la joie aux bras d'un second père,
Dont sur ses nœuds futurs vont bientôt rejaillir
Les bénédictions qu'il a su recueillir.
  Chacun parlait de lui dans l'Atlantide émue :
Tous redisaient son nom ; tous demandaient sa vue ;
Mais il se dérobait aux curieux transports :
L'absence d'un ami, descendu chez les morts,
Du plus digne témoin a privé son courage,
Et de ses mânes seuls recherchant le suffrage,
Il retourna dans l'ombre égarer sa douleur.
Là, bientôt le soupçon épia son malheur :
On surveilla les pas de ce vainqueur modeste,
Soigneux d'ensevelir sa gloire manifeste,
Si simple en sa grandeur, que ses humbles vertus
Semblaient un art profond aux esprits corrompus ! [1]
  Partout on entend dire au peuple qui le nomme,
Nos nouveaux dieux si vains sont moins grands qu'un tel homme ;

---

[1] Le plus grand malheur des bons est de ne pouvoir convaincre les méchans, témoins de l'estime qu'ils s'attirent, que
leurs vertus sont vraies, naturelles et comme instinctives, et
d'exciter la défiance par leur perfection même.

Il nous donna des mœurs, nœuds plus forts que les lois,
Et l'ordre du ciel même obéit à sa voix.
Son exemple inspirait les mâles résistances ;
Des Atlas en son nom l'on bravait les vengeances ;
Eux-mêmes, des efforts de la rébellion,
Accusaient son horreur pour leur religion :
Leur armée et leur cour, leurs propres satellites,
Révéraient son génie autant que les Symphytes ;
Et par nulle rigueur n'espérant l'effrayer,
Ils voulaient le détruire ou se l'associer.

« Les mouvemens du ciel, dit Atlas à ses frères,
« A ce docte mortel découvrent leurs mystères :
« Que son art, confident des constellations,
« Nous aide à subjuguer l'esprit des nations.
« Rappelés dans l'Afrique et la double Hespérie,
« Bientôt nous reverrons notre antique patrie.
« Confions l'Atlantide à ses habiles mains,
« Au prix d'y maintenir nos honneurs souverains.
« Du rang de demi-dieu cédons-lui la puissance,
« Et partons consacrés par sa reconnaissance.
« Son intérêt, fondant notre culte affermi,
« Cimentera l'autel dont il est ennemi,
« Et de riches tributs, fruits de notre conquête,
« Nous suivront sur les mers où notre flotte est prête ».

Ainsi parlait le dieu de l'empire africain,
Où son aïeul assit son colosse hautain.
Messager de sa loi, le lâche Épiméthée
Instruisit de ses vœux l'Atlantide agitée.

Les Symphytes soumis, rassemblant leurs tribus,
Vont de son nouveau rang offrir les attributs
Au sévère Hypérandre, hélas! bien loin encore
De songer aux faveurs dont l'ennemi l'honore;
Que dis-je? de prévoir qu'Atlas sut lui dresser
Un piége où sa vertu risquât de s'enlacer.

On lui porte un bandeau, céleste diadème;
Il s'entend appeler l'ami d'un dieu suprême:
Le reste du discours prononcé devant lui
Du récit de sa gloire est un pompeux ennui;
Harangue dont toujours les orateurs serviles
Lasseront les héros, maîtres futurs des villes.

Il écoute en silence; et ses troubles secrets
Se voilent aux regards sous d'immobiles traits:
Car, lorsqu'il faut régler les fortunes publiques,
Cet homme ouvert et simple en ses mœurs domestiques,
Né sensible et bouillant, et prompt à s'épancher,
Renfermé dans soi-même, est plus froid qu'un rocher.

Néon auprès de lui, Kallémète attentive,
Prêtaient à son éloge une oreille captive,
Et se sentant charmer à de fausses grandeurs,
Du muet Hypérandre accusaient les froideurs.
Lui, sur les envoyés jetant un œil tranquille,
Leur dit: « C'est devant tous, et non dans mon asile,
« Que je vous dois répondre, et prendre ou refuser
« Le rang de demi-dieu qu'on me vient proposer.
« Demain rassemblez-vous: et le peuple symphyte
« Saura par quelle offrande il faut que je m'acquitte ».

Il dit ; et sur le seuil les voit se prosterner :
Son front ne daigna pas seulement s'incliner.

Zoophile , introduit dans les flots de la foule ,
Jusqu'au dernier moment où leur nombre s'écoule ,
Lit au front d'Hypérandre , et cherche dans ses yeux
Si sa droite équité va fléchir aux faux dieux.

De sa demeure enfin tous ont quitté la porte.
Alors , entre deux cœurs qu'un fol espoir transporte ,
Resté seul , il s'assied : mais , dans ses nobles soins ,
Plein d'alarmes , gêné par ces tendres témoins ,
Il fuit encor les yeux de son fils , de sa femme ,
Étrangers cette fois aux pensers de son ame.
   Kallémète et Néon , tremblans en leur réduit ,
L'attendront vainement dans le cours de la nuit :
Tel , jusqu'au lendemain , un pasteur sur la terre
Attend Vesper qui brille en un autre hémisphère ,
Et qui pour lui s'absente au coucher du soleil.

Hypérandre , oubliant les heures du sommeil ,
Dans l'ombre enseveli , s'absorbe , et se demande
Ce que le bien de tous et l'honneur lui commande.
   Telle qu'une balance , entre des poids rivaux ,
Qui font vers deux côtés pencher ses bras égaux ,
Cherche en ses mouvemens l'équilibre immuable ,
Premier axe du monde , unique loi durable :
Tel incline ce juste à des conseils divers.
Doit il , pour s'agrandir , consacrer des pervers ?
Il médite ; et sa vue aussitôt éclaircie

Te vit sortir de l'ombre, auguste Psycholie!
Tu frappas de ces mots son cœur religieux :

« Est-ce à toi de sceller un mensonge odieux ?
« Écoute ; entre les bras qu'un grand chêne déploie,
« Le vautour, méditant son essor et sa proie,
« Y réside insensible à la douce faveur
« De l'ombre où fut son nid et son abri sauveur :
« Tel est l'ambitieux : peins toi sous cette image
« Celui qui, trop jaloux d'un infidèle hommage,
« Fier d'immoler les droits par sa force envahis,
« Oublie en s'élevant les lois de son pays.
    « Ennemi des Atlas qui s'érigent un temple,
« Mégathyme en mourant t'a légué son exemple.
« Du nom de demi-dieu ton cœur est-il tenté ?
« L'orgueil te fera-t-il trahir la vérité ?
« Tu n'es rien qu'un mortel, rien qu'un fragile atome :
« Ne te pèse donc pas ; c'est peser un fantôme.
« N'assied pas l'avenir sur des statuts menteurs,
« Les lois n'ont d'autre appui que le pouvoir des mœurs;
« Pouvoir né de l'amour des vertueux usages,
« Fanatisme sacré qui survit aux longs âges,
« Et que, mieux que le glaive et toutes les rigueurs,
« Parfois un grave exemple imprime au fond des cœurs »

    Hypérandre, à ces mots, sent son ame remplie
D'une vive clarté, rayon de Psycholie;
Et sa noble vertu veut toucher des hauteurs
Où tendent des mortels les pas imitateurs,
Afin qu'un beau modèle offert à la mémoire
Les élève au dédain d'une coupable gloire.

Déjà même en secret son dessein est formé,
Terrible et grand mystère en son ame enfermé.

  L'aurore, à son retour, du fond de leur retraite
A déjà fait sortir Néon et Kallémète :
Ils sont près d'Hypérandre ; et ses yeux attendris
Mouillent de quelques pleurs sa compagne et son fils.
Sa douce émotion les saisit, les étonne ;
Il se tait cependant, il se tait et frissonne.

  « Pourquoi, pourquoi la nuit a-t-elle consterné
« Le front d'un demi-dieu, de gloire environné?
« Pourquoi, mon cher époux, sur ton fils, sur moi-même,
« Jettes-tu des regards remplis d'un trouble extrème ?
« Fier, sans l'avoir brigué d'atteindre un haut honneur,
« Sur le bonheur public assure ton bonheur ».
Ainsi dit son épouse. — « Eh ! quel malheur, mon père,
« Auriez-vous lieu de craindre en ce jour plus prospère ?
« L'air retentit pour vous d'un hymne triomphant :
« Joignez-vous aux Atlas ». Ainsi dit son enfant.
  Le héros les caresse, ému de leur langage ;
Mais son trouble à sa voix refuse tout passage.

  Deux femmes apportant un manteau fastueux
Qui devait relever son port majestueux,
En déployaient la pourpre aux regards d'Hypérandre :
Mais son austérité dédaignant de le prendre :
« Ma parure est, dit-il d'un ton plein de fierté,
« Ce glaive défenseur de notre liberté.
« C'est moi, non mes dehors, que je veux qu'on révère :

« Tout en ce jour sacré doit paraître sévère :
« Que ma vertu s'y montre, et non pas mon orgueil.
« On vient.... de nos foyers on entoure le seuil...
« Demeure, Kallémète ; et que Néon me suive :
« Mes discours frapperont sa jeunesse attentive.
« Implore pour nous deux, jusques à son retour,
« Le seul dieu qui nous donne et nous ôte le jour.
  « — O mon cruel époux ! quoi ! lui répondit-elle,
« Tu priverais mes yeux d'une pompe si belle !
« Quoi ! tu m'empêcherais de voir fumer l'encens
« Qu'arrachent tes vertus à nos vainqueurs puissans !

  « Oui, répond Hypérandre à sa timide épouse ;
« Je crains que d'un grand cœur la piété jalouse,
« Sans prévoir à quel but le mien veut parvenir,
« N'abatte les degrés que l'on m'ose aplanir,
« Et que tout mon courage, ébranlé par ta vue,
« Ne soutienne moins bien quelque attaque imprévue.
« Reste donc : notre enfant marchera sur mes pas ».
Il lui dit, et soupire, et la serre en ses bras.

  Les concerts glorieux bientôt se font entendre :
Kallémète reçoit les adieux d'Hypérandre,
Et ses pressentimens ont répandu des pleurs.

  Cependant les sentiers partout semés de fleurs,
Les guirlandes qu'au loin dans les airs on déploie,
Les chants, l'autel orné, tout annonce la joie.
Le peuple accourt en foule, et ses rangs à grands cris
Proclament le héros marchant avec son fils,

Et qui, les yeux baissés, au vulgaire innombrable
Laisse admirer l'éclat d'un front inaltérable.

Mais Néon, en passant : « Ah ! voici près de nous
« Zoophile qui semble agité de couroux !
« — Mon fils, dit le héros, ce mortel magnanime
« Attend qu'au bien de tous j'immole une victime :
« Il l'obtiendra bientôt : un sang pur va couler.
« — Qui, répliqua Néon, vas-tu donc immoler?
« Ah ! tu frémis, mon père, et ton aspect me glace....
« — Tais-toi, » dit le héros : en poursuivant sa trace,
Et détournant les yeux, il avait soupiré.

Mais son pied de l'autel monte un premier degré.
Atlas était absent : tel, auteur de l'orage,
Se cache un dieu terrible au fond de son nuage :
Le seul Epiméthée en dirigeait le cours.
Hypérandre non loin domine le concours :
Là, tout plein du projet qui roule en sa pensée,
Il s'arrête au milieu de la foule pressée :
Tel un grand aigle plane au-dessus des cités.
Son ame enfin s'exhale en accens irrités :

« Est-ce pour envahir un autel que j'abhorre,
« Que j'armai mon pays, et lui survis encore ?
« Au culte des faux dieux n'ai-je tant résisté
« Que pour m'attribuer leur immortalité?
« Ou n'ai-je prétendu qu'à sauver ma patrie
« D'un joug qui l'eût lassée, et surtout l'eût flétrie ?
« Ah ! si ce dernier vœu fut le seul de mon cœur,
« Amis ! de mes décrets maintenez la rigueur :

« Redoutez un vrai dieu ; bravez les dieux des fables.

  « Sur les chemins tracés, des termes immuables

« A tous les voyageurs marquent des pas égaux ;

« Ainsi, fixant la borne à tous les droits rivaux,

« La loi, déterminant leurs mesures prescrites,

« Doit aux prétentions opposer ses limites.

« Il est dans tous les cœurs une équitable voix,

« Législatrice auguste, et reine avant les rois.

« Si des trônes craignant l'orgueil héréditaire,

« Nul homme n'est d'un homme un sujet volontaire,

« Combien doit-on frémir sous le joug des mortels

« Qui des divinités usurpent les autels !

  « On me fait demi-dieu, mais au prix d'un parjure,

« Mais en vous enseignant à servir l'imposture....

« Je m'exile ; et j'échappe à cette impiété.

« Que tout homme couvert d'un éclat redouté,

« Idole du pays qui l'arma pour sa cause,

« S'enlève, en m'imitant, à son apothéose,

« Et sacrifie ainsi, par un coup solennel,

« Un être périssable au grand ordre éternel ».

  Il disait : tout à coup son bras armé se lève,

Et dans son noble sein plonge deux fois son glaive :

Il tombe : tout s'écrie ; et son fils éperdu

Court arrêter son sang à longs flots répandu.

L'air au loin est percé de clameurs lamentables :

Mais de derniers avis au peuple profitables

Par la voix du mourant vont être prononcés :

Son œil s'entr'ouvre encor sur ses amis glacés :

Il se sent dans les bras du docte Zoophile,

Gémissant de son art cette fois inutile ;

Homme qui l'eût maudit, s'il se fût nommé dieu,
Et qui pleure un martyr qu'illustre un noble adieu.

Le héros, s'adressant à la foule plaintive,
Rappelle encor à lui son ame fugitive :

« Concitoyens unis ! ne plaignez point mon sort.
« Qu'importe de longs jours comptés après la mort ?
« Qu'importe, en illustrant sa carrière franchie,
« De lui céder sa tête encor jeune, ou blanchie,
« Puisqu'il faut tôt ou tard lui payer ce tribut,
« Et qu'elle est de nos pas l'inévitable but ?
« J'appris, dès le berceau, qu'à la douce lumière
« La mort, eh ! pour jamais, me fermant la paupière,
« Hélas ! me ravirait l'aspect délicieux
« D'une épouse, d'un fils, du toit de mes aïeux !
« Je les quitte... à Théose en paix je m'abandonne.
« Heureux si l'avenir, aux leçons que je donne,
« Reconnaît qu'il vaut mieux se porter de tels coups
« Que d'être le fléau des libertés de tous ! »

Il dit ; et sur Néon appuyant sa faiblesse :
« Mon fils, à Mégathyme accomplis ma promesse....
« Il me légua sa fille...., il t'en nomma l'époux....
« Ton père meurt content s'il peut survivre en vous.
« Vis, et sur d'autres bords guide ta triste mère....
« Je l'ordonne...., obéis au dernier vœu d'un père....
« J'expire »... En achevant, son front s'était penché ;
Dans son sang qui fumait en ruisseaux épanché
S'écoulait sa grande ame ; et Bione, assaillie,
Par la victorieuse et fière Psycholie,

Avec effort contre elle encor se débattant,
Et rattachant la vie à son corps palpitant,
Lui retire à regret la flamme qui l'anime,
Et quitte en gémissant l'expirante victime.

La mort fait succéder à l'entour du héros
Aux hymnes d'allégresse un concert de sanglots.
On baise sa dépouille, on lui parle, on l'implore;
Roi des mânes sacrés, maintenant on l'adore.
Cette dépouille sainte est avec majesté
Promenée en triomphe à travers la cité.
Dans tous les bruits divers on n'entend que redire:
O trépas mémorable! ô vertueux délire!
Qui, mieux que la raison subjuguant les esprits,
Affermira nos lois chez nos neveux surpris?
S'enorgueilliraient-ils de ceindre un diadème,
A qui ce noble cœur préféra la mort même?
Lorsqu'en une nuit sombre un météore a lui,
Après que loin des yeux sa trace même a fui,
Long-temps de sa lumière éclate la mémoire:
Ainsi de l'homme éteint la passagère gloire,
De nombreux successeurs frappant le souvenir,
Rayonne encor sur eux jusque dans l'avenir:
Il brille, et son exemple a, par son influence,
Des décrets d'un sénat la durable puissance.
Ainsi de l'île entière Hypérandre adoré
Devint par son martyre un modèle sacré.

Des Atlas cependant les lâches railleries
Insultèrent son nom, ses images flétries:

Le vil Épiméthée, à ses frères menteurs,
Noircissant les portraits des nouveaux zélateurs,
Avait par ses récits provoqué l'inclémence.
La vertu fut traitée en aveugle démence :
Et les périls mêlés à des mépris moqueurs
Des leçons du héros détournèrent les cœurs.
    Toutefois en secret, les amis d'Hypérandre
Sous un tombeau lointain recueillirent sa cendre :
De vieux arbres touffus couvraient ce monument.

    Une nuit vint ; et l'air par son mugissement
De leurs rameaux courbés attristait le feuillage :
Le croissant de Ménie argentait leur ombrage :
Une femme plaintive et son enfant pieux
D'un pas lent s'avançaient au pâle éclat des cieux :
Bientôt, se prosternant sur la tombe sacrée,
Cette femme : « Ah, cruel ! plains ta veuve éplorée !
« Plains ton fils avec moi consterné de ta mort !
« Reviens, quitte ce lit où ta dépouille dort...
« Lit affreux.....! et pourtant, un fanatique zèle
« Te l'a fait préférer à ma couche fidèle !
« Tu ne m'aimais donc plus...! l'aspect d'un fils au moins,
« De ce fils dont l'amour récompensa nos soins,
« Hélas ! que n'a-t-il pu t'arrêter sur la terre....!
« Nous n'y traînerions pas notre deuil solitaire...!
« Et moi. qui, t'attendais, et qui, sous mes fuseaux,
« De tes faits sur le lin nuançais les tableaux,
« Aurais je vu soudain tant de pleurs se répandre,
« Et ton corps tout sanglant à ma porte descendre ?
« O coup fatal...! mes sens me manquant à la fois,

— Je tressis, je tombai sans lumière, sans voix :
« Je ne sais quelle nuit me couvrit de ténèbres;
« Je ne sais quel sommeil, en ses ombres funèbres,
« M'entraîna vers l'abîme, où mon regret te suit,
« Dans l'horreur de la mort, plus noire que la nuit :
« Mais je n'entendis plus, ne vis plus rien au monde....
« Et comment m'éveillai-je en ma stupeur profonde !
« Au bruit des longs soupirs, des sanglots redoublés
« Que poussaient tous les cœurs par ta mort désolés.
« Les pleurs de tes amis, les larmes de Célie,
« Rappelant aux douleurs ma force défaillie,
« A leurs gémissemens je mêlai mes clameurs.
« Quel désordre a sitôt changé tes douces mœurs ?
« Pourquoi m'abandonner, et trahir la promesse
« Qu'au berceau de ton fils me faisait ta tendresse ?
« Endormi sur mon sein, caressé dans nos bras,
« Il charmait tes loisirs : enfant, tu lui juras
« De le guider long-temps sous ton aimable empire;
« Tu paraissais heureux de son moindre sourire :
« Et pourtant, de ses maux tu commences le cours !
« Tu lui ravis son père, et me fuis pour toujours!
« Et nous n'apaiserons nos cœurs inconsolables
« Qu'en nous rassasiant de pleurs inépuisables!
« Quel dangers, quels tourmens, pires que ton trépas,
« Eussions-nous redouté du courroux des Atlas ?
« Ta vertu pour nous deux fut plus impitoyable....
« Seule, sans toi, que suis-je ? une ombre misérable.
« Réponds, barbare ! à quoi t'es-tu sacrifié ?
« A l'espoir d'un respect promptement oublié!
« Et de ce monde ingrat, inutile victime,
  Tu te seras banni sans en bannir le crime !

« Reviens! entends mes cris ! échappe au noir cercueil...!
« Lève-toi...! » Tout à coup, dans la nuit et le deuil,
Reculant vers Néon, la triste Kallémète,
(C'était elle) d'horreur entre ses bras se jette :
Elle avait cru revoir Hypérandre sanglant,
Fantôme, qu'une voix dissipe en lui parlant :
Psycholie en ces mots la console et l'éclaire :

    « Cet objet que tu vois, ce spectre imaginaire,
« Ce n'est point ton époux : n'attends plus son retour.
« Son visage où brillaient les vertus et l'amour,
« Ces yeux si purs, ce front coloré de jeunesse,
« Ce corps dont le maintien respirait la noblesse,
« Ce cœur sensible et fier, la mort a tout détruit ;
« Et d'instans en instans sa cendre même fuit.
« La nymphe Syngénie, à ses souffles humides,
« A noirci de ses traits les nuances livides :
« L'eau, l'air, et Pyrophyse, au sein des élémens,
« Dissolvent sa dépouille et ses froids ossemens ;
« Et ce que de terrestre enferme sa demeure,
« Par la nymphe emporté, s'envole d'heure en heure. ¹

    « Fuis donc un sombre asile où de lui rien n'est plus.

---

¹ La dissolution animale se manifeste par la décoloration des chairs qui verdissent et se noircissent, et elle s'opère par leur résolution en différens produits dus à la réaction réciproque de l'oxigène, de l'hydrogène, du carbone, et de l'azote qui les constituent : les phosphates et carbonates de chaux qui entrent dans la combinaison des os tombent en poudre à mesure que ceux-ci se putréfient.

« Son ame est dans mon sein : tes cris sont superflus.
« Jouis de sa mémoire au loin resplendissante ;
« C'est elle en qui sa vie est à jamais présente :
« En elle il n'est point mort : son héroïsme pur
« Revivra dans les chants d'un poëte futur.
« Tels, révérés des cœurs à l'équité fidèles,
« Brilleront en leurs temps, mémorables modèles,
« Le pasteur Abraham, le premier des Brutus,
« Régulus et Caton, martyrs de leurs vertus,
« Grands hommes, vrais héros, législateurs des ames,
« Et qui d'un zèle immense allumeront les flammes. »
Ainsi dit la déesse, ame de l'univers.

« Consolez-vous : fuyez au-delà de vos mers ,
« Reprit elle ; il est temps de quitter un rivage
« A qui l'on vend la paix au prix de l'esclavage.
« Hypérandre né libre, et fidèle à sa loi,
« N'a pu subir l'affront de n'être plus à soi :
« Le désastre public fut sa propre misère.
« Qui n'est pas tendre ami, sensible époux, bon père,
« Ne sait point s'affliger des malheurs du pays.
« Ses mœurs avec son sang transmises à son fils,
« Des mêmes sentimens le rendront la victime.
« Les vertus sont des maux sous le règne du crime.
« Lorsque Néon verra les faux dieux de ces bords
« Enrichir leurs autels de vos propres trésors,
« S'immoler vos troupeaux, se vendre vos familles,
« Faire en leur lit monter vos femmes et vos filles,
« A la glèbe arracher les fruits de vos travaux,
« Et condamner vos mains à nourrir vos bourreaux,

« Lui-même alors au glaive il dévoûra sa tête.
« Ah ! partez, livrez-vous à l'onde, à la tempête !
« L'Océan, qui mugit en vous tendant les bras,
« Vous sera moins fatal que le joug des Atlas ».

Tels furent ses conseils : la voix de la déesse
De la mère et du fils tempéra la tristesse.
Comme, après que la nuit a semé les erreurs,
Un tendre crépuscule adoucit ses horreurs,
Et sans trop l'éclairer blanchit ses noires ombres ;
Ainsi de leurs deux cœurs les chagrins sont moins sombres,
Et la gloire promise à l'illustre cercueil
D'un rayon consolant les pénètre en leur deuil.
Néon s'est souvenu que son auguste père,
Liant à ses destins son amante et sa mère,
Le chargea de guider ces deux objets chéris
Loin des tristes climats qu'Atlas avait flétris.
Il prépare à l'exil Kallémète affligée,
S'éloigne d'elle, et court au divin Métrogée,
Génie industrieux, dont l'anguleux compas
L'aidera sur les mers à nombrer tous ses pas,
Et qui l'avertira dans sa liquide route,
L'éclairant aux flambeaux de la céleste voûte,
Par quels degrés du globe, et sous quelle hauteur,
Sa voile approchera le pôle ou l'équateur.

« De mes secours, lui dit ce dieu de la science,
« Jeune homme, en ton malheur, tu fais l'expérience.
« Lorsque de mes leçons les justes documens
« N'étaient pour ton esprit que d'heureux ornemens,

« Je te prédis qu'un jour leur étude assidue
« De ton ample univers t'ouvrirait l'étendue ;
« Et je t'appris dès-lors, prévenant ton dessein,
« A franchir l'Océan sans te perdre en son sein.

« Les nombres, asservis par le calcul suprême,
« Gouvernent l'air et l'eau, régissent le feu même ;
« Et l'espace, le temps, la vitesse et les poids,
« Sont mesurés par eux, balancés sous leurs lois.

« Soumets à leurs rapports et l'esquif et les voiles
« Qui, dans un long trajet réglé par les étoiles,
« Portés d'un vol léger sur les pesantes eaux,
« Maîtriseront la vague et les vents inégaux,
« Afin que l'équilibre enlève à tout naufrage
« Leur fardeau surnageant en dépit de l'orage.
« Mais prends garde : souvent à l'ombre des brouillards
« Les astres conducteurs s'éclipsent aux regards :
« De peur que tout fanal au loin ne t'abandonne,
« Aide-toi, sur les mers, de la sœur d'Electrone ;
« Flotte avec Magnégyne, épouse de Sider,[1]
« Déesse dont l'aimant charme ce dieu du fer.

---

[1] L'aimant, ainsi que l'électricité positive et négative, s'explique par deux fluides, surnommés austral et boréal. Les points d'action opposée d'un barreau aimanté, comparables aux deux points de tension électrique, s'appellent ses pôles : le fluide des pôles du même nom s'attire, le fluide contraire se repousse. Le globe terrestre, considéré tout entier comme un aimant, attire à chacun de ses pôles le fluide différent de celui qu'il contient ; par-là, le fluide austral d'une aiguille répond au fluide du pôle nord de la terre, et le fluide boréal de la même aiguille au pôle sud.

« Magnégyne peut seule empêcher ton navire
« D'être errant au hasard sur l'orageux empire.

« Apprends qu'au sein du globe où Sider l'asservit,
« Au joug de son hymen un penchant la ravit :
« Son ame, qui balance entre les Axigères, [1]
« Leur partage en secret ses amours adultères :
« Plus vers un pôle ou l'autre elle peut s'avancer,
« Plus à l'un de ces dieux elle se sent fixer.
« Heureuse, en attachant sur eux sa vue éprise,
« Que le jaloux Sider ne l'eût jamais surprise !
« Mais cet époux l'assiége, et même avec affront
« Son approche partout lui fait baisser le front. [2]
« Le cruel dieu du fer, dont le corps sans mesure
« De la terre remplit la profondeur obscure,
« Qui de ses bras hideux en presse le contour,
« Et de son centre même habite le séjour,
« Ce dieu, dans la carrière où Magnégyne vole,
« L'arrache aux deux rivaux frissonnans sur leur pôle :
« Elle, toujours tremblante et fuyant ses regards,
« D'un bout du monde à l'autre erre de toutes parts.

---

[1] L'aiguille aimantée a deux mouvemens, un de déclinaison
(c'est la variation qui la fait osciller hors de l'axe de son méridien, en s'écartant ou se rapprochant du pôle qui l'attire) ; un
autre d'inclinaison (c'est la variation qui lui fait quitter la direction parallèle à l'horizon, et baisser un de ses bouts vers la terre,
quand agit sur elle la force du pôle dont elle s'approche, ou
quelque autre centre magnétique accidentel).

[2] Les mines de fer, éparses dans le sein du globe, dérangent,
par leurs effluves magnétiques, la direction ordinaire de l'aiguille
aimantée.

« Il détourne ses pas de l'amant qui l'attire.

« En quelque lieu caché que Sider se retire,

« Elle y sent sa présence, et, prête à s'incliner,

« Dès qu'elle l'aperçoit accourt s'y prosterner.

« Aux entrailles du globe, et sur chaque rivage,

« Lasse de retrouver ce dieu sur son passage,

« L'infidèle, invoquant l'Axigère du nord,

« Se coucha sur la pierre où tu vois qu'elle dort.

« Là, de loin, aux échos des régions nocturnes

« Où du froid Océan se roidirent les urnes,

« Elle osa de Sider plaindre ainsi le rival :

« — Non, roi du pôle ! non, ton palais boréal,

« Qu'attriste des frimas la barrière éternelle,

« Ne consternerait point la nymphe qui t'appelle

« Autant que les soupçons de mon rigide époux,

« Qui d'échauffer ton cœur m'ôte l'espoir si doux.

« Froid, sombre, dans l'exil de tes glaces lointaines,

« Tu languis comprimé sous d'immobiles chaînes ;

« Que ne puis-je les rompre, ou du moins voir le seuil

« De l'asile où ton dais s'élève dans le deuil !

« Sous l'azur ténébreux le morne Hiver t'arrête ;

« Mais ton étoile y brille, et l'Ourse est sur ta tête.

« Electrone, ma sœur, de ses jets réfléchis

« Y colore tes traits par les neiges blanchis :

« Ses éclairs sur ton front, magique diadème,

« Du trône où tu t'assis ont chassé l'horreur même.

« Amour nous unirait... Ah ! jamais pour ses yeux

« Est-il de longues nuits, est-il de tristes cieux ?

« En ces plaintifs accens, la nymphe vagabonde

« Exhale ses soupirs vers les confins du monde :

« Long-temps errante, et là, reposant son malheur,
« Les fatigues parfois endorment sa douleur.
« Mais au premier réveil sa folie agitée
« Tourne les mouvemens de sa tête aimantée[1]
« Vers l'amant qu'elle adore ; et, pour s'en approcher,
« Veut sur le sein des mers créer l'art du nocher.
« L'aveugle ignore, hélas ! que les glaces polaires
« Repoussent les mortels loin des deux Axigères.
« N'importe ! ses signaux, utiles aux humains,
« T'apprendront sur l'abîme à frayer tes chemins.
    « Va donc, et dans ta route invoque Magnégyne,
« Sur le vaste Océan conductrice divine,
« Qui, favorable un jour aux fiers navigateurs,
« Découvrira le monde à ses explorateurs ».

    Après ce court récit, le divin Métrogée,
Au bord des flots reçus dans une anse ombragée,
A ses Nômes actifs, guidés par son conseil,[2]
Fait creuser une barque, et dresser l'appareil
Des mâts et des agrès, dont les ressorts mobiles
Obéiront aux mains des nautoniers habiles :
Il en attache l'ancre, et la vergue, et les bancs,
Et de la rame agile appuie encor ses flancs.
Tout est prêt : et bientôt, fendant l'onde salée,
La nymphe de l'aimant vers le pôle appelée,

---

[1] Les vacillations déréglées de l'aiguille, effets accidentels dont plusieurs causes qui agissent sur la boussole ne sont pas découvertes, se nomment affollemens.

[2] Nômes, mouvemens résultans des principes, des lois.

Dans la barque aux longs bords voguera sur les flots,
Et montrera du doigt la route aux matelots.

L'île où de nouveaux dieux érigeaient leurs images
De sa religion chérissait les usages :
Ses peuples aux vainqueurs en déguisaient l'amour.
Zoophile, en secret pontife de ce jour,
Avait paré de lis un autel d'hyménée :
Hypérandre ! à sa voix, ta veuve infortunée
Y mena l'orpheline accordée à ton fils :
Il vient sceller des nœuds que toi-même as prescrits :
Sombre autel, entouré de lugubres mystères,
Où deux tristes amans privés de leurs deux pères,
Vêtus du même deuil que leurs amis en pleurs,
Épousaient leurs chagrins, mariaient leurs douleurs !
Hymen, qui ne liait Néon avec Célie
Que pour leur partager les peines de la vie,
Et pour que leurs deux cœurs, d'un mutuel effort,
S'aidassent à porter le fardeau de leur sort !
Hymen sans jeux rians, sans fêtes nuptiales !
Hymen qui, confondant leurs ames conjugales,
Semblait ne les unir que pour s'entre-appuyer
Dans les chocs orageux qu'ils devaient essuyer !
Ce nœud tant souhaité, ce nœud si plein de charmes,
Tous deux en le formant l'arrosaient de leurs larmes ;
Et du fond des tombeaux, les mânes paternels
Troublaient de longs soupirs leurs sermens solennels.

Vos liens sont bénis, allez, couple fidèle !
Allez à la merci d'une frêle nacelle,

Fier à l'Océan, prêt à vous recevoir,
Vos deux destins qu'exile un même désespoir!
De votre mère au loin consolez le veuvage;
Emmenez-la ; son cœur cherche un autre rivage :
Suivs de Zoophile à vos malheurs lié,
Il vous reste en partant l'amour et l'amitié!
Allez, débris errans d'une triste famille!
Ménie est favorable, et son doux astre brille :
Voyez-vous, sur les flots par la rame blanchis,
Trembler autour des bords ses rayons réfléchis?
Elle penche son front sur ce miroir mobile ;
Profitez de l'auspice : abandonnez votre île:
Montez sur votre esquif.... Adieu donc, malheureux!
Pourquoi tourner encore un œil si douloureux
Vers cette terre, hélas! de vos cœurs trop chérie?
L'Atlantide pour vous n'est plus une patrie.
C'est peu que d'avoir vu ses beaux destins passer,
Tout entière en un gouffre elle va s'enfoncer;
Et tandis que ses dieux y fondent leur empire,
A son écroulement Pyrotonne conspire.
Il retourne au volcan voisin des noirs palais
De la nymphe Sulphydre ; et, s'armant de ses traits,
Veut, malgré l'Océan qui combattit sa flamme,
Revoir la déité dont l'amour le réclame.
S'il risque d'entr'ouvrir la terre avec fracas,
Et de renverser l'île où siégent les Atlas,
Qu'importe au dieu tonnant, dans l'ardeur qui le pousse,
D'ébranler, de briser à sa vaste secousse,
Des bords que ses dragons et leurs foudres vomis
Ne purent affranchir des brigands ennemis?

Un triomphant orgueil dans l'ivresse les noie :
Au sein de la victoire il troublera leur joie.

Le grand ordonnateur de l'immense univers,
Qui voit céder son culte au culte des pervers,
Et la fable à jamais consacrant l'imposture
Voiler au genre humain l'immortelle nature,
Théose, auteur de tout, permet qu'un châtiment
Livre le globe entier à son aveuglement,
Depuis que des héros les ames retirées
Ont du monde emporté les vérités sacrées.
La terre à ses regards, atome sous le ciel,
Des actifs élémens jouet matériel,
Aux révolutions son mépris l'abandonne.
Que la flamme y jaillisse, et que l'onde y bouillonne,
Leur discorde, en tous sens prompte à la subvertir,
Peut en changer la face, et non l'anéantir.

Voici, voici la mer qui s'enfle, qui menace !
L'Océan de ses flots conjure au loin l'audace.
Les Atlantes, dansant au bruit des tambourins,
Entendent-ils mugir les antres souterrains ?
Ivres de leurs transports sous leurs tentes joyeuses,
Ont-ils vu de la Nuit les ailes pluvieuses
S'étendre, s'allonger, et d'ombre se noircir ?
Et la cime des monts fumer et s'obscurcir ?
Phôné de sons affreux emplit toutes les plages.
De son époux quittée au milieu des nuages,
Électrone le cherche, et ses éclairs sans bruit
Dans les cieux pâlissans interrogent la Nuit.

Le dieu du foudre absent, qu'en vain elle rappelle,
Sous la terre poursuit sa conquête nouvelle :
Trop tôt elle apprendra du fougueux Océan
Où s'égarent ses feux accueillis d'un volcan !
Le puissant roi des flots vengera son injure.
De l'écumante mer déjà le sein murmure,
Et ses vagues montant sur les flancs des rochers,
Font crier mille écueils et frémir les nochers.....
Ah ! dans les longs replis de l'abîme indomptable,
O toi, que devins-tu, couple errant, couple aimable ?
Jusqu'où t'aura jeté l'ample déroulement
Des torrens fluctueux du liquide élément ?

Muse ! ah, tu me diras si Néon et Célie
Ont vu dans ces horreurs leur barque ensevelie ;
Si, du naufrage alors hideusement pressés,
Ils se sont vus périr l'un par l'autre embrassés ;
Si Kallémète encor, de tant de maux atteinte,
Put d'un dernier péril éprouver quelque crainte ;
Et si leur docte ami dans les gouffres cruels
Engloutit son espoir d'être utile aux mortels.
O Muse ! promets-moi, jure-moi de me dire
Leur sort que veut chanter ou déplorer ma lyre.

FIN DU CINQUIÈME CHANT.

CHANT SIXIÈME.

SOMMAIRE.

Vue intérieure du globe terrestre. Les tremblemens de la terre atlantique menacent ses habitans : discours de Bioue sur l'instabilité des choses, et sur l'aveugle insouciance de l'avenir, qui seule constitue la jouissance du présent. Les Atlantes et les Symphytes suivent le conseil de cette nymphe de la vie.

Cependant le dieu Pyrotonne descend dans la demeure souterraine de la nymphe Sulphydre : il se déguise d'abord, et ne dévoile à ses yeux ses traits redoutables qu'après l'avoir séduite. La nymphe ne cède à son ardeur qu'en lui exprimant la crainte qu'elle ressent des vengeances d'Électrone. Pyrotonne, époux de cette déesse, rassure la nymphe qu'il aime. Celle-ci s'abandonne à lui. L'Océan, instruit de leur union adultère, charge le dieu Phoné, qui propage les sons, de porter dans l'air à la déesse Electrone la nouvelle de l'infidélité de son époux. Fureur de cette divinité, qui investit la retraite de sa rivale, et dont le feu électrique, accumulé par les frottemens et les chocs, et conduit par l'eau de l'Océan, perce une fente des murs vitreux du palais de Sulphydre : Electrone s'en ouvre l'entrée : combat des deux déités rivales. Courroux de Pyrotonne contre son épouse : la nymphe Sulphydre est vaincue et contrainte à fuir : dans sa colère, elle détruit son antique palais, pour n'en pas céder les richesses minérales à l'Océan. Syngénie, mère de cette nymphe et présidant aux affinités, accourt en ce désordre, et s'empare des restes de sa

fille mourante, dont elle rend enfin la dépouille aux
élémens.

Le dieu Pyrotonne remonte au travers des irruptions
volcaniques, et, du haut des cratères, lance les foudres
dans la nuit, tandis que les laves se débordent à ses
pieds. Le sol de l'île Atlantide tremble et se brise de
toutes parts : ses deux peuples sont engloutis dans sa
ruine totale.

Atlas, Hesper, Épiméthée, et leur sœur Astérope,
sont plongés vivans sous la terre ; ils y meurent, après
un long supplice, dans les horreurs de la faim. L'Océan
monte de plus en plus, et achève la submersion de l'île.

Le soulèvement des eaux épouvante les géans Abyla
et Calpé, gardiens du détroit qui joint la Méditerranée
à l'Océan : ils accusent ce dieu de les vouloir renverser
de leur promontoire par la violence de ses flots. L'Océan,
irrité des incursions des hommes, veut écarter à jamais
les divers continens l'un de l'autre ; mais la Méditerranée, sa fille, le conjure de se calmer, et lui prédit
que la nymphe de l'aimant surmontera ses ondes, et
livrera tout le globe aux navigateurs à l'aide de la
boussole, en révélant à Christophe-Colomb les régions
du Nouveau-Monde.

La nymphe Lampélie revient porter le jour sur l'hémisphère ; et, n'y retrouvant plus son île favorite, elle
fuit devant les ténèbres soulevées depuis dix nuits par
ce grand orage, et s'en retourne au séjour du soleil.
Elle raconte à Helion, son père, l'écroulement de
l'Atlantide, et le croit ému du trouble de la terre. Le
dieu du soleil répond à sa fille qu'il ne s'est pas même
aperçu de ce désastre partiel, dont l'effet lointain n'a

rien altéré de l'ordre universel des mondes. Il renvoie la nymphe du jour éclairer les pays voisins des bords subvertis : elle y trouve des habitans paisibles et qui ne savent point la disparition de l'île. Ses regards se tournent vers les plages du nord-est de l'Amérique, continent alors sans nom, et inconnu du reste de la terre : elle aperçoit Kallémète, Néon, Célie et Zoophile, sur des rives sauvages, où Sider, dieu du fer, les a fait descendre, en attirant à lui son épouse Magnégyne, nymphe de l'aimant, qui les dirigeait au pôle boréal, vers lequel l'entraînait son penchant pour le dieu du Nord.

Peinture du repos de la dernière famille symphyte, abordée sur les côtes américaines. Bonheur conjugal de Néon et de Célie, à qui le Temps fait oublier leurs malheurs. Le poëte déplore la perte des emblèmes de leurs divinités naturelles : discours de sa Muse : courte apparition des principaux systèmes planétaires. Conclusion.

L'ATLANTIADE,

LA THÉOGONIE NEWTONIENNE.

CHANT SIXIÈME.

(.......Invisi horrida Tænari
Sedes, Atlantiusque finis
Concutitur. Valet ima summis
Mutare, et insignia adtenuat Deus;
Obscura promens · etc.)

La terre sous nos pas, globe aujourd'hui solide,
Bouillonnante jadis en sa masse liquide,
Épuisa de son sein la primitive ardeur,
Et, dit-on, d'âge en âge affermit sa rondeur :[1]

---

[1] De grands naturalistes, parmi lesquels on doit compter Buffon, ont pensé que la terre fut originairement un assemblage de matières en incandescence, auquel sa rotation dans l'espace imprima sa forme sphéroïdale : ils présument qu'un feu primitif qui dilatait et vaporisait la masse du globe s'est exhalé, par la succession de milliers de siècles, de couche en couche, et qu'il s'éteindra jusqu'au centre. C'est ainsi qu'on se figure quelques comètes comme vaporisées dans une atmosphère très-vaste sur un noyau peu intense, à raison de la dilatation produite par la chaleur interne qu'on leur suppose.

Ainsi la lune au loin, sphère qu'on croit éteinte,
De sa chaleur antique a perdu toute empreinte;
Et notre terre un jour, séchée aux mains du Temps,
Comme elle roulera froide et sans habitans.

Il est au sein obscur de son errante sphère,
Où de son premier feu l'aliment se resserre,
Des môles sans mesure, énormes fondemens,
Qui sont de ce foyer les derniers monumens.
Ces âtres, qu'ont brûlé des laves bouillonnantes,
Suspendaient en vapeurs les mers environnantes,
Qui, retombant en eaux, se pressèrent sur eux,
Lorsqu'ils furent glacés par les siècles nombreux.
Mais l'avide Océan, qui les ronge à toute heure,
De caverne en caverne agrandit sa demeure,
Et, du feu qui recule implacable ennemi,
Prétend au globe entier, qu'il possède à demi :
Chaque jour il descend; plus se creusent ses routes,
Plus de la terre émue il enfonce les voûtes,
Qui menaçaient alors par leurs ébranlemens
D'engloutir l'Atlantide en ses flots écumans.

Pourtant, loin de prévoir de si prochains désastres,
Les faux dieux de ces bords, rivalisant les astres,
Fiers de s'attribuer leurs célestes splendeurs,
Y faisaient aux humains adorer leurs grandeurs.
Les parfums allumés, les pompes et les fêtes,
Les hymnes, les festins, consacraient leurs conquêtes.
Aux Atlantes vainqueurs les Symphytes soumis
Accoutumaient leurs yeux à voir leurs ennemis;
De leurs fiers défenseurs ils perdaient la mémoire;

Aux appas du plaisir ils immolaient leur gloire,
La nymphe de la vie, à l'aide des amours,
Leur inspirait la joie et l'espoir des longs jours.

« Ah ! leur disait Bione, oubliez vos détresses !
« Jouissez ! plongez-vous en mes douces ivresses !
« Du sentier de la vie osez cueillir les fleurs !
« Aux filles des vaincus j'unirai les vainqueurs :
« Mes hymens fructueux, en consolant la terre,
« Réparent aisément les pertes de la guerre.
« Produire et féconder est mon suprême emploi.
« Que me font vos débats ? et qu'importe à ma loi
« Que des êtres formés par le feu qui m'anime
« L'origine soit pure ou soit illégitime ?
« De vos chastes beautés les attraits innocens
« Ont du vainqueur farouche embrasé tous les sens :
« Quoi ! leurs membres d'albâtre enlacent avec peine
« Ces époux africains au visage d'ébène !...
« Ah ! que de vos climats l'impérieuse ardeur
« A des liens sans choix soumette leur pudeur.
« Vous-mêmes savourez les fruits des Hespérides :
« Les Pléiades, leurs sœurs, charment vos yeux avides ;
« Aimez, et donnez l'être ! et, sans paraître émus,
« Si l'étranger m'appelle, ou Bione, ou Vénus,
« Cherchez la volupté ; son culte est mon image.
« Le présent vous attriste, égayez son passage :
« Agitez mon flambeau qui court de mains en mains
« Dans le cercle où les ans entraînent les humains :

---

¹ Cette belle image est tirée du poëme de Lucrèce.

« Il vous luit : profitez, tandis qu'il vous éclaire :
« Bientôt il sera loin ! mortels, sachez vous plaire
« Aux splendeurs qu'il répand sur le faste d'Atlas,
« Sur ces jeunes objets qui vous tendent les bras,
« Sur ces tapis foulés par la danse folâtre,
« Sur ce ciel qui des monts couvre l'amphithéâtre,
« Sur ces champs émaillés, ces verdoyans berceaux,
« Ces fleuves déroulant les nappes de leurs eaux,
« Cet espace, où vos yeux, nageant dans la lumière,
« Rassemblent tout l'éclat de la nature entière !
« Mon flambeau radieux va vous fuir sans retour ;
« Hâtez-vous ! poursuivez les jeux, le tendre amour !
« N'immolez pas les ris à la sagesse austère.
« Le chagrin est sinistre ; et dans sa coupe amère
« Il abreuve les cœurs d'un dévorant poison...
« Ah ! plutôt, des regrets devançant la saison,
« Buvez les doux nectars, repaissez l'ambroisie ;
« Dont s'enivre la joie aux banquets de la vie !
« Purgez vos noirs esprits de soucis, de remords :
« Foulez d'un pied dansant la cendre de vos morts.
« L'homme, être passager, se succède en chaque âge :
« La terre est des vivans le fertile héritage.
« Syngénie à mes mains ne cesse de rouvrir
« Son trésor abondant que rien ne peut tarir.
« Du charbon et de l'eau toujours la triple essence
« Aux végétaux fleuris donnera la naissance : [1]
« Et de l'air à tous deux un principe ajouté

---

[1] Les végétaux sont généralement formés de trois principes, oxigène, hydrogène, carbone.

« Toujours repeuplera l'univers habité
« De féconds animaux , dont la race éternelle
« D'un quatruple élément en moi se renouvelle. [1]
« Traversez donc en paix le prompt torrent des jours ,
« Sans vouloir'jeter l'ancre en son rapide cours ».

Ainsi parle Bione ; ainsi de l'Ionie
Le vieillard ceint de fleurs , insouciant génie , [2]
Sut gaîment opposer sa lyre aux noirs destins ,
Dérider un tyran , et charmer ses festins :
Ou telle , assise à l'ombre , une riante Muse [3]
Que sa verve enivrait aux sources de Blanduse ,
D'Épicure aux Latins répétant les leçons ,
Brava les dieux du Styx en ses doctes chansons.

Les deux peuples, au sein des jeux , des hyménées ,
Se noyant dans l'oubli des sombres destinées ,
Prêts à mourir frappés d'un terrestre fléau ,
Semblaient en leurs transports s'aveugler d'un bandeau.
La menace du Temps allait être accomplie ,
Et l'île dans les mers crouler ensevelie.

O Nature ! apprends-moi tous les grands coups portés
Par l'invisible main de tes divinités !

La nymphe ardente, au corps pétri d'onde et de soufre ,
Sulphydre, à son amant avait rouvert le gouffre

---

[1] A l'oxigène, à l'hydrogène, au carbone, se joint, dans les animaux , un quatrième principe, l'azote.

[2] Anacréon.

[3] Horace.

Où jadis Syngénie enrichit de métaux
Son magique palais revêtu de cristaux.
L'aveugle nymphe, hélas! de Pyrotonne aimée,
Négligea les avis de sa mère alarmée :
Un oracle fatal lui prédisait sa mort,
Au jour que, de ce dieu ne fuyant plus l'abord,
Elle en accueillerait la flamme bouillonnante :
Lui, glissant au travers d'une poudre tonnante,
Passe, aidé du volcan dont le bras le conduit,
Et modérant ses feux, se déguise sans bruit ; [1]
Des traits obscurs et doux composent son visage ;
Sa taille se revet d'un humide nuage ;
Il renferme ses dards captifs en son carquois,
Surprend ainsi la nymphe ; et réprimant sa voix :
    « Sulphydre! accueille un dieu qu'ont attiré tes charmes:
« Ne crains ni mon aspect, ni mes bruyantes armes :
« Soumets-toi Pyrotonne; aux régions du jour
« Il préfère avec toi ce ténébreux séjour :
« Permets qu'à son flambeau l'amour par ma présence
« En éclaircisse en peu la solitude immense!
« Mesure aux grands efforts que ma course a tentés
« De quelle ardeur vers toi mes vœux se sont portés!
« Il fallut me frayer des routes incertaines
« Aux fentes des rochers dont je perçai les veines,
« En géant m'élancer sur leurs débris roulans,
« Et ramper en dragon sous le poids de leurs flancs.

---

[1] Les volcans fument long-temps avant que d'éclater : une chaleur obscure dilate les matières combustibles, soulève la couche terreuse qui s'appuie sur elles, et produit enfin les irruptions détonnantes et lumineuses.

« De mon épouse encor trompant la jalousie,
« Ma ruse a prévenu sa prompte frénésie :
« Elle ignore où je suis ; et le sombre Océan
« Ne m'a pas vu descendre aux sentiers du volcan.
« Accorde à mes desirs le prix de tant de peines,
« Et d'un hymen caché formons les tendres chaînes ».
    Il dit : et de ses bras il étreint doucement
La nymphe, qui, docile à son empressement,
Novice à ce langage, et muette, et troublée,
D'un attrait inconnu sent sa crainte mêlée :
Lentement il l'attire, et sa subite ardeur
De ses longs vêtemens dépouille sa pudeur.
    Là, dans un lit de fer, couche alors clandestine
Sous la rouille des ans ravie à Magnégyne, [1]
Le bouillant Pyrotonne échauffe ses transports,
Près de Sulphydre nue inclinant son beau corps.

    La nymphe, en soupirant : « De quelle fougue ardente,
« Pyrotonne, suis-tu la fureur imprudente ?
« Plus discret et plus doux, laisse moins fermenter
« Les germes de ces feux que tu fais éclater.
« A ton brûlant amour lorsque je m'abandonne,
« Je crains que tes baisers n'appellent Électrone, [2]
« Rivale qui viendra m'arracher son époux,
« Déesse dont les traits portent de si grands coups,

---

[1] Le fer oxidé, ou vulgairement dit rouillé, perd sa vertu
magnétique.

[2] Le mouvement produit l'électricité par le frottement qu'il
occasionne.

« Et qui, de l'Océan désormais alliée,
« Interroge partout la terre foudroyée ».

Elle parlait en vain ; eh! qui pourrait calmer
Le dieu brûlant du feu si prompt à s'enflammer ?

« Sulphydre, lui dit-il, tes grottes souterraines,
« Nous cachant à ses yeux, trompent ses courses vaines.
« Le verre et le granit, remparts sûrs et constans,
« Que ta mère a fondus dans le creuset des temps,
« Retiennent Électrone ; et l'onde qui s'avance [1]
« De son fluide igné guide en vain la puissance.
« Livre-toi tout entière à mes vives ardeurs !
« Et si, de tes palais minant les profondeurs,
« Océan les entr'ouvre à ma fatale épouse,
« J'opposerai ma foudre à sa foudre jalouse !
« Mon vol t'emportera dans quelque autre séjour,
« Vers les noirs flancs du globe, ou vers le char du jour,
« Est-il rien qui résiste à ma force divine ?
« Je dois à Pyrophyse une antique origine ;
« J'unis, sépare, assemble, et du vaste univers
« L'ordre entier obéit à mes ressorts divers ». [2]

---

[1] Les corps résineux, vitreux, ne sont pas conducteurs du fluide électrique : l'eau en est conductrice ; mais bien moins bonne que les métaux.

[2] Le feu aide toutes les décompositions, en écartant les molécules et en les portant hors de leur sphère d'affinité ; il facilite aussi toutes les combinaisons, en rompant entre les molécules leur force de cohésion intime : sous ce point de vue, le calorique est un agent universel.

Il dit ; et sur le sein de Sulphydre agitée
Sa véhémente ardeur s'était précipitée [1]
Le bruit de leurs transports monte et trouble la mer ;
Et leur lutte amoureuse émeut leur lit de fer.

Océan, de ces lieux voisin si redoutable,
Les entendit : soudain sa voix épouvantable
Conjure sur la mer l'organe de Phoné
Propagateur des bruits dont l'air a résonné.
    « Pars, atteins Électrone au sein de l'atmosphère,
« Dit-il, soulève-la contre un fol adultère :
« Dis-lui que son époux, qu'elle demande aux cieux,
« Présumant sous l'abîme échapper à ses yeux,
« Se ligue avec Sulphydre, et s'enivre auprès d'elle
« Des impures douceurs d'une amour infidèle ».
    Il dit : le dieu vibrant frappe le haut des airs
Où plane en des vapeurs la reine des éclairs.

    Du tonnerre égaré Phoné troublant l'épouse,
Transmet à son oreille inquiète et jalouse
Les mots que l'Océan, dans l'espace agité,
Confia, plein de rage, à sa vélocité.

    Du crime des amans Électrone avertie,
Presse aussitôt partout leur retraite investie :
Les murs vitrifiés lui fermant tout accès,
Errante, en sa fureur accrue avec excès :

---

[1] Les vibrations de l'air produisent l'électricité.

« Espères-tu, dit-elle, inconstant Pyrotonne!
 « Te ravir pour jamais à l'hymen d Électrone?
« De ma présence enfin te crois tu détourner?
« Une oisive langueur te doit-elle enchaîner?
« Le soin que nous commit l'auteur de la nature
« Fut d'écarter tous deux la mort et la froidure.
« Mon active union centuple ton pouvoir. [1]
« Mais, dormant sous la terre, et las de tout mouvoir,
« Si, resserrant l'amas de tes traits inutiles,
« T'épuisant en ardeurs obscures et stériles,
« Tu prétends te soustraire à la divine loi,
« Je t'y rendrai moi-même, et Sulphydre avec toi.
« Tremblez! je percerai l'antre qui vous recèle.
« Redoutez que sur vous mon regard n'étincelle :
« Je vous.... Mais laisse là ma rivale et la nuit ;
« Et dans l'air, où toujours la lumière nous suit,
« Remonte, et qu'avec moi ta tête fulminante
« Touche des cieux encor la voûte rayonnante.

    « L'atmosphère, que charge une humide épaisseur ,
« A besoin que nos feux dissippent sa noirceur.
« Viens! les sombres hivers hâteraient leurs menaces,
« Si nos retours heureux n'en dissolva ent les glaces.
« Reprends ton équilibre et ton subtil ressort.
« Viens! viens! chassons partout les frimas et la mort.
« Nous, des affinités les ministres rapides , [2]
« Qui d'atome en atome épanchons nos fluides,

---

[1] Les forts courans électriques sont toujours accompagnés
d'un grand dégagement de calorique

[2] L'eau se décompose par la pile voltaïque, dont le fluide

« Nous , les premiers des corps dans l'espace entraînés
« Que de l'attraction l'esprit ait gouvernés ,[1]
« Stimulons sans repos la vie et la lumière ,
« Et l'antique chaleur qui fraya ta carrière ».

Elle dit : Pyrotonne à l'abri d'un rempart
Reste muet et sourd ; mais enfin , d'un regard ,
Sous les murs transparens sa fureur le découvre ;
Son éclair brille , et fond sur le palais qui s'ouvre....
De ses flèches armée , elle entre ; et, foudroyant
Sulphydre , qui déjà roule un œil flamboyant ,
Force le dieu du feu , sur son lit qui s'embrase ,
D'écarter en tonnant le fardeau qui l'écrase.
Mais lui, sur Électrone à flots précipités ,
Vomit de ses torrens les brûlantes clartés :
Vents , flammes , tout combat : redoutables batailles
Du globe et de la nuit déchirant les entrailles ,
Et dont l'ébranlement eût comblé sous nos pas
Un lit plus spacieux que dix vastes États !
O nous , frêles jouets des vapeurs souterraines ,
Près de ces chocs puissans que sont nos guerres vaines !

En ce moment , Sulphydre a perdu ses couleurs :
Son corps se nuançait de bleuâtres chaleurs ,

---

positif dégage l'oxigène , et le fluide négatif l'hydrogène. Par le
même moyen , on a réduit de nos jours quelques métaux dont
les oxides étaient rangés parmi les alkalis.

[1] Des experiences délicates ont ramené les lois de l'électricité
au système des lois de l'attraction des corps.

Sa chevelure d'or volait tout enflammée.
Hélas! voyant la nymphe à demi-consumée :
    « Fuis, lui dit Pyrotonne en lugubres accens ;
« Mon immortelle épouse a des dards trop perçans.
« Aux lueurs du phosphore, aux éclats du salpêtre,
« Suis les vents souterrains que nos luttes font naître : [1]
« Ces fils de l'air, des eaux, se transmuant toujours,
« T'ouvriront quelque asile... Adieu! va, suis leur cours!
« Laisse-moi tes trésors : bientôt, sur les nuages,
« J'irai vers toi les rendre en des amas d'orages,
« Aux bouches des volcans, nos communs arsenaux,
« Des brasiers de la terre effrayans soupiraux ».

    Il dit : Sulphydre alors, de courroux aveuglée :
« Je te cède, Électrone! et, flétrie, exilée,
« Je déserte ma couche, et te rends ton époux.
« Mais le noir Océan, qui te poussa vers nous,
« A-t-il cru posséder ces voûtes spacieuses
« Dont le granit soutient les bases précieuses?
« Je ne souffrirai pas que vos traités secrets
« Du dépôt de ses sels infectent mon palais.
« Non, qu'il se brise, et croule! » A ces mots, sont lancées
Les foudres qu'à ses pieds son amant a laissées.
Le continent pencha : l'île entr'ouvrit ses flancs.
    On te vit, Syngénie, entre les rocs brûlans,

---

[1] L'expansion de la chaleur, en dilatant et en déplaçant l'air, le chasse et en détermine les courans : de là, les vents : j'ai conservé à ceux-ci les noms que leur a donnés la fable, ainsi que je l'ai fait pour l'Océan, l'Aurore, le Temps et les planètes, afin de ne pas surcharger inutilement la mémoire de dénominations nouvelles.

Précipiter tes pas vers Sulphydro abattu : [1]
Tu cours ; il n'est plus temps ! Électrone la tue.

« Malheureuse ! eh pourquoi , t'écrias-tu soudain ,
« As-tu de mes conseils affecté le dédain ?
« Hélas ! je présageais ta ruine trop sûre.
« Dieu fatal du tonnerre , horreur de la nature !
« Retourne à ton épouse , et sors de ces lambris.
« De ma fille du moins respecte les débris ;
« Cède et rends sa dépouille aux élémens des choses
« Que reproduit le cours de mes métamorphoses.

Elle dit ; et sa main, détruisant les accords
Des atomes unis qui restent de son corps ,
Les disperse, et les jette aux vents, aux feux, aux ondes,
Souples épurateurs des êtres et des mondes.
Pleine alors d'épouvante Électrone s'enfuit.

Pyrotonne , rouvrant ses ailes à grand bruit ,
Élargit les chemins dont il perça l'entrée :
Il étend plus de bras que n'en eut Bryarée ;
Plus hideux qu'Encelade , et l'œil plus menaçant ,
Titan , au vaste corps , soudain se grandissant ,
Il remonte à travers les trombes de fumée ;
Sa bouche , en feu qui darde une langue enflammée ,
Vomit les tourbillons , rugit avec horreur :
Emporté sur les vents qui soufflent la terreur ,

---

[1] Cette fiction rappelle que toutes les décompositions et recompositions des corps sont les résultats de l'affinité chimique.

Élancé jusqu'aux cieux, les touchant de sa tête,
Il secoue en fureur sa rougissante crète,
Et la foudre en éclats dans l'ombre qui le suit
Fend le noir hémisphère envahi par la nuit.

    Le volcan, son complice, alimente sa rage
De pyrites fondus en ce bouillant orage,
Et cent laves de feu, par de larges canaux,
Dégorgent à ses pieds des torrens de métaux. [1]

    « Enfin il est à moi ton empire nocturne! »
S'écria l'Océan ; et penchant sa grande urne,
Vers la brèche où son onde eut un accès fatal,
Sulphydre! il submergea ton palais minéral.
Les vents soudain foulés par ses vagues roulantes,
Refoulèrent ses eaux sous les roches hurlantes :
L'île entière en trembla : ses fondemens brisés
Mugirent; tout à coup mille gouffres creusés
Tendirent à la mort leur col béant, avide;
Tout fut caverne, abîme, ouvert à l'Atlantide :
Tout son peuple y roula... Quelle voix, quel pinceau,
Exprimerait l'horreur d'un si vaste fléau !
L'onde engloutit ensemble Atlantes et Symphytes.

    Mais vous, faux Immortels! vivans, vous descendîtes
En de nouveaux enfers, où le hasard cruel,

---

[1] Les laves volcaniques se composent, la plupart, d'une
grande quantité de sulfure et d'oxide de fer, d'un peu d'oxide
de manganèse, de silice, chaux, alumine et potasse, que les
chimistes regardent à présent comme des oxides métalliques.

Vous conservant sept jours, tint debout votre autel.
Un même choc, fatal à des grands d'Héraclée,
Affaissa leurs palais sous la terre ébranlée ;
Ces prisonniers du gouffre, en leurs lambris dorés,
Aux tables des banquets par la faim dévorés,
Témoignent leur torture en leurs froides reliques
Que l'homme exhume encor des tombes volcaniques.

Prêtres et courtisans périssent écrasés
Sous les rocs en éclats par le feu divisés.
Le pâle Atlas survit : un même antre enveloppe
Epiméthée, Hesper, la pléiade Astérope.
Le sol poudreux, fumant, glisse encor sous leurs piés :
Là, captifs sous des blocs, là, tous quatre effrayés,
Long-temps restés sans voix, l'œil hagard et terrible,
Ils cherchent une porte à leur prison horrible.
Nul passage, nul seuil, nulle issue au retour !
La terre incandescente a muré ce séjour.
C'est là qu'il faut mourir usé par la souffrance !
Là, qu'il faut pour jamais abjurer l'espérance !
Tantôt de cris perçans ils frappent les échos :
Mais leur longue clameur se perd au bruit des flots,
Et des gouffres voisins les lugubres tonnerres
Répondent seuls aux voix d'Atlas et de ses frères :
Tantôt leur sein muet comprime ses douleurs.

Un trépied leur restait ; à ses mornes lueurs,
N'osant envisager leur face pâlissante,
Et l'un pour l'autre objets d'une égale épouvante,
Ils attachaient au sol leurs immobiles yeux,
Ou les roulaient sans vue en leur antre odieux.

Leur grotte par instans émeut son sein qui tremble.
Les vient-on secourir?... ils se lèvent ensemble :
Vaine attente ! non, non, tout expire autour d'eux.

L'horreur s'accroît : la Faim, monstre sourd et hideux,
La Faim, aux yeux sanglans, la Faim, aux dents avides,
S'empresse à tourmenter ces fantômes livides.
Déjà même, à son bras qu'avec fureur il tord,
L'un demande sa chair, et sa rage le mord :
« Eh bien ! criait déjà le blème Epiméthée,
« Divin Atlas, nourris notre faim irritée ! »
Déjà cinq nuits, cinq jours, par de lentes rigueurs,
En un délire atroce ont tourné leurs langueurs.
Ces trois frères, ces dieux, révoltant la nature,
Des membres l'un de l'autre attendent leur pâture :
De leur vivante proie enclins à se saisir,
Ils épiaient l'instant de son dernier soupir.

Mais Astérope, ô toi, Pléiade malheureuse,
Qu'émusa de tes pleurs la source douloureuse,
Tu tombes la première... Ils vivront de ta mort !
Les superstitions qui réglèrent ton sort
Ont glacé quatre jours ton ame épouvantée :
Aux torrens d'Achéron tu te crus emportée ;
Tu vis en les parens des Sisyphes nouveaux
Qu'opprimaient sous un roc leurs gémissans travaux ;
Tu vis Minos, la Parque, et les trois sœurs fatales,
Et les circuits fangeux des rives infernales,
Où passent à jamais les mortels imposteurs
Que Pluton irrité plonge en des feux vengeurs.

Le sang de ta dépouille, ô crime ! est le breuvage
Qui des Atlas hurlans désaltère la rage :

Ces monstres aveuglés sucent avidement
Le ruisseau de la vie en leur sein tout fumant,
Comme sur Actéon une meute acharnée,
Par Diane en courroux dans les bois déchaînée,
Se repaissait du sang de ses lambeaux meurtris ;
Tels, ô jeune Astérope ! ils déchiraient les lis.
Affreux et vain remède à leur rage affamée !
Leur trépied flamboyant épaissit sa fumée,
S'épuise ; et l'air sans vie, où s'éteint sa splendeur,
Du souffle respirable éteint aussi l'ardeur. [1]
Son poids étouffe Hesper, abat Épiméthée ;
De l'existence en eux la flamme est arrêtée ;
Ils ne sont plus. Atlas, seul, presque inanimé,
Lutte péniblement dans cet air consumé ;
Mais un choc, en ces lieux qu'assiége un sourd orage,
A des zéphyrs récens ouvre un étroit passage :
Si l'air eût d'un seul coup détendu son ressort,
Dans la prison tonnante il eût lancé la mort ;
Son vol impétueux eût embrasé ses ailes : [2]
Le destin réservait à des terreurs nouvelles
Le palpitant Atlas, sous la terre puni.
De son mouvant séjour un rocher désuni

---

[1] Les corps enflammés et la vie animale s'éteignent dans le
gaz azote et dans le gaz acide carbonique, ou dans l'air privé de
l'oxigène qui entretient la combustion.

[2] L'air subitement comprimé détonne, et devient chaud et
lumineux ; au moment où il se précipite dans le vide, il détonne
et s'échauffe aussi, de telle sorte que, si le vide était très-grand,
il pourrait y devenir lumineux.

Se fend, croule et découvre à l'œil de la victime
D'immenses cavités, aérien abîme,
Où pleuvaient, sur les eaux montant avec fracas,
Des feux qui descendaient plus lents que ces frimas
Que recueille le sein des lacs et des campagnes,
Et dont l'hiver neigeux couronne les montagnes.
Tout tremble encore : un sable, écoulé sous ses pas,
Aux profondeurs du vide entraîne et pousse Atlas,
Il tombe, renversant sa tête appesantie,
Et la fin de sa chute est la fin de sa vie.

    Cependant sa conquête eut le même cercueil ;
Et l'île sous les mers n'est plus qu'un vaste écueil.

    L'Océan, dont sa masse a soulevé l'empire,
Frappant le sein des airs d'un son qui les déchire,
Monte jusqu'à l'Olympe, et blanchit son azur
D'une écume élancée en tourbillon impur.
L'amas des ondes fume en vaporeuses nues,
Comme au temps où des mers, vaguement soutenues,
En immense brouillard l'élément exhalé
S'épandait sur les feux dont la sphère a brûlé.
    Bientôt du haut du ciel les vagues redescendent
En leur lit ténébreux que leurs voix redemandent :
Et des airs et des eaux pressés d'affreux discords,
L'équilibre luttant fait crier les ressorts.

    Formidable Océan ! ah ! l'onde où tu bouillonnes
Assiége ces appuis, mensongères colonnes,
Que pour terme à ses pas l'Alcide fabuleux

Posa , près de Calpé , sur un mont souroilleux. [1]
Ce Dieu géant encor du détroit qu'il resserre
Tremblant d'être chassé loin d'Abyla son frère,
Roidissant son front chauve et ses flancs endurcis ,
Sur le môle où , dit-on , Hercule s'est assis ,
Cria de loin au dieu de l'onde menaçante :
    « En vain brisant tes flots d'une chaîne puissante ,
« Nous voulions t'arrêter , quand tu vins engloutir
« Tant de bords qui des eaux ue pourront plus sortir :
« Tu rompis nos remparts : sur la terre habitée
« Dans les bras de l'Euxin ta fille s'est jetée.
« Peu content d'un hymen qui lui fait partager
« Deux riches continens , veux-tu les submerger ?
« Réprime , usurpateur , ta rage vagabonde ,
« Et borne où je m'assieds les conquêtes de l'onde. »

    Il dit ; et l'Océan , que courrouça jadis
La rebelle union de ces Titans hardis,
A ces rois des rochers que sa hauteur domine :
    « Puisse au-delà de vous peser ma main divine !
« Répond-il , puisse encor le domaine des eaux
« Reculer des humains les empires rivaux ,
« Mieux écarter leurs bords , mieux diviser leurs terres ,
« Et d'un frein arrêter leurs criminelles guerres !
« Le sort de l'Atlantide et de ses noirs vainqueurs ,
« De vos Européens fera frémir les cœurs :
« Son engloutissement, qui grandit ma surface ,
« De leurs trajets futurs arrêtera l'audace ;

---

[1] Les colonnes d'Hercule , situées au détroit de Gibraltar.

« Heureux si je leur cache un vaste continent
« Qu'éloigne de leurs yeux mon dernier occident ! »
Il dit ; et de ses coups redouble la colère.

Mais, tressaillant de crainte aux fureurs de son père,
Troublée à ces combats jusqu'au lit de l'Euxin,
Exhalant les sanglots dont se gonfle son sein,
Sa fille, tout en pleurs, au détroit élancée :

« Suspends, suspends tes coups dont la terre est lassée !
« Ces chocs la font trembler, ces bruits la font frémir.
« Mes nymphes en leurs lits ne peuvent plus dormir.
« Veux-tu qu'en ce désastre elles foulent encore
« Les lieux à qui le Temps a promis Pythagore,
« Des transmutations futur révélateur, [1]
« Et Numa, de mes bords grave législateur ?
  « Déjà multipliant les Etnas, les Vésuves,
« De cratères nouveaux les brûlantes effluves
« Ont de Sulphydre au loin ému toutes les sœurs,
« Et de mes ports tremblans fait fuir les possesseurs.
« Pourquoi t'étendrais-tu ? Ne crois pas que ton onde
« Au vieux monde pourra cacher le nouveau monde.
« Les hommes, quelque jour, libres d'ouvrir les mers,
« Cesseront d'ignorer quel est leur univers.
« Regarde l'avenir qui sur nous s'achemine :

---

[1] Pythagore professait l'immobilité du soleil au centre des planètes, le mouvement de la terre, et la transmigration des ames et des corps.

« Son oracle est porté : la nymphe Magnégyne ,
« Que doua de l'aimant attirable à Sider
« L'hymen qui la soumit à son sceptre de fer ,
« Magnégyne , te dis-je , en forçant ta barrière ,
« Prêtera la boussole à l'Europe guerrière ;
« Et ce que n'auront pu mille rois belliqueux ,
« Un seul docte Génois , conquérant plus grand qu'eux ,
« Sûr investigateur de plages incertaines ,
« Colomb l'accomplira chez les races lointaines.
    « Calme , ô grand roi des mers , ces combats intestins
« Qui troublent deux géans protégés des destins ! »

    Ainsi parlait au dieu la Méditerranée.
Son père , qu'égarait sa vengeance effrénée ,
Retirant tous ses flots , soudain les refoula
Loin de Calpé tremblant de l'effroi d'Abyla :
Sa fureur en dix jours à peine ralentie ,
Gronda sur l'île Engée à jamais engloutie ;
Et, consacrant sa gloire en son gouffre écumeux ,
D'Océan Atlantique il prit le nom fameux.

    Sur l'atmosphère alors , de trombes obscurcie ,
Des hauteurs du soleil descendit Lampélie ;
Et n'ayant pu s'ouvrir les longs rideaux mouvans
Déroulés dans les airs par le courroux des vents ,
De l'île absente en vain recherchant les contrées ,
Elle errait inquiète aux plaines éthérées.
    Dix jours son char revint fendre les tourbillons ,
Et l'iris de sa roue y traçant des sillons ,

Aux reflets des vapeurs colorant sa carrière,
Croisait en arcs brillans son humide lumière. [1]
Enfin son œil perça mille voiles confus,
Et pénétra l'espace où l'île n'était plus.
Elle y voit l'Océan : surprise, elle recule,
Et livrant l'étendue au pâle crépuscule,
Referme le nuage avec émotion,
Fuit, et soudain remonte au palais d'Hélion.

Ce grand dieu reposait sur son trône durable,
Au milieu de son disque, orbe incommensurable,
Immuable pivot des vitesses des cieux,
Qui roule sur soi-même immobile à nos yeux.
De sa matière en feu la masse réunie,
Qu'en son cercle rapide alluma Syngénie,
Des flots de sa clarté nourrit l'épanchement
Dont le torrent emplit le vaste firmament. [2]
Son œil brûlant d'éclat, se tourna vers sa fille
Qui s'approchait du centre où sa couronne brille :
Il s'étonne qu'au seuil du radieux séjour
Sa course matinale ait hâté son retour :
Mais, au palais de flamme elle entre, elle s'incline
Sous le dais où reluit sa majesté divine,

---

[1] La lumière trace sur les vapeurs humides une quantité de roues colorées et d'arcs irisés, effets de sa réfrangibilité.

[2] Je considère ici le soleil comme un vaste amas de matières toujours mises en incandescence par les perpétuelles combinaisons que leur fait subir un rapide mouvement; d'où résulte une expansion infinie de calorique.

Et le front éclatant d'un lustre plus vermeil,
Absorbée aux splendeurs des regards du Soleil,
(Eh ! qui donc soutiendrait sa face éblouissante,
Si sa vue accabla sa fille rougissante ?)
« O mon père ! dit-elle, exprimant ses regrets
Sans relever la tête et n'osant voir ses traits,
« Grand Hélion ! parmi ces planètes, ces mondes,
« Que du sein du repos tu meus et tu fécondes,
« A qui je vais porter sur mon char lumineux
« Les rayons que ma sœur a trempés dans tes feux,
« Il est un globe au loin dont j'embellis l'argile :
« Là, j'aimais à revoir les rivages d'une île,
« Dont j'avais teint les champs, les fleuves, les coteaux,
« Du plus charmant éclat sorti de mes pinceaux.
« J'y colorais les fleurs, j'y nuançais les plantes ;
« J'y parsemais les nuits de lueurs scintillantes ;
« J'azurais du matin les brouillards transparens
« Que mon prisme y groupait en fantômes errans ;
« Réfléchissant ta face au midi des journées
« J'y dorais en passant les moissons fortunées ;
« Et penchais l'horizon au limpide miroir
« Des eaux que rougissaient les feux pourprés du soir.
« J'aimais les habitans de cette île fleurie,
« Où brillait l'incarnat sur le teint de la vie ;
« Où le jeune âge, empreint d'une aimable pudeur,
« De mon doux vermillon animait son ardeur ;
« Où des arts cultivés respiraient les ouvrages
« Qui me trompaient moi-même à leurs justes images,
« Et de qui mes clartés, mon ombre, ou mes couleurs,
« Rehaussaient à l'envi les contours enchanteurs.

« Mais, adieu pour toujours, l'enceinte favorite
« De ces bords innocens, chers au peuple symphyte !
« Adieu, ces beaux vergers ! ces augustes foréts,
« Où ma verte lumière avait tendu ses rêts !
« Purs lacs, ruisseaux d'argent, agréables fontaines,
« Adieu ! féconds épis ondoyans dans les plaines,
« Riants hameaux, adieu ! nobles solennités
« Des cirques où luttaient les enfans des cités,
« Et vous, doctes ciseaux, et vous, riches palettes,
« Des formes de la vie élégans interprètes,
« Adieu donc pour jamais ! j'ai cessé d'éclairer
« Vos trésors que les flots viennent de dévorer.
   « Oui, mon île est en proie à l'Océan avare.
« Depuis dix jours entiers que l'ombre m'en sépare,
« Je la cherchais en vain ; et l'orage élevé
« M'a caché sous les cieux son désastre achevé.
   « Voilà donc pour quel crime, étendant ses ténèbres,
« La Nuit couvrait les mers de crêpes si funèbres !
« Complice des fureurs de l'Océan jaloux
» Elle me dérobait ces déplorables coups.
« Leur secousse dans l'air me fit fuir agitée :
« Ta demeure, ô Soleil ! en dut être heurtée....
« Ah ! venge le sujet de mes chagrins amers,
« Et ton siége ébranlé par le tyran des mers ».
Elle dit ; et ses yeux s'éteignent dans les larmes.

   L'immuable Hélion, instruit de ses alarmes,
Souriant de son trouble et d'un choc si léger :
« Ma fille, calme-toi ; cesse de t'affliger.
« Sur le trône central où ma gravité règne,

« Il n'est point dans l'éther d'orage qui m'atteigne.
« Vois l'auguste univers, tranquille autour de moi,
« Garder son équilibre et suivre en paix ma loi.
« Les révolutions de la terre lointaine,
« Fuyante dans l'espace, où je la vois à peine,
« Mon immobilité ne peut les ressentir.
« J'ignorerais quel choc vient de la subvertir,
« Si les plaintes vers moi n'en portaient la nouvelle.
« Dérange-t-il en rien l'ordonnance éternelle
« Des mondes gouvernés par mon stable pouvoir ?
« Son étroit Océan saurait-il m'émouvoir ?
« Moi, qui fais circuler onze sphères pesantes,
« Que me font de ses eaux quelques gouttes roulantes,
« Dont les hommes à peine ont entendu le bruit
« A deux degrés du point que le flot a détruit ?
    « Redescends Lampétie ; et va, sous ta lumière,
« De ce globule encore éclairant la poussière,
« Charmer les habitans des rivages prochains,
« Qui n'ont pas même appris les malheurs que tu plains,
« Ris-toi des changemens de cet amas d'argile :
« Comme ses animaux sa surface est fragile.
« Ses chocs sont peu de chose, au prix des mouvemens
« Où s'embrase mon disque en tous ses élémens.
« Que diras-tu de voir, dans leur âge tombées,
« Les comètes se fendre en mes feux absorbées ; [1]

---

[1] Quelques auteurs de systèmes astronomiques ont écrit, au nombre des probabilités, que les comètes, dans une course graduellement moins excentrique, peuvent se rapprocher de la sphère attractive du soleil, au point de tomber en cet astre et de servir à renouveler l'aliment de ses combustions.

« Et, quand j'aurai rempli mon profond avenir,
« Mon orbe consumé se dissoudre, et finir ?
« Tout passe ; et le soleil, centre de tant d'orbites,
« D'un centre plus pesant n'est qu'un des satellites ».
    Ainsi parle Hélion, qui dans l'immensité
N'ose se confirmer son immortalité.

    Lampélie à ses pieds reprend son auréole,
Son arc et son carquois ; et sur son char, revole
Au sein du vague éther, d'où son œil azuré
Revoit du globe enfin l'hémisphère épuré.
    Dans sa course diurne il montre à la déesse
L'espace où fut son île, hélas ! et sa tristesse
Ne peut sans trouble encore y contempler les mers
Sur elle aplanissant leurs liquides déserts.
Pas un nageur fuyant ! pas le front d'une cime !
Pas le faîte d'un toit ! de loin en loin l'abîme
Poussait de longs débris d'arbres déracinés,
Des tentes, des manteaux, à l'onde abandonnés,
Seuls monumens restés d'un peuple et d'un rivage
Qui pussent aux humains apprendre ce naufrage !
    Hélion, insensible aux terrestres malheurs,
N'abusa point sa fille en calmant ses douleurs :
Les hôtes du couchant de la mer Atlantique
N'avaient que peu senti sur leur bord pacifique
Le combat éloigné des eaux et des volcans :
A peine si le bruit des fougueux ouragans
Dans leur climat troublé jeta quelque épouvante.
Ah ! que de l'hémisphère une île fût absente,
Qu'importaient ses destins qu'ils ne connaissaient pas !

Étrangers à l'Europe, étrangers aux Atlas,
Ces nomades des bois, de qui la providence
Nous cacha si long-temps la sauvage innocence ,
Dans leur monde inconnu, du nôtre séparés ,
Ignorant l'autre monde, en vivaient ignorés.

  La nymphe, dont le char passait sur le tropique,
Lançant au nord un trait de sa lumière oblique ,
Aperçut deux amans en un port accueillis....
O Muse! tous mes vœux, les voilà donc remplis!
Tu daignas de ton chantre exaucer la prière :
J'avais craint qu'en un gouffre achevant leur carrière,
Un époux fugitif, sa mère , et son ami ,
N'eussent péri frappés d'un écueil ennemi :
Sur le sort de Néon j'interrogeai ta lyre ;
Près de Célie encor tu m'apprends qu'il respire.

  Long-temps précipité par les flots furieux
Des cieux au fond du gouffre et de l'abîme aux cieux ,
Il lui fallut , jouet de la noire tourmente ,
Disputer à la mort sa mère et son amante.
Ne me dis pas les maux qu'il subit à la fois ;
Trop d'effrayans récits ont fatigué nos voix.
Dis comment sur les eaux la nymphe Magnégyne ,
Vers le pôle où tendait son amour clandestine,
Des nochers au hasard eût entraîné l'erreur
Loin du tropique ardent que fuyait leur terreur,
Si d'un sévère époux au couchant rencontrée ,
Vers des plages Sider ne l'eût pas attirée. [1]

---

[1] On a vu, dans les notes ci-dessus, que les mines de fer

Au lit d'un promontoire où son corps fut couché,
Ce dieu du fer, levant un bras long-temps caché :
« Où va, s'écria-t-il, cette aveugle nacelle ?
« Arrête ! prétends-tu, conductrice infidèle,
« Pousser ces malheureux jusque dans les climats
« Où son morne Axigère entasse les frimas ?
« Veux-tu que les glaçons des mers hyperborées
« Captivent sans retour leurs rames égarées ?
    « Et vous, cessez, mortels ! de suivre son penchant :
« Venez à moi ; tournez votre voile au couchant.
« Que vous sert, loin des ports dont vous fuyez la vue,
« L'ancre dont j'ai pour vous taillé la dent aiguë ?
« Qu'elle morde la rive, et vous arrache aux flots ».

Sider alors tendit son bras aux matelots :
Saisie à son aspect, l'errante Magnégyne
Aborda sur les flancs d'une profonde mine,
Baie inculte et naissante, où croissaient de grands bois,
Que des nochers ravis proclamèrent les voix :
Ce fut ton premier port, antique Silvanie,
Où Penn avec son nom imprima son génie, [1]
Où Franklin, en vainqueur des fléaux dévorans,
Ravit la foudre au ciel et le sceptre aux tyrans ! [2]

exercent à leur approche une attraction sur l'aiguille aimantée qui la détourne de son axe polarisé.

[1] Guillaume Penn, fils d'un vice-amiral anglais du même nom, devint le législateur d'une province de l'Amérique septentrionale, au nord de Maryland, la contrée tient son nom de lui.

[2] Traduction littérale de l'inscription que fit Turgot en l'honneur de Franklin, qui révéla les lois de l'électricité, et coopéra

Sortie à peine alors des mains de la nature,
Un avenir tardif t'apporta la culture,
Et nos siècles nombreux devaient passer sur toi
Avant que Vashington y fût plus qu'un grand roi.[1]

    Ce désert, où l'honneur créa Philadelphie,
S'ouvrit à Kallémète, à Néon, à Célie,
Aux derniers compagnons de ces cœurs affligés.
Ses sauvages aspects furent par eux changés.
Contre l'humide froid des souffles de la brise,
Lampélie à leur aide appela Pyrophyse :
La nymphe leur prêta les traits de la chaleur ;
Et forgeant tous les dards dont s'arma leur valeur,
Et la hache affilée, et les tranchantes lames
Dont Sider prodiguait le métal en ses flammes,
Elle sapait des bois les remparts ténébreux
Où leurs flèches perçaient mille monstres affreux.

    La veuve d'Hypérandre à ce nouveau rivage
Du tombeau d'un époux offrit la triste image :
Par elle et ses enfans salués chaque jour,
Ses mânes y vivaient présens à leur amour.
    Les habitans épars de ces côtes agrestes
Auraient cru voir en eux des envoyés célestes,
Tant les avaient touchés leurs bienfaits mutuels,
Si leurs pleurs n'eussent dit qu'ils étaient des mortels !

à l'indépendance des Etats-Unis. *Eripuit cælo fulmen, sceptrumque tyrannis.*

[1] Vashington : toute note serait superflue sur ce héros de Philadelphie, si l'on ne craignait que ses mœurs vertueuses ne le fissent confondre avec les hommes illustres de l'antiquité.

Zoophile partout, docte amant de Bione,
Détournant les fléaux dont la mort s'environne,
Chassait des eaux, des airs, les poisons combattus,
Des plantes, des métaux, exprimait les vertus;
Et sa voix, des mourans calmant l'ame insensée,
Portait la guérison jusque dans leur pensée.

D'un studieux savoir heureux soulagemens!
Il distrait ses chagrins aux jeux des élémens:
Des vérités sans cesse il assiége les routes
Que de son sage esprit investissent les doutes.
Néon crut voir jadis qu'éclatant sans chaleur,
De la mère du Feu la Lumière est la sœur:
Lui, de leur apparence observant les finesses,
En elles n'aperçoit qu'un être et des vitesses;[1]
Et deux gaz détonnans aux rayons du soleil
Lui prouvent en chacune un fluide pareil.[2]
Quelquefois du mica les lames amincies
Démêlent des iris les teintes éclaircies;
Et l'atome lui dit sous quel angle inégal
Toute couleur s'isole au sortir d'un cristal.
Quelquefois il réduit, aux courans d'Electrone,
Les graviers alkalins que la terre lui donne,

----

[1] Je répète là que tous les phénomènes de la lumière et du calorique représentés, selon l'hypothèse adoptée, comme provenant de deux fluides, me paraissent, par leur identité, pouvoir s'attribuer à un seul fluide dont la vitesse moindre ou accrue produit les effets de la chaleur obscure ou lumineuse.

[2] Le gaz hydrogène et le gaz acide muriatique oxigéné, mêlés en parties égales, ne s'altèrent point dans l'obscurité, et se combinent, en détonnant, exposés aux rayons solaires: ils ne le font que lentement, soumis à la lumière diffuse.

Et dans les lits entiers du dépôt minéral
Ne voit plus que métaux brûlés à l'air vital. [1]
D'Electrone sans poids, et nymphe insaisissable,
Il s'efforce à saisir l'essence impondérable,
Et de leviers subtils consultant les rapports,
Surprend son équilibre et balance son corps. [2]
Mais, long-temps de la vie épiant les mystères,
Il apprit de Bione à craindre les chimères ;
Et des dogmes trompeurs connaissant le danger,
Il contemple, médite, et n'ose préjuger :
Et zélé bienfaiteur des peuplades rivales,
Leur distribue en paix ses clartés libérales.

Mais vous, que pour l'hymen Bione a conservés,
Vous, si jeunes, hélas ! par le sort éprouvés,
Que faisiez-vous alors ? ô Néon ! ô Célie !
Vous n'êtes plus qu'une ame ; et le nœud qui vous lie,
Votre ardeur mutuelle, et l'âge des amours,
Ne vous ont pas permis de vous plaindre toujours.
Victimes des fléaux de la guerre et de l'onde,
Encore épouvantés des tempêtes du monde,
Vos cœurs réfugiés qu'attache un doux lien,
Ne forment plus de vœux, ne prisent plus qu'un bien ;

---

[1] J'ai noté ci-dessus que les bases de plusieurs oxides métalliques, présumés autrefois des alkalis, ont été réduites à l'état de métaux purs . à l'aide des deux courans de la pile de Volta : le conducteur du fluide positif du zinc attire l'oxigène, et celui du fluide négatif du cuivre attire le métal.

[2] Balance électrique de Coulomb.

Il est en vous: l'amour vous console à ses charmes.
Si d'amers souvenirs renouvellent vos larmes,
L'un pour l'autre attendris, et trompant vos douleurs,
Par de touchans baisers vous essuyez vos pleurs.
Que dis-je? en leurs regards leur ame recueillie
Goûte une volupté dans sa mélancolie,
Et tremblant du destin qui put les séparer,
Éprise de ses nœuds, tend à les resserrer.
Appuyés de l'espoir d'une amour éternelle,
Prêtant à l'avenir une face nouvelle,
A demeurer unis ils bornaient leurs desseins :
Les jours semblaient pour eux se lever plus sereins :
Ils respiraient ensemble en des bois solitaires
Cet arome exhalé des arbres salutaires,
Ces parfums des gazons rafraîchis par les eaux ;
L'amour ouvre leurs cœurs aux chansons des oiseaux :
Par de tendres discours leur ivresse commune
Trompe toujours du temps la lenteur importune ;
Et variant leurs soins pour de mêmes desirs,
Leurs heures sans travaux sont pourtant sans loisirs.
Nuit et jour attentifs au devoir de se plaire,
Du plus pur sentiment qui pourrait les distraire ?
Au bonheur de Néon quel rival aurait nui ?
Elle l'aime, et son cœur ne sent l'amour qu'en lui :
En nulle autre à Néon, qui la trouve si belle,
La beauté n'apparaît ; il ne la voit qu'en elle.
Doux charme! aveuglement rare et délicieux!
Néon n'entretient plus commerce avec ses dieux:
Le seul Phoné, propice au lyrique génie
Qui des rapports des sons enseigna l'harmonie,

Instruit ces deux amans à marier leurs voix
Aux cordes, aux roseaux, résonnans sous leurs doigts.
En accords modulés, sous les grottes émues,
Ils chantent leurs malheurs, leurs amours ingénues;
Et des rochers en pleurs les échos attendris
Attirent de ces bords tous les hôtes surpris :
Alors, sous des bosquets, temples frais et champêtres,
Un rhythme plus auguste au créateur des êtres
Élève de leurs cœurs l'hymne religieux
Que leur souffle embaumé fait monter jusqu'aux cieux.
Ces concerts, ces transports, cette innocente ivresse,
Enchantaient la saison de leur vive jeunesse.
O joie ! ô nœud plus tendre ! en un double berceau
Déjà près de leur lit dort un couple jumeau :
Fruits naissans de l'hymen, que la nymphe Bione
Pour les perpétuer avec amour leur donne ;
Chers enfans, que Néon reçut entre ses bras,
Qu'aux yeux de vos parens votre vue a d'appas !
Quelle source pour eux de plaisirs et d'alarmes !
Comme ils vont épier vos sourires, vos larmes !
Comme vers vous Célie empressée à courir
Aime à bercer vos maux, jouit à vous nourrir !
Qu'il est doux ce présent que l'hymen leur envoie,
Si même Kallémète en ressent une joie !
   Voilà le terme heureux que de ses sages mains
Imposa la nature au bonheur des humains.
Là, s'accomplit son but ; c'est là qu'ils doivent tendre.
Quel bien de tous ses vœux l'orgueil peut-il attendre
Qui ne cède aux plaisirs des amours purs et vrais
Qui font vivre après nous l'image de nos traits ?

L'un l'autre se vouant la même idolâtrie,
Tous deux de leurs revers, tous deux de leur patrie,
Ne se retraçaient plus les souvenirs lointains,
Que comme ces objets dans l'horizon éteints,
Dont l'image confuse échappant à la vue
S'efface en des vapeurs au sein de l'étendue.

Pourquoi les traits au moins de leurs divinités
Dans l'esprit de leurs fils ne sont-ils pas restés ?
La nature, en leur île, autrefois révélée,
A l'homme si long-temps n'eût pas été voilée :
Son secret avec eux périt enseveli.
Quel pouvoir en nos jours le tira de l'oubli ?
Je disais, et ma voix déplorait la mémoire
De leur théogonie enlevée à l'histoire ;
Lorsque, pour me répondre, apparut à mes yeux
La Muse qui m'apprit les noms de tous leurs dieux.

« Les Symphytes, dit-elle, enfans du premier âge
« Avaient de l'univers conçu la juste image :
« De leurs divinités tous les secrets perdus
« Furent de loin en loin à la terre rendus.
« L'Orient, illustré par de doctes remarques,
« A vu de doux pasteurs, de vigilans Hipparques,
« Des mouvemens du monde approfondir la loi :
« Memphis la réfléchit : ¹ mais, répandant l'effroi,

---

¹ Les signes mystérieux de la théologie égyptienne paraissent
n'avoir été que les emblèmes de leur astronomie et de l'influence
des astres sur les crues du Nil et sur l'agriculture.

« Le mensonge, et la guerre aux sciences fatale,
« De leurs premiers travaux prolongeant l'intervalle,
« A peine aux nations permirent d'entrevoir
« Le mystère élevé que je te fais savoir :
« Mais tel que dans les corps s'accélère en leur **course**
« La rapide vertu dont leur chute est la source ;
« Tel d'un cerveau penseur un rayon jaillissant
« Hâtera les progrès de tout l'esprit pensant.
« Copernic a transmis sa vue à Galilée : [1]
« L'Ellipse, en ses rapports avec le temps réglée,
« A soumis tous ses arcs aux lois du grand Képler, [2]
« La lumière ses traits aux regards de Rœmer : [3]
« Descartes, haut génie, architecte suprême,
« Qui du monde écroulé rebâtit le système, [4]
« Dit en vain qu'un fluide oscillant en rayons
« Transmettait les clartés comme vibrent les sons ;
« — D'où vient, lui répondit la Nuit et l'ombre errante,
« Que sous les corps épais la lumière est absente ?

---

[1] Copernic, l'inventeur de notre système céleste : Galilée, le révélateur, après lui, du mouvement de la terre : tout le monde sait qu'il encourut la condamnation inquisitoriale, et fut contraint de renier publiquement à genoux la vérité ; mais que la force de sa conviction lui arracha, en se relevant, ce mot célèbre : *Ma terra se move.*

[2] Ce grand géomètre démontra que les aires étaient proportionnelles au temps : ses calculs astronomiques reçurent le titre de *Lois de Képler.*

[3] On lui doit de savans traités sur la lumière.

[4] Fameux auteur du système erroné des tourbillons, et de doctes traités de géométrie et de métaphysique.

« Des torrens lumineux on suivit donc les jets :
« Hûguens à leur pâleur mesura leurs trajets ; [1]
« Et pressentant depuis quelle force impulsive
« Balance justement l'énergie attractive,
« Il laissa dans le monde à Newton fortuné [2]
« La gloire de prouver ce qu'il a soupçonné.
  « C'est alors qu'on a su qu'au gré de Nomogène
« Le joug de Barythée a courbé Proballène,
« Grands moteurs que Newton signala le premier
« En dieux de l'équilibre, appui du monde entier.
  « Mais parcours l'Empyrée, où, suivis des chimères,
« Les géans de l'erreur se sont livré leurs guerres ».

Ma muse, en achevant, voulut encor m'offrir
L'aspect des cieux rêvés qu'on a cru découvrir.

Là, le grand Ptolomée ouvre l'espace, et brise
L'univers aplani que se créa Moïse ;
Centre fixe, au milieu de l'empire étoilé,
Le globe s'arrondit depuis qu'il a parlé.
« Astres, mondes, et toi, Soleil, d'un vol agile
« En mes cercles roulez sur la terre immobile ; »
Leur criait ce Titan avec témérité. [3]

---

[1] Hûguens approfondit la théorie de l'optique, et définit les lois les plus délicates de la réflexion et de la réfraction de la lumière.

[2] Auteur du système de la gravitation universelle que Hûguens avait déjà pressentie.

[3] Ptolomée plaçait la terre immobile au centre des planètes, roulant chacune en des cercles concentriques autour d'elle.

Vainement avant lui dans l'Olympe monté,
Nicétas l'avertit qu'au centre de l'espace[1]
Le soleil a fondé le repos de sa masse,
Et n'entraînera pas tant de globes divers
Pour n'éclairer qu'un point dans le vaste univers :
L'astre pourtant, saisi par le fier Ptolomée,
Et lancé de sa main dans sa route enflammée,
Franchit du libre éther l'immense profondeur.
De son orbe égaré la pesante grandeur
Entraîne dans son cours les rapides comètes,
Et son cortége entier de fidèles planètes :
Ptolomée en triomphe, errans et désunis
Les mondes s'allaient perdre en des cieux infinis...
Mais tout à coup voici qu'en sa folle carrière,
O prodige! arrêtant l'astre de la lumière,
Copernic a plané, rival du fier géant
Qu'il combat, qu'il foudroie, et qu'il plonge au néant.

Ce céleste vainqueur rend l'ordre à chaque sphère,
Le repos au soleil, et l'essor à la terre :
L'univers confondu semble même, à sa voix,
Sortir du vieux chaos une seconde fois.

Cependant, étonné de son brillant ouvrage,
Vole un Titan nouveau dans un obscur nuage :
Sur les astres, réglés en leurs cours apparens,
Il souffle autour de lui ses tourbillons errans,

---

[1] Cet astronome, fameux dans l'antiquité, avait conçu jadis l'opinion que Copernic et Galilée ont renouvelée au sujet du mouvement de notre monde.

Et ses trombes d'azur font voyager les mondes,
En navires flottans emportés sur les ondes. [1]
Enfin, débrouillant seul tant de confusion,
L'Immortel, qu'inspira la grave attraction,
S'avance ; de l'erreur tous les enfans succombent ; [2]
La nature apparaît, et ses grands voiles tombent,
Éclipsant les tableaux des cieux de tous ces temps
Où luttaient les esprits des sphères habitans.

Je revois tous les dieux de ma Théogonie,
Et chante sur mon luth, non la fausse Uranie,
Mais l'ordre universel, ses mystères, ses lois, [3]
Plus dignes de nos vers que les débats des rois.
Nos guerres, à nos yeux admirables tempêtes,
N'ont pour but que la mort, que des noms pour conquêtes;
Celles de la nature, et ses destructions,
Régénèrent le monde à leurs commotions.
Syngénie en son sein, mère des phénomènes,
Aux flux perpétuels d'affinités soudaines,
Agrége et recompose, et hâtant les retours

---

[1] Les mondes du système cartésien.

[2] Newton.

[3] On a souvent dit que les graves axiomes de la physique, dont la hauteur élève naturellement l'esprit, se refusaient au coloris poétique par leur technicité. Ceux qui veulent se convaincre du contraire, peuvent relire les beaux vers que l'astronome Halley a mis en tête de l'ouvrage des Principes mathématiques de l'immortel Newton. Ces vers expriment les vérités géométriques, non vaguement, comme l'a fait quelquefois l'universel Voltaire, mais d'une manière précise, bien déterminée, et non moins étincelante de poésie.

Des formes que ses lois renouvellent toujours,
Elle rajeunit tout par ses métamorphoses.

De tant d'effets divers si les constantes causes
Frappent d'étonnement un poëte enchanté,
Que sont-elles pour toi, dieu de l'immensité,
Qui, d'un souffle éternel animant la matière,
A des sphères sans nombre épanchas la lumière,
Et qui, pour une fin que l'esprit ne voit pas,
Créas l'homme sensible et né pour le trépas?

FIN DU SIXIÈME ET DERNIER CHANT.

REMARQUE.

LES notes explicatives de ce poëme sont aussi courtes qu'il m'a été possible de les faire : je les ai bornées à ce qui est strictement nécessaire, en y épargnant même les mots. Il eût été facile de les multiplier et de les développer amplement, mais le lecteur fera sans doute attention qu'en les rendant très - succinctes j'ai pris soin d'éviter deux inconvéniens ; celui de le distraire à chaque page de l'action de mon épopée allégorique, et celui de les rejeter au bout de chaque chant, ce qui aurait trop éloigné les sujets traités de leur explication subsidiaire. Un poëme n'est pas un ouvrage dogmatique : les détails traînans ne doivent pas le surcharger : les hommes de goût ont remarqué que les citations érudites, et l'inutile abus des scolies, sous lesquelles la plupart des éditeurs ensevelissent la poésie, ôtent l'élégance à ses formes, amortissent son éclat, et détruisent sa magie, qui ne résiste pas à une verbeuse et fatigante décomposition. C'est un poids que

les ailes du Pégaze le plus fort et le plus léger
en son vol ne pourraient enlever. J'eusse desiré
n'avoir pas une foule d'objections à prévoir,
et laisser aller ma théogonie sans notes, et
même sans discours préambulaire.

Il ne me reste qu'une chose à faire observer :
cet ouvrage est l'application d'une mythologie
nouvelle au système nouveau des sciences ; et
lorsque j'appliquerai, en tout, ou en parties,
les élémens de cette méthode poétique à nos
propres faits historiques, et à notre gloire na-
tionale, on sera surpris des brillans effets qui
en pourront résulter.

RÉSUMÉ

DE LA MORALE PHILOSOPHIQUE

DE L'ATLANTIADE.

LA SEULE ADMIRATION DU SAGE.

Nil admirari propè. (HORACE.)

L'HOMME docte conçoit comment de notre monde
Le faix n'accable point un politique Atlas ;
Comment un Trimégiste a de l'air et de l'onde
Si bien décomposé les ressorts délicats ;
Comment roule le ciel aux yeux d'un Nicétas ;
Comment l'esprit humain soumet à son compas
La grave attraction en mouvemens féconde ;
Comment de la lumière on mesure les pas ;
De tout ce que peut l'homme il ne s'étonne pas :
Nulle admiration n'a rien qui le confonde ;
Mais ignorer la cause où l'univers se fonde,
Être créé sensible, et né pour le trépas,
Au sein de la nature immuable et profonde
Qu'éternise l'amour dont tout suit les appas !
Là, sa raison invoque un Dieu qui lui réponde.

ERRATA.

Chant I, page 32, vers 27ᵉ, les Atlandes alors; *lisez*, les Atlantes.

Idem, page 35, note 2ᵉ, les Pléiades, constellation du nord; *lisez*, du signe du Taureau.

Chant III, page 102, vers 3ᵉ, nul mouvement au corps; *lisez*, aux corps.

Idem, page 127, vers 20ᵉ, infernal union; *lisez*, infernale.

Chant VI, page 256, vers 6ᵉ, Où son morne Axigère; *lisez*, Où ton morne Axigère.